Guidelines for
Compliance Management of Museums

博物馆
合规管理指南

高大石

主编

辽宁人民出版社

©高大石　2023

图书在版编目（CIP）数据

博物馆合规管理指南/高大石主编.—沈阳：辽宁人民出版社，2023.3

ISBN 978-7-205-10689-8

Ⅰ.①博… Ⅱ.①高… Ⅲ.①博物馆—管理—指南 Ⅳ.① G261-62

中国版本图书馆 CIP 数据核字（2022）第 241700 号

出版发行：辽宁人民出版社
　　　　　地址：沈阳市和平区十一纬路25号　邮编：110003
　　　　　电话：024-23284321（邮　购）　024-23284324（发行部）
　　　　　传真：024-23284191（发行部）　024-23284304（办公室）
　　　　　http：// www.lnpph.com.cn
印　　刷：辽宁新华印务有限公司
幅面尺寸：170mm×240mm
印　　张：24.5
字　　数：350 千字
出版时间：2023 年 3 月第 1 版
印刷时间：2023 年 3 月第 1 次印刷
责任编辑：董　喃
装帧设计：留白文化
责任校对：刘再升
书　　号：ISBN 978-7-205-10689-8
定　　价：80.00 元

本书编委会

主　编：高大石

编　委：凌　赛　李　韬　刘婧姝　刘丹丹

　　　　高锦豫　刘芷彤　徐振松

前　言

　　博物馆是一个国家、一个民族或一个地区的历史缩影，是保护和传承人类文明的重要场所，具有教育、收藏、研究、展示等功能。作为公共文化服务机构，其肩负着保存历史记忆、深化传统教育、增强民族凝聚力向心力的重大历史使命。党的十八大以来，党和国家对文博事业高度重视，为了更好地发挥博物馆的社会职能，2021年5月24日，中央宣传部、国家发展改革委、国家文物局等国家九部门联合发布《关于推进博物馆改革发展的指导意见》（简称《意见》），对新时期博物馆改革发展工作作出全面部署。《意见》指出：到2035年，中国特色博物馆制度更加成熟定型，博物馆社会功能更加完善，基本建成世界博物馆强国，为全球博物馆发展贡献中国智慧、中国方案。2022年5月18日，在国际博物馆日主会场活动开幕式上，文化和旅游部副部长、国家文物局局长李群在致辞中介绍："2021年新增备案博物馆395家，备案博物馆总数达6183家，排名全球前列。5605家博物馆实现免费开放，占比达90%以上。2021年全国博物馆举办展览3.6万个，教育活动32.3万场。虽受新冠肺炎疫情影响，全国博物馆仍接待观众7.79亿人次。策划推出3000余个线上展览、1万余场线上教育活动，网络总浏览量超过41亿人次。"可见随着国家对文博事业发展的支持，以及人们对博物馆文化需求的不断增加，再加上数字技术的助力和文化创意政策的促动，越来越多的人热爱并投入这项事业当中，博物馆事业迎来高速发展时期。

　　在博物馆事业蓬勃发展的大背景下，博物馆行业仍有许多问题亟待解决。

例如国有博物馆与非国有博物馆、不同地区的博物馆之间发展不平衡问题，博物馆发展不充分问题，部分博物馆自身管理能力不足和功能建设不健全问题等。为促进博物馆行业健康发展，国家及各省市制定了多项博物馆建设的政策、制度、标准等。随着博物馆领域的法律法规不断完善，博物馆发展面临着更高的要求。博物馆也应将合规管理纳入博物馆发展的重要工作中，帮助博物馆实现良性发展，让合规为博物馆发展保驾护航，防范合规风险。

本书系专业法律人士、博物馆行业从业者，同样也是文博事业的爱好者在广泛调研与实践的基础上，在对现行博物馆有关法律法规、政策、制度、标准进行深入的效果分析与系统整合基础上，首次提出"博物馆合规管理"的理念。本书的中心目的是为各地博物馆全面建设提供操作指南，为文博工作者、法务工作者以及博物馆管理者、文博领域法律研究者提供工作指导和研究参考，以期为促进各地博物馆合法合规地高效运行和助力博物馆事业向着更高质量发展迈进作出贡献。

本书正文部分共计十二章，涵盖了博物馆的设立、变更、终止、法人治理结构、藏品管理、陈列与展览、文创产品、人员管理、定级与评估、合规文化与合规风险各方面的合规规范与风险防范的内容。本书附录部分系统梳理了与博物馆行业相关的机构、目前已备案的博物馆名录及相关信息。全书系统梳理了博物馆及其藏品管理与运营的相关概念、条件、流程等内容，编者力图通过理论与实务操作两个层面多角度、多层次、多维度全面详细地介绍博物馆合规管理、风险防控的意义以及具体的实务操作办法。

本书始终关注博物馆及其藏品管理的新方向、新理念、新技术，以敏锐的洞察力把握博物馆理论与实践前沿问题，实时关注博物馆国际、国内发展的新动态、新方向，以保证本书的与时俱进。书中不完美甚至错漏之处在所难免，恳请诸君在海涵的同时，多多批评指正！

目 录

第一章

博物馆合规管理概述

【 **本章内容概览** 】

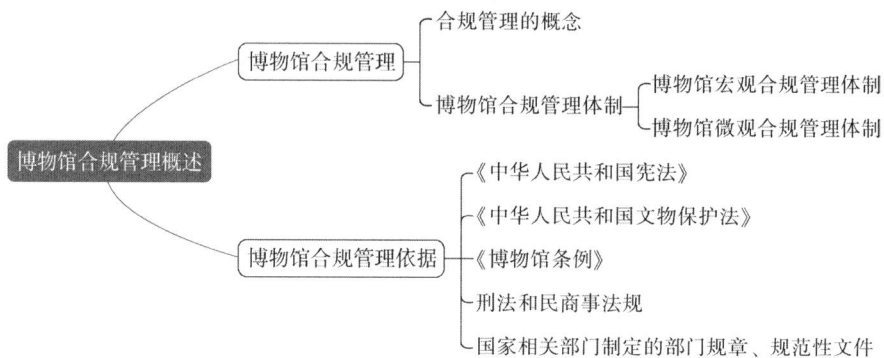

博物馆合规管理概述
├─ 博物馆合规管理
│ ├─ 合规管理的概念
│ └─ 博物馆合规管理体制
│   ├─ 博物馆宏观合规管理体制
│   └─ 博物馆微观合规管理体制
└─ 博物馆合规管理依据
   ├─《中华人民共和国宪法》
   ├─《中华人民共和国文物保护法》
   ├─《博物馆条例》
   ├─ 刑法和民商事法规
   └─ 国家相关部门制定的部门规章、规范性文件

2021年5月24日，中央宣传部、国家发展改革委、国家文物局等国家九部门联合发布《关于推进博物馆改革发展的指导意见》（简称《意见》），对新时期博物馆改革发展工作作出全面部署。《意见》指出："到2035年，中国特色博物馆制度更加成熟定型，博物馆社会功能更加完善，基本建成世界博物馆强国，为全球博物馆发展贡献中国智慧、中国方案。"2015年施行的《博物馆条例》将博物馆定义为："博物馆，是指以教育、研究和欣赏为目的，收藏、保护并向公众展示人类活动和自然环境的见证物，经登记管理机关依法登记的非营利组织。"

当前，博物馆在我国被纳入公共文化服务机构管理，是公共文化服务体系的一部分，其发展水平关乎公民文化需求的满足和人民美好生活的提升。

2022年8月24日，国际博物馆协会官网发布信息，正式公布了博物馆的新定义："博物馆是为社会服务的非营利性常设机构，它研究、收藏、保护、阐释和展示物质与非物质遗产。向公众开放，具有可及性和包容性，博物馆促进多样性和可持续性。博物馆以符合道德且专业的方式进行运营和交流，并在社区的参与下，为教育、欣赏、深思和知识共享提供多种体验。"新定义在此前关注博物馆功能的基础上，强化对博物馆的包容性、社区参与性和可持续性的认识，更加明确了博物馆的社会责任和社会任务。

由此可见，博物馆的可持续、高质量发展问题是博物馆工作的重要课题和任务。博物馆作为机构组织，其工作任务的完成、组织目标、宗旨的实现需要通过组织及组织人员的活动实施。这对博物馆而言，就需要将合规作为博物馆管理的新命题，强化合规意识，建立健全合规管理体制，有效防范合规风险，从而实现博物馆的良性发展。

第一节　博物馆合规管理

一、合规管理的概念

"合规"一般是指符合、遵守、执行适用于自身的合规规范。"合规管理"是单位、组织通过其合规组织、合规管理运行、合规管理保障等，促使其自身遵守和执行合规规范，预防和管控合规风险，保障其自身的安全、稳健和持续经营。"合规规范"既不是"规范"，更不仅限于"规章"，它的范围要比法律法规、规范或企业规章广得多。"管理体制"一般是指国家机关、企业、事业单位机构设置和管理权限划分的制度。可以说，法律法规是管理行为的最高法律依据，在一个法治国家中，博物馆管理必须依法合规，而管理体制与法规是有序合规管理的基础。

二、博物馆合规管理体制

博物馆合规管理体制就是国家以管理权限的划分为基础所设置的博物馆机构及其各种管理制度的体系。博物馆的合规管理分为宏观合规管理和微观合规管理两部分。宏观合规管理构成国家对全国范围博物馆的管理体系；而微观合规管理仅限于一个博物馆内部范围内的管理。前者的管理主体是国家政府主管部门，后者的管理主体是博物馆自身，两种管理主体在不同的层面各司其职，但彼此又存在着密切的联系。

（一）博物馆宏观合规管理体制

自新中国成立以来，中国博物馆宏观合规管理体制一直属于集中管理型，以分级化、属地化管理为特征，兼具管理主体多元化与公私所有制并存的特点。

1. 分级属地化管理

中国博物馆宏观合规管理体制是以国家管理博物馆事业的行政管理体制为核心，上自国务院文物主管部门（国家文物局），下至县级以上人民政府的文物管理部门，形成纵向垂直管理，不同层级的文物主管部门拥有不同的管理权限。具体而言，国务院文物主管部门（国家文物局）以行业管理，即业务指导的方式管理全国的博物馆事业；而县级以上人民政府的文物管理部门则以行政区域为单位，管理其对应的博物馆，形成了鲜明的属地化管理特征。

2. 管理主体多元化

国有博物馆大多属于文化和旅游部（文物局）管理，其他由政府其他部门、高校、科研院所、企业、公民个人设立的博物馆，仅接受文物主管部门的业务指导和依法监督，其人、财、物都独立于文物主管部门。

3. 公私所有制兼具

我国博物馆分为国有制和非国有制两种所有制形式。前者通过国有藏品、资金等设立；后者则通过非国有藏品、资金等设立。目前，在我国依然是国有博物馆占主流地位。博物馆的宏观合规管理体制仅限于国有博物馆，不包括非国有博物馆。

（二）博物馆微观合规管理体制

博物馆宏观合规管理体制就是从博物馆的性质、类别、宗旨、目标出发，制定出具体的工作和事业发展规划，设置分工有序、运作高效的组织机构，建立合乎博物馆实际的章程制度，聘用合适的员工，使博物馆机构保持正常运行。微观管理主要是对博物馆自身人与事的合规管理，涉及博物馆行政与业务的各个方面。

我国对博物馆的微观合规管理，主要有两种合规管理模式，即专业化合规管理模式和行政化合规管理模式。

1. 专业化合规管理模式

该模式是指在博物馆与政府主管部门之间建立一个专门管理博物馆的理事会组织，该理事会由若干位理事组成，是博物馆内部最高的权力机构，负责做出有关博物馆运营的一切重大决策。该理事会决策的执行者是博物馆馆长，由馆长对该理事会负责。一些大型的博物馆还会在理事会之下常设若干专业委员会，如财政委员会、藏品委员会、执行委员会等，以便理事会开展工作。各委员会成员的选任、权力与工作职责都会在理事会章程中明确规定。

2. 行政化合规管理模式

新中国成立后，我国对博物馆等事业单位一直如同行政机关一样管理，利用国家行政手段调动资源、集中力量建设。这种管理模式在特定历史条件下，对各地博物馆的建设起到了积极推动作用。但自改革开放后，该种管理模式也显现出办事效率低、决策缺乏科学性、员工积极性低、服务质量低等弊端，既阻碍了社会大众对博物馆事务的监督，又阻碍了博物馆事业的发展。之后，国家充分考虑到中国博物馆建设发展的现实需要而做出"顶层设计"，在党的十八届三中全会上明确要求，要"推动博物馆、文化馆、科技馆等组建理事会，吸纳有关方面代表、专业人士、各界群众参与管理"，这将为中国博物馆事业的发展注入新的活力。目前已有国有博物馆系统展开了理事会管理制的试点，以后会在总结这些试点单位实践经验基础上，逐步在全国范围内推行博物馆理事会制。

第二节　博物馆合规管理依据

国际上，有很多发达国家都制定有《博物馆法》，虽然我国并没有制定《博物馆法》，但却建立了以《宪法》为核心，以《文物保护法》为主干，以行政法规、部门规章为补充的多层次的中国特色社会主义博物馆法律体系。

一、《中华人民共和国宪法》

《宪法》第二十二条规定："国家发展为人民服务、为社会主义服务的文学艺术事业、新闻广播电视事业、出版发行事业、图书馆博物馆文化馆和其他文化事业，开展群众性的文化活动。"该条规定确立了国家发展博物馆的法律责任，也为博物馆获取、支配相应公共资源的权力提供了相应的法律依据。

二、《中华人民共和国文物保护法》

《中华人民共和国文物保护法》以保护、利用文物为出发点和落脚点，规定了博物馆馆藏文物的获取方式、藏品档案管理、调拨、借用、交换、损毁核查、备案报告等制度，确定了博物馆所应承担的权利和义务，是博物馆行政法律体系的核心。

三、《博物馆条例》

2015年3月20日起实施的《博物馆条例》对我国现有的博物馆，依据其创办博物馆的资产利用情况，明确将博物馆划分为国有和非国有两类。《条例》明确规定："公平对待国有和非国有博物馆""博物馆应当完善法人治理结构，建立健全有关组织管理制度"，为进一步深化我国博物馆合规管理体制机制提供法律依据。

四、刑法和民商事法规

博物馆运营中涉及多种法律法规，比如博物馆在建设运营中的固定资产买卖、设备采购等合同问题；商标权、著作权、专利权的界定与维护问题；博物馆藏品买卖及接受社会捐赠时均会涉及相关的民商事法律法规。另外，《中华人民共和国刑法》第三百二十五条规定了非法向外国人出售、赠送珍贵文物罪，第三百二十七条还规定了非法出售、私赠文物藏品罪，这些犯罪的主体皆指向了博物馆等文物收藏单位。如果博物馆员工有私自向外出售、赠送博物馆馆藏文物的行为，就会触犯刑法，作为具有独立法人资格的博物馆，其法定代表人将一同承担相应的法律责任。

五、国家相关部门制定的部门规章、规范性文件

我国博物馆合规管理方面的制度主要以规章和规范性文件的形式颁布。国家相关部门制定并颁布的规范性文件主要有：《博物馆管理办法》《博物馆藏品管理办法》《文物系统博物馆风险等级和安全防护级别的规定》《文物出境展览管理规定》《文物藏品定级标准》《博物馆建筑设计规范》《博物馆照明设计规范》等。这些规章和规范性文件为博物馆合规管理、馆藏文物合规管理、博物馆建筑合规管理等方面的管理工作提供了法规依据。

第二章

博物馆合规设立、变更、终止

【本章内容概览】

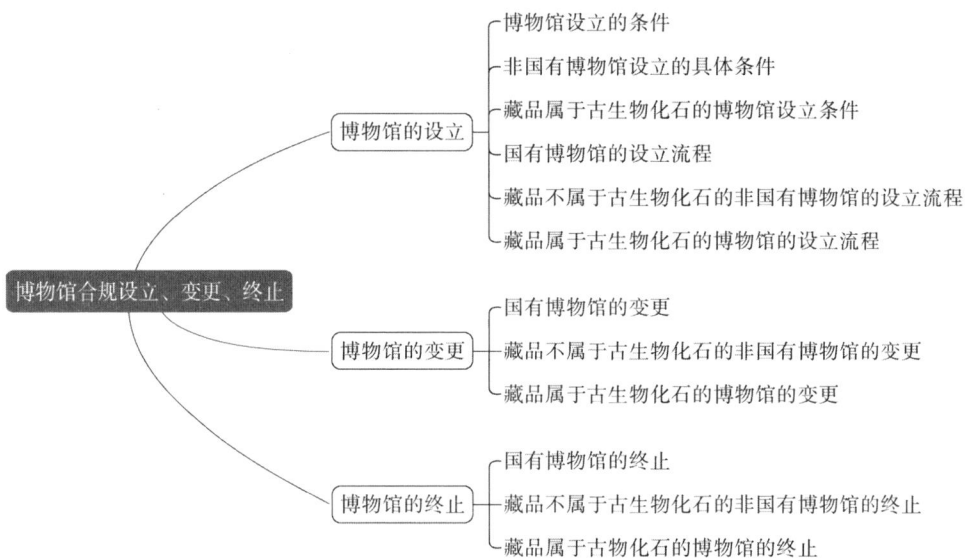

博物馆合规设立、变更、终止

博物馆的设立
- 博物馆设立的条件
- 非国有博物馆设立的具体条件
- 藏品属于古生物化石的博物馆设立条件
- 国有博物馆的设立流程
- 藏品不属于古生物化石的非国有博物馆的设立流程
- 藏品属于古生物化石的博物馆的设立流程

博物馆的变更
- 国有博物馆的变更
- 藏品不属于古生物化石的非国有博物馆的变更
- 藏品属于古生物化石的博物馆的变更

博物馆的终止
- 国有博物馆的终止
- 藏品不属于古生物化石的非国有博物馆的终止
- 藏品属于古物化石的博物馆的终止

2015年3月20日起施行的《博物馆条例》，按照博物馆设立所利用的资产所有制的性质不同，将博物馆分为国有博物馆和非国有博物馆。其中利用或者主要利用国有资产设立的博物馆为国有博物馆，如故宫博物院、陕西历史博物馆等；利用或者主要利用非国有资产设立的博物馆为非国有博物馆，如北京中国紫檀博物馆、观复博物馆等。无论是国有博物馆还是非国有博物馆，其设立、变更、终止均需满足相应的法定条件。

第一节　博物馆的设立

一、博物馆设立的条件

《博物馆条例》第十条规定，设立博物馆应当具备下列条件：

（一）固定的馆址以及符合国家规定的展室、藏品保管场所；

（二）相应数量的藏品以及必要的研究资料，并能够形成陈列展览体系；

（三）与其规模和功能相适应的专业技术人员；

（四）必要的办馆资金和稳定的运行经费来源；

（五）确保观众人身安全的设施、制度及应急预案。

除应当满足以上条件外，根据《博物馆条例》第十一条的规定，设立博物馆，应该制定章程，博物馆的章程应当包括下列事项：

（一）博物馆名称、馆址；

（二）办馆宗旨及业务范围；

（三）组织管理制度，包括理事会或者其他形式决策机构的产生办法、人员构成、任期、议事规则等；

（四）藏品展示、保护、管理、处置的规则；

（五）资产管理和使用规则；

（六）章程修改程序；

（七）终止程序和终止后资产的处理；

（八）其他需要由章程规定的事项。

二、非国有博物馆设立的具体条件

除《博物馆条例》的相关规定外，《关于民办博物馆设立的指导意见》（文物博发〔2014〕21号）、《国家文物局办公室、民政部办公厅关于进一步规范非国有博物馆备案登记管理工作的意见》（办博发〔2020〕6号）对非国有博物馆的设立条件作出了细化规定。根据相关规定，非国有博物馆设立应满足如下具体条件：

（一）固定的馆址以及符合国家规定的展室、藏品保管场所

馆舍应符合《博物馆建筑设计规范》等国家和行业颁布的有关标准和规范的要求，设置专用的展厅、库房、符合国家规定的安防和消防设施；展厅面积与展览规模相适应，不低于400平方米，不低于建筑面积的40%，适宜对公众开放。依托历史建筑、故居、旧址等不可移动的文化遗产实物并以其原状陈列为主的博物馆，展厅（室）面积可适当放宽。

馆舍应以民办博物馆自有为主；租赁馆舍的，应提交有效的《房屋租赁证》，租期不得少于5年。由举办者或他人无偿提供使用馆舍的，应由所有者提供场地无偿使用证明。

不得租借其他博物馆作为办馆场地申请办馆。也不得使用居民住宅、餐饮场所、地下室和其他不适合办馆或有安全隐患的场地作为办馆场所。

（二）相应数量的藏品以及必要的研究资料，并能够形成陈列展览体系

原则上不少于300件（套），藏品应确保真实可靠且来源合法。依托历史建筑、故居、旧址等不可移动的文化遗产实物并以其为主要保护、研究、展示内容的博物馆，以及以大体量实物收藏为主的博物馆，藏品数量可适当放宽。藏品应该进行造册登记。属捐赠性质的藏品、资金等资产，须提交捐赠协议，载明捐赠人的姓名、捐资数额、用途和管理方法，以及相关有效证明文件。

（三）与博物馆规模和功能相适应的专业技术人员和管理人员

专业技术人员和管理人员不应少于6人；其中专职人员占60%以上，且专职人员60%以上具有大专以上学历；专职馆长或副馆长应具有大学专科以上学历，相关领域学术专长和5年以上博物馆从业经验，无不良博物馆从业记录，身体健康，能胜任博物馆管理工作。

（四）具有依法设立由举办者或其代表、社会人士代表等人员组成的理事会（董事会）或其他形式的决策机构

其组成人数应在3人以上。其中三分之一以上的理事（董事）应当具有5年以上博物馆从业经验。博物馆接受政府资助或有政府财产投入的，其理事会宜有政府代表或政府指派的人员参加。

（五）必要的办馆资金和稳定的运行经费来源

办馆注册资金系指举办者在扣除用地、建筑、设备设施、藏品等投入外，能保证博物馆年度正常运作的流动资金，最低限额为50万元人民币。举办者用实物、土地使用权、知识产权以及其他财产作为办馆出资的，所占比例不得超过其注册出资最低额度的40%，同时经具有评估资质的中介机构依法进行评估，并提供有效的权属证明。

（六）具有符合规范的博物馆名称

博物馆名称需符合民政部《民办非企业单位名称管理暂行规定》（民发〔1999〕129号）的规定，名称应包含县级以上行政区划（或地名）、字号、行（事）业或业务领域和"博物馆（或博物院）"字样，不得冠以"中国""中华""全国"或"世界""国际"等字样，不得含有全国性社会组织或国际性组织等可能引起公众误解字样。

（七）制定符合法定形式的博物馆章程

非国有博物馆应当制定符合我国法律规定的《博物馆章程》，章程应当包括下列事项：

1. 博物馆名称、馆址；

2. 办馆宗旨及业务范围；

3.组织管理制度，包括理事会或者其他形式决策机构的产生办法、人员构成、任期、议事规则等；

4.藏品展示、保护、管理、处置的规则；

5.资产管理和使用规则；

6.章程修改程序；

7.终止程序和终止后资产的处理；

8.其他需要由章程规定的事项。

（八）举办者主体资格

举办非国有博物馆的社会组织，应当具有法人资格；举办非国有博物馆的个人，应当具有中国国籍，具有政治权利和完全民事行为能力。

非本地注册的社会组织，须在本地相应机构登记注册，获得许可。在本地办馆须是本地常住人口，或已在公安机关办理一年以上暂住证明的外地人口。国家机关及国有博物馆在职人员不得以个人名义举办非国有博物馆。

社会组织或者个人联合出资举办博物馆的，须签署联合办馆协议并经公证机关公证，协议中应确定其中一方为主办者，并载明各方出资数额和方式、各方权利义务、合作期限、争议解决办法等。

三、藏品属于古生物化石的博物馆设立需满足的条件

藏品属于古生物化石的博物馆作为专门的古生物化石的收藏单位，其设立除应当具备《博物馆条例》规定的条件外，还应当同时符合《古生物化石保护条例》第三章第二十条所规定的古生物化石的收藏单位应具备的条件，即：

（一）有固定的馆址、专用展室、相应面积的藏品保管场所；

（二）有相应数量的拥有相关研究成果的古生物专业或者相关专业的技术人员；

（三）有防止古生物化石自然损毁的技术、工艺和设备；

（四）有完备的防火、防盗等设施、设备和完善的安全保卫等管理制度；

（五）有维持正常运转所需的经费。

四、国有博物馆的设立流程

《博物馆条例》第十二条规定："国有博物馆的设立、变更、终止依照有关事业单位登记管理法律、行政法规的规定办理，并应当向馆址所在地省、自治区、直辖市人民政府文物主管部门备案。"

首先，国有博物馆须经机构编制部门或上级主管部门批准设立并办理事业单位登记。申请设立国有博物馆的，由机构编制部门或上级主管部门按照有关法律法规审核、批准成立后，依照《事业单位登记管理暂行条例》及《事业单位登记管理暂行条例实施细则》的相关规定办理事业单位登记，取得《事业单位法人证书》。经登记的国有博物馆，可以凭《事业单位法人证书》刻制印章，申请开立银行账户，并应当将印章样式报登记管理机关备案。

其次，国有博物馆依法取得事业单位登记后，由博物馆举办者向馆址所在地省、自治区、直辖市人民政府文物主管部门提出备案申请。提出备案申请应按要求提交相关材料，如登记备案申请书；国有博物馆章程草案（具体内容可参照国有博物馆章程范本：文物博函〔2016〕1080号）；馆社所有权证书或使用权文件；必要的办馆资金和稳定的运行经费来源说明（上级单位年度经费拨付的相关文件）；事业单位法人证书；藏品总况概述、藏品目录及藏品合法来源说明；陈列展览方案等。

最后，经审查符合备案条件的，由文物主管部门出具同意备案通知书并及时向社会公告；对不符合备案条件的，出具不同意备案的书面意见。

示例：北京市顺义区博物馆

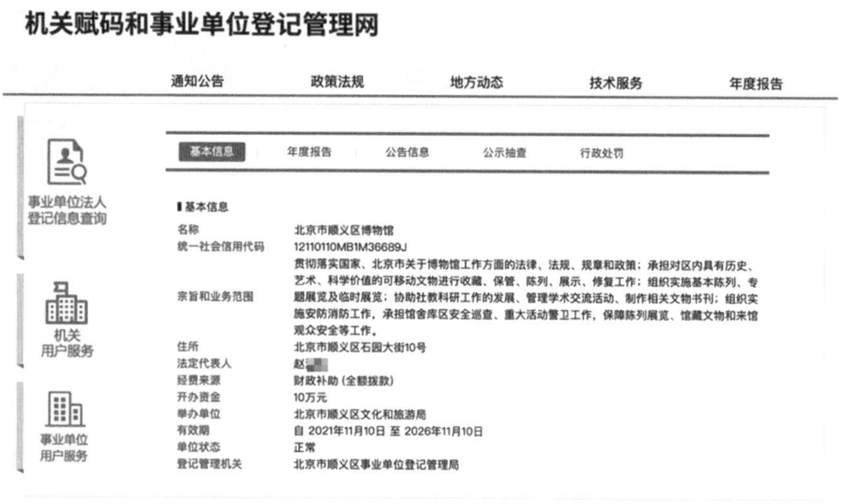

图2-1 依法取得事业单位登记

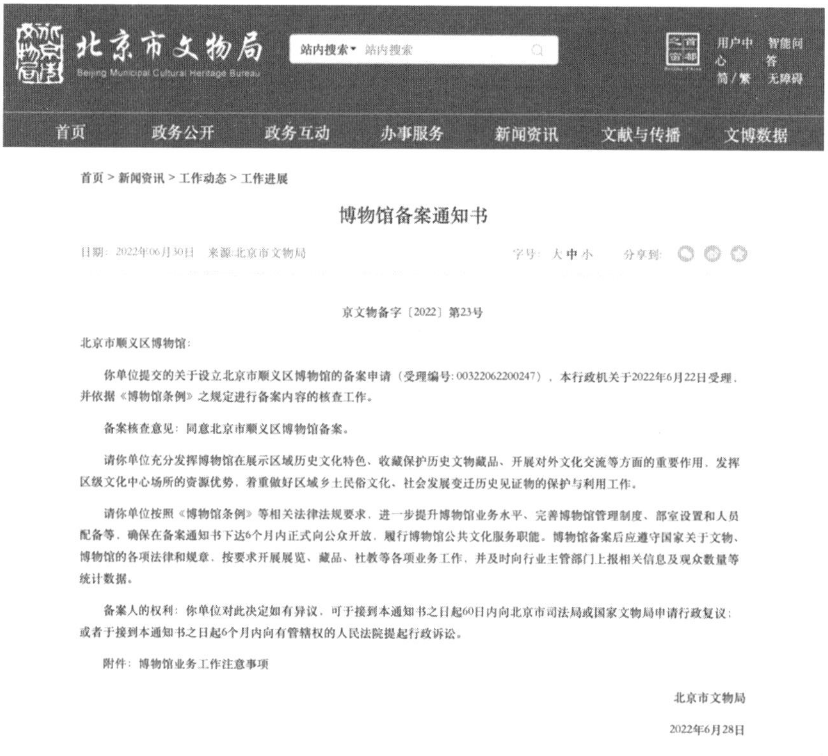

图2-2 依法获得博物馆备案

五、藏品不属于古生物化石的非国有博物馆的设立流程

（一）非国有博物馆的双重管理体制

我国对非国有博物馆施行双重管理体制，依据《国家文物局办公室、民政部办公厅关于进一步规范非国有博物馆备案登记管理工作的意见》（办博发〔2020〕6号）的相关规定，我国文物部门以及民政部门为非国有博物馆的主管部门，具体而言：

1. 文物部门是非国有博物馆的业务主管单位，负责非国有博物馆成立、变更、注销登记前的审查；监督、指导非国有博物馆遵守宪法、法律、法规和国家政策，按照章程开展活动；负责非国有博物馆年度检查的初审。

2. 民政部门是非国有博物馆的登记管理机关，负责非国有博物馆的成立、变更、注销登记；对非国有博物馆实施年度检查；对非国有博物馆违反社会组织登记管理相关法律法规的行为进行监督检查，并依法予以行政处罚。

（二）设立流程

《博物馆条例》第十四条规定："设立藏品不属于古生物化石的非国有博物馆的，应当向馆址所在地省、自治区、直辖市人民政府文物主管部门备案。"第十五条规定："设立藏品不属于古生物化石的非国有博物馆的，应当到有关登记管理机关依法办理法人登记手续。"根据上述规定可知，在双重管理制度之下，举办不属于古生物化石的非国有博物馆除应当办理设立备案登记外，还需办理法人登记手续。

具体来说，我国非国有博物馆的设立主要包括登记管理机关名称预先核准、业务主管单位前置审查、省文物行政部门博物馆备案审查、登记管理机关依法登记四个阶段。

1. 登记管理机关名称预先核准

非国有博物馆举办者向博物馆馆址所在地市、县（市、区）民政部门申请非国有博物馆名称预核准，取得名称预先核准文件。

2.业务主管单位前置审查

根据国家文物局《关于贯彻执行〈博物馆条例〉的实施意见》（文物博发〔2015〕5号）及《国家文物局办公室、民政部办公厅关于进一步规范非国有博物馆备案登记管理工作的意见》（办博发〔2020〕6号），县级以上文物部门应履行属地管理责任。

非国有博物馆举办者应向馆址所在地县级以上文物部门申请其作为业务主管单位。县级以上文物部门对非国有博物馆名称、宗旨、业务范围、发起人和拟任责任人审查把关，并出具同意作为业务主管单位的证明文件。

3.省文物行政部门博物馆备案审查

非国有博物馆举办者应凭县级以上文物部门的证明文件、设立备案所需材料，向省级文物部门提出备案申请。省级文物部门审核确定是否予以备案，出具博物馆备案文件或不予备案通知，并抄送出具证明文件的县级以上文物部门。

非国有博物馆举办者按照《博物馆条例》的规定，应提交博物馆章程草案，馆舍所有权或者使用权证明，展室和藏品保管场所的环境条件符合藏品展示、保护、管理需要的论证材料，藏品目录、藏品概述及藏品合法来源说明，出资证明或者验资报告，专业技术人员和管理人员的基本情况，陈列展览方案等相应的备案材料。实践中，各省文物部门对备案材料的要求略有不同，以北京市为例，非国有博物馆设立备案需提交以下申请材料[①]：

（1）博物馆登记备案申请书

（2）非国有博物馆章程草案

具体内容可参照《非国有博物馆章程示范文本》（文物博发〔2016〕29号）。

（3）馆舍所有权证书或使用权文件

（4）藏品总况概述、藏品目录及藏品合法来源说明

---

① 北京市政务服务网：http://banshi.beijing.gov.cn/pubtask/task/1/110000000000/f78b425b-e0c9-4841-bca3-f5a7864f8bf1.html?locationCode=110000000000。

藏品总况概述：藏品是否成系列、是否能够组成一个或多个主题的展览；藏品目录是指藏品目录应包括藏品的总账号、名称、年代、质地、来源内容；藏品合法来源说明具体而言包括相关材料（购买的凭证、捐赠凭证、调拨凭证）或情况说明（说明内容包括取得藏品的方式，不能提供凭证的原因，并承诺对说明文字真实性承担法律责任）。

（5）必要的办馆资金和稳定的运行经费来源说明

举办者应提交会计师事务所、审计事务所或其他具有验资资格的机构出具的验证资金真实性的文件；举办者用实物、土地使用权、知识产权以及其他财产作为办馆出资的，所占比例不得超过其注册出资最低额度的40%，同时经具有评估资质的中介机构依法进行评估，并提供有效的权属证书；此外，民营企业申请设立博物馆，还应提供企业纳税凭证，以及建立博物馆并每年投入资金的决议文件或是会议记录。

（6）举办者身份证明文件

公民个人申办的需授权查询申办人身份证；民营企业作为申办者需授权查询《企业法人营业执照》；社会组织或者个人联合出资办馆的，须签署联合办馆协议，协议中应确定其中一方为主办者，并载明各方出资数额和方式、各方权利义务、合作期限、争议解决办法等。

（7）专业技术人员和管理人员的基本情况

博物馆必须有与办馆宗旨相符合，与办馆规模相适应的专业技术人员，不应少于6人，且年龄小于70岁；其中专职人员占60%以上，且专职人员60%以上具有大专以上学历。博物馆必须配备符合条件的专职馆长或副馆长。专职馆长或副馆长应具有大学本科以上学历，具有相关领域学术专长或5年以上博物馆从业经验，无不良博物馆从业记录，身体健康，能胜任博物馆管理工作。

博物馆应依法设立应由举办者或其代表、社会人士代表等人员组成的理事会或其他形式的决策机构，其组成人数应在3人以上。其中三分之一以上的理事应当具有5年以上的博物馆从业经验。其中非国有博物馆接受政府资助或有政府资产投入的，其理事会宜有政府代表或政府指派的人员参加。

申请设立非国有博物馆，需提交满足上述条件的人员使用情况说明，包括人员数量、所从事的专业及岗位设置；同时提交专业技术人员、管理人员以及理事会成员的身份材料，包括身份证（授权查询电子证照库）、最高学历及职称证复印件，以及从业简历和业绩专长等。

（8）陈列展览方案

陈列展览方案包括展陈大纲及形式设计图。基本陈列大纲文本应包括以下内容：一级标题（陈列展览总题目），前言（概述整个陈列展览内容的文字），序厅陈列文物或辅助展品，二级标题（即各部分标题，按顺序分别撰写，一般陈列展览只设二级标题，也可根据陈列展览内容需要设计三级、四级标题），"二级标题"下陈列的文物或辅助展品（按顺序分不同部分撰写），陈列展览的结束语。

（9）法人代表签字盖章的网上消防承诺书

投资额在30万元以上的博物馆应提供办馆场所安全验收合格文件或消防备案受理凭证；投资额在30万元以下的博物馆应出具已经加强消防安全措施、确保消防安全的书面承诺。

（10）《非国有博物馆设立馆舍所有权或使用权证明告知承诺书》

（11）《非国有博物馆设立备案出资证明告知承诺书》

4. 登记管理机关依法登记

县级以上文物部门接到省级文物部门的备案文件后，在《民办非企业单位法人登记申请表》等非国有博物馆登记申请材料上加盖印章。非国有博物馆举办者凭县级以上文物部门同意成立登记的相关文件及其他相关材料，向同级民政部门申请民办非企业单位法人登记。登记完成后，依法办理印章刻制、税务登记、开立银行账户，办理完毕后报申请登记的民政部门备案。

示例：北京云汇网球木拍博物馆

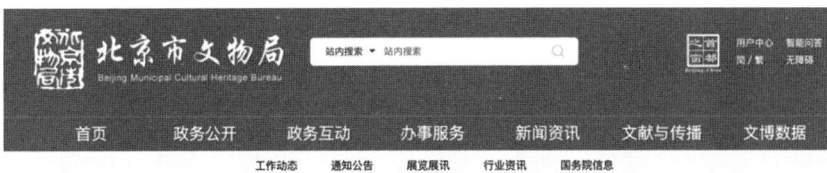

图2-3　依法获得博物馆备案

图2-4　依法取得民办非企业法人单位登记

六、藏品属于古生物化石的博物馆的设立流程

《博物馆条例》第十三条规定："藏品属于古生物化石的博物馆，其设立、变更、终止应当遵守有关古生物化石保护法律、行政法规的规定，并向馆址所在地省、自治区、直辖市人民政府文物主管部门备案。"

设立国有古生物化石类博物馆的，依照有关事业单位登记管理法律、行政法规的规定，经县级以上人民政府及自然资源主管部门批准成立，并到同级机构编制管理机关所属的事业单位登记管理机构登记后，分别向馆址所在地省、自治区、直辖市人民政府自然资源主管部门和文物主管部门备案。

设立非国有古生物化石类博物馆的，依照有关民办非企业单位登记管理法律、行政法规的规定，经县级以上人民政府自然资源主管部门审查同意，按照《博物馆条例》第十四条的规定提交相关备案材料，向馆址所在地省、自治区、直辖市人民政府文物主管部门备案，到同级民政部门依法办理法人登记手续后，向馆址所在地省、自治区、直辖市人民政府自然资源主管部门备案。

设立涉及重点保护古生物化石的博物馆的，举办者还应当在提出申请前征求国家古生物化石专家委员会的意见。

第二节　博物馆的变更

一、国有博物馆的变更

《博物馆条例》第十二条规定："国有博物馆的变更应依照有关事业单位登记管理法律、行政法规的规定办理，并应当向馆址所在地省、自治区、直辖市人民政府文物主管部门备案。"

国有博物馆的登记事项，依照《事业单位登记管理暂行条例》及《事业单

位登记管理暂行条例实施细则》关于事业单位法人登记事项之规定，包括：名称、住所、宗旨和业务范围、法定代表人、经费来源、开办资金等情况。以上事项需要变更的，国有博物馆应当向登记管理机关办理变更登记，具体要求按《事业单位登记管理暂行条例实施细则》第五章"变更登记"的规定办理。此外，国有博物馆变更还应当向馆址所在地省、自治区、直辖市人民政府文物主管部门备案。

二、藏品不属于古生物化石的非国有博物馆的变更

《博物馆条例》第十五条规定："藏品不属于古生物化石的非国有博物馆变更，应当到有关登记管理机关依法办理变更登记，并向馆址所在地省、自治区、直辖市人民政府文物主管部门备案。"

《国家文物局办公室、民政部办公厅关于进一步规范非国有博物馆备案登记管理工作的意见》指出："非国有博物馆登记事项需要变更的，应当经业务主管的文物部门审查同意之日起30日内，向申请登记的民政部门申请变更登记，并向馆址所在地省级文物部门备案。非国有博物馆修改章程，应当经业务主管的文物部门审查同意之日起30日内，报办理登记的民政部门核准。"

非国有博物馆的登记事项，依照《民办非企业单位登记管理暂行条例》关于民办非企业单位登记事项之规定，包括名称、住所、宗旨和业务范围、法定代表人或者负责人、开办资金、业务主管单位。以上事项需要变更的，非国有博物馆应当自业务主管的文物部门审查同意之日起30日内，向申请登记的民政部门申请变更登记，并向馆址所在地省级文物部门备案。若是修改章程的，应当自业务主管的文物部门审查同意之日起30日内，报办理登记的民政部门核准。

三、藏品属于古生物化石的博物馆的变更

《博物馆条例》第十三条规定："藏品属于古生物化石的博物馆的变更应当遵守有关古生物化石保护法律、行政法规的规定，并向馆址所在地省、自治

区、直辖市人民政府文物主管部门备案。"

古生物化石类博物馆的变更，按照国有博物馆或非国有博物馆变更的程序需到相应的登记管理机关依法办理变更登记，还应向馆址所在地省、自治区、直辖市人民政府自然资源主管部门和文物主管部门备案。

第三节　博物馆的终止

一、国有博物馆的终止

《博物馆条例》第十二条规定："国有博物馆的终止应依照有关事业单位登记管理法律、行政法规的规定办理，并应当向馆址所在地省、自治区、直辖市人民政府文物主管部门备案。"

国有博物馆一经设立，原则上即具有永久性质。如果出现行政管辖范围变更、机构合并等原因导致国有博物馆被撤销、解散而终止的，应当向登记机关办理注销登记或者注销备案。国有博物馆办理注销登记前，应当在举办单位和其他有关机关的指导下，成立清算组织，开展清算工作。国有博物馆应当自清算结束之日起15个工作日内，向登记管理机关申请注销登记。登记管理机关核准国有博物馆注销登记后，收缴被注销国有博物馆的《事业单位法人证书》正、副本及单位印章，并发布注销登记公告。具体要求按《事业单位登记管理暂行条例实施细则》第六章"注销登记"的规定办理。此外，国有博物馆终止还应当向馆址所在地省、自治区、直辖市人民政府文物主管部门备案。

二、藏品不属于古生物化石的非国有博物馆的终止

《博物馆条例》第十五条规定："藏品不属于古生物化石的非国有博物馆终止，应当到有关登记管理机关依法办理注销登记，并向馆址所在地省、自治

区、直辖市人民政府文物主管部门备案。"

《国家文物局办公室、民政部办公厅关于进一步规范非国有博物馆备案登记管理工作的意见》指出："非国有博物馆终止的，应当向办理登记的民政部门申请注销。办理注销前，应在业务主管的文物部门和其他有关机关指导下，成立清算组织，完成清算工作。清算期间不得开展清算以外的活动。在清算完成之日起15日内，向办理登记的民政部门办理注销登记，并向馆址所在地省级文物部门备案。"

非国有博物馆确需终止的，应当向办理登记的民政部门申请注销。办理注销前，应在业务主管的文物部门和其他有关机关指导下，成立清算组织，完成清算工作。在清算完成之日起15日内还应按照《民办非企业单位登记管理暂行条例》的具体要求向办理登记的民政部门办理注销登记，须提交注销登记申请书、业务主管的文物部门的审查文件和清算报告。办理登记的民政部门准予注销登记的，发给注销证明文件，收缴登记证书、印章和财务凭证。此外，非国有博物馆终止还应向馆址所在地省级文物部门备案。

三、藏品属于古生物化石的博物馆的终止

《博物馆条例》第十三条规定："藏品属于古生物化石的博物馆终止，应当遵守有关古生物化石保护法律、行政法规的规定，并向馆址所在地省、自治区、直辖市人民政府文物主管部门备案。"

古生物化石类博物馆的终止，按照国有博物馆或非国有博物馆终止的程序需到相应的登记管理机关依法办理变更登记，还应向馆址所在地省、自治区、直辖市人民政府自然资源主管部门和文物主管部门备案。

第三章

博物馆的法人治理结构合规

【本章内容概览】

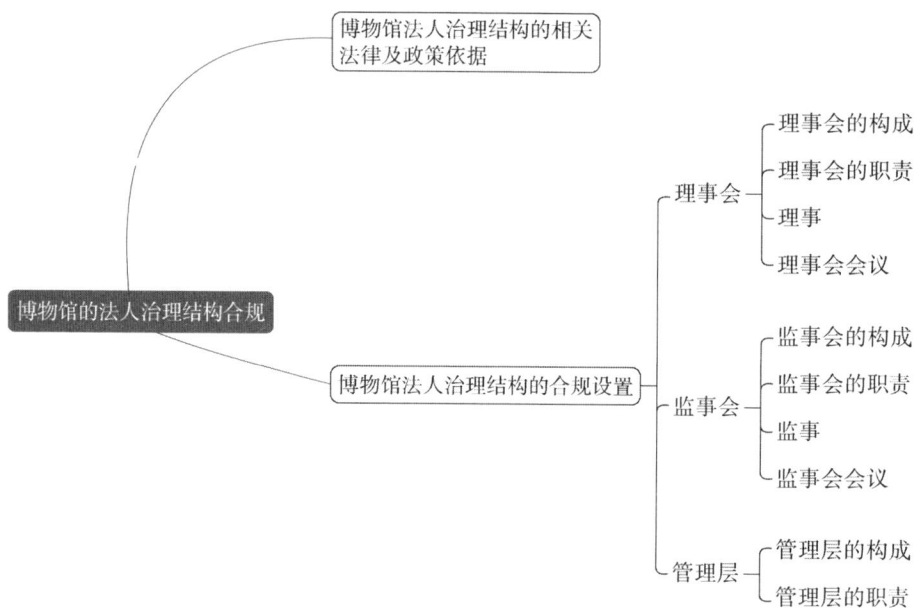

法人治理结构是现代企业制度中最重要的组织架构，它关乎一个组织是如何决策和运行的，主要目的是对组织的所有权、决策权、监督权、经营权进行分割与制衡。根据我国《公司法》的相关规定，公司治理的基本机构由股东会、董事会和监事会、经理组成。股东会是公司的权力机构，有权决定公司一切重大事项；董事会和监事会由股东会选举产生，对股东会负责和报告工作。其中，董事会是经营决策机构，监事会是监督机构；经理由董事会聘任，对董事会负责，是执行机构。随着社会发展，公司法人治理的相关经验被引入到文化事业单位的发展中。博物馆作为文化事业单位，目前部分博物馆已经建立起了完善的以理事会为核心的法人治理结构。据2021年8月18日国务院《关于文物工作和文物保护法实施情况的报告》显示，全国登记备案博物馆5788家，其中1051家博物馆法人治理结构改革任务基本完成。

第一节　博物馆法人治理结构的相关法律及政策依据

2011年3月23日，中共中央、国务院发布《关于分类推进事业单位改革的指导意见》（中发〔2011〕5号），要求面向社会提供公益服务的事业单位建立健全法人治理结构，"探索建立理事会、董事会、管委会等多种形式的治理结构，健全决策、执行和监督机制，提高运行效率，确保公益目标实现"。

2011年7月24日，为贯彻落实中发〔2011〕5号文件精神，国务院办公厅印发配套文件《关于建立和完善事业单位法人治理结构的意见》（以下简称《意见》），规定了建立和完善法人治理结构的基本原则、总体要求、主要内容和组织实施等。《意见》提出：决策监督机构的主要组织形式是理事会。也可探索单独设立监事会，负责监督事业单位财务和理事、管理层人员履行职责的情况；管理层是理事会的执行机构，对理事会负责，按照理事会决议独立自主履行日常业务管理、财务资产管理和一般工作人员管理等职责，定期向理事会报告工作；章程是法人治理结构的制度载体和理事会、管理层的运行规则，也是有关部门对事业单位进行监管的重要依据。章程由理事会通过，经举办单位同意后，报登记管理机关核准备案。

2013年11月15日，党的十八届三中全会通过的《中共中央关于全面深化改革若干重大问题的决定》要求："明确不同文化事业单位功能定位，建立法人治理结构，完善绩效考核机制。推动公共图书馆、博物馆、文化馆、科技馆等组建理事会，吸纳有关方面代表、专业人士、各界群众参与管理。"

2015年2月9日发布、3月20日实施的《博物馆条例》（国务院令第六百五十九号）明确规定："博物馆应当完善法人治理结构，建立健全有关组织管理制度。"3月19日国家文物局发布了《关于贯彻执行〈博物馆条例〉的实施意见》（文物博发〔2015〕5号），指出："完善以理事会为核心的博物馆法人治理结构，推动事业可持续发展。推动公众和社会组织参与博物馆的决策和评价，使理事会成为公共参与监督管理博物馆建设发展的纽带，吸纳更多的社会参与。推动博物馆订立章程，建立和完善以理事会及其领导下的管理层为主要架构的事业单位法人治理结构，把行政主管部门对事业单位的具体管理职责交给理事会，逐步实行理事会决策、馆长负责的运行机制。"

2015年6月12日，国家文物局发布《关于推进博物馆理事会建设的指导意见》（文物博函〔2015〕2761号），指出了理事会建设的重要意义和基本原则、总体目标和实施手段，明确了博物馆理事会的职责，并规定博物馆章程特别要明确以下内容："举办单位与理事会、理事会与管理层的关系，包括理事会的职责、构成、会议制度，理事的产生方式和任期，管理层的职责和产生方式等。"同时，对理事会的组织结构、博物馆主管部门与理事会的关系进行了明确。

2016年起，博物馆理事会建设开始全面推进实施，部分县级博物馆也建立了理事会。同年6月，国家文物局会同国家事业单位登记管理局制定《国有博物馆章程范本》，鼓励各地结合实际情况开展多种模式探索，健全博物馆法人治理结构，提升博物馆治理水平。[1] 同年12月，国家文物局对2012年印发的《民办博物馆章程示范文本》进行了修订，编制形成了《非国有博物馆章程示范文本》，进一步加强对非国有博物馆的指导，推进健全法人治理结构和财产权登记，提升治理水平，促进非国有博物馆健康有序发展。

2017年8月31日，中宣部、文化部、中央机构编制委员会办公室、财政部等七部委联合印发《关于深入推进公共文化机构法人治理结构改革的实施方案》，部署推动在公共图书馆、博物馆等建立以理事会为主要形式的法人治理结构。方案要求到2020年底，全国市（地）级以上规模较大、面向社会提供公益服务的公共图书馆、博物馆、文化馆、科技馆、美术馆等公共文化机构，基本建立以理事会为主要形式的法人治理结构，决策、执行和监督机制进一步健全，相关方权责更加明晰，运转更加顺畅，活力不断增强，人民群众对公共文化的获得感明显提升。方案提出理事会是公共文化机构的决策机构，具备条件的公共文化机构可单独设立监事会作为监督机构，也可以在理事会中明确若干名承担监督职能的兼职监事。公共文化机构的管理层负责执行理事会作出的决策，管理层由公共文化机构行政负责人及其他主要管理人员组成。同时将法人治理结构建设纳入博物馆运行评估和绩效考评体系，完善监督和激励机制，推动实施方案的落实落地。

2019年7月15日，国家文物局办公室印发《国家文物局办公室关于加快推进博物馆公共文化机构法人治理结构改革的通知》，要求按照《关于深入推进公共文化机构法人治理结构改革的实施方案》完成博物馆法人治理结构改革进度。

2019年12月国家文物局公布施行新的《博物馆定级评估办法》《博物馆定级评估标准》及《评分细则计分表》等规定。新的《博物馆定级评分细则》相较于2016年7月修订的《博物馆定级评分细则》对行业博物馆、非国有博物馆设置了专属加分项，其中有一加分项目就是与法人治理结构相关，即"行业博物馆、非国有博物馆理事会（董事会）（本项为行业博物馆、非国有博物馆专

---

[1] 罗向军：《中国博物馆理事会制度的实践与思考》，《博物院》2018年第1期。

属加分项，满分1分。行业博物馆、非国有博物馆设有由博物馆举办者或其代表、馆长、职工代表、社会人士组成的理事会（董事会）的可予加分）"。

2021年5月11日，中央宣传部、国家发展改革委、教育部、科技部、民政部、财政部、人力资源社会保障部、文化和旅游部、国家文物局等9部门联合印发《关于推进博物馆改革发展的指导意见》（以下简称《指导意见》）。《指导意见》提出要"创新体制机制，释放发展活力。推进博物馆治理体系和治理能力现代化。深化博物馆领域'放管服'改革，探索管办分离，赋予博物馆更大的自主权。分类推进国有博物馆、非国有博物馆理事会制度建设，建立健全权责对等、运转协调的决策执行或监督咨询机制"。

以上这些法律法规及政策的实施为我国博物馆法人治理结构建设起到了非常明确指导作用，也反映出我国博物馆以理事会为核心的法人治理结构的发展脉络，这些也构成了我国博物馆法人治理结构设置的合规依据。

第二节　博物馆法人治理结构的合规设置

博物馆法人治理结构的基本架构可以分为决策层、监督层和管理层。博物馆法人治理结构以理事会为核心，由理事会作为决策和监督机构，具备条件的博物馆可单独设立监事会作为监督机构，也可以在理事会中明确若干名承担监督职能的兼职监事。理事会领导下的管理层是理事会决议的执行机构，管理层实行馆长负责制，对博物馆进行运营和管理。

一、理事会

（一）理事会的构成

1.理事会构成的基本原则

依据国家文物局《关于推进博物馆理事会建设的指导意见》（文物博函

〔2015〕2761号）第四条"规范博物馆理事会组织结构"的规定，理事会构成的基本原则为：

要根据博物馆的规模、职责任务和服务对象等方面的特点，兼顾代表性和效率，合理确定理事会的构成和规模。国有博物馆的理事会应由政府有关部门、举办单位、事业单位、服务对象和其他利益相关方的代表组成。直接关系公众切身利益的博物馆，本单位以外人员的理事要占绝对多数。

2.国有博物馆理事会的构成

参照《国有博物馆章程范本》，国有博物馆理事会的构成可按如下方式设置：

（1）理事会成员由3人以上组成，以单数为宜。理事会成员采用委派、征选或推选方式产生，由举办单位履行任免程序。

（2）理事来源与名额、产生方式为：

举办单位或政府部门代表 _____ 名，由举办单位或相关政府部门委派产生；

社会公众代表 _____ 名，包括各利益相关方代表、专家代表、观众代表，由举办单位面向社会征选；

本馆代表 _____ 名，其中馆长、党组织负责人为当然理事，其余 _____ 名由本馆推选产生。

（3）理事会设秘书1人，负责日常联络、会议记录、文稿起草、档案管理等工作。该职务没有发言权、提议权和表决权。

（4）理事会设理事长1名，副理事长 _____ 名。理事长由举办单位提名，理事会选举任命；副理事长由理事长提名，理事会选举任命。副理事长协助理事长工作。理事长可委托副理事长代行相关职权。

（5）理事长行使以下职权：

引导理事会完成其职权，支持博物馆实现各项发展目标；确定理事会的议题，召集并主持理事会会议；督促、检查理事会决议的实施情况；代表理事会签署有关文件；法律法规和理事会授予的其他职权。

3. 非国有博物馆理事会的构成

依据《关于民办博物馆设立的指导意见》（文物博发〔2014〕21号）的相关规定，以及参照《非国有博物馆章程示范文本》，非国有博物馆理事会的构成可按如下方式设置：

（1）理事会成员为3—25人，以单数为宜。

（2）理事由举办者（包括出资者）代表、职工代表和社会人士代表（政府部门代表、专家代表、公众代表）组成。其中三分之一以上的理事（董事）应当具有5年以上博物馆从业经验。

（3）理事来源、名额和产生方式为：

举办者（包括出资者）代表 _____ 名，由举办者（包括出资者）推选产生；

职工代表 _____ 名，由全体职工推选产生；

社会人士代表 _____ 名，其中包括政府部门代表 _____ 名，由有关单位推选产生，其余通过邀请或征选的形式产生。

注：有关单位包括省级文物行政部门或博物馆所在地政府民政、财政、文物等相关部门，下同。凡接受政府资助或有政府财产投入的非国有博物馆，必须有业务主管单位推荐的理事参与治理。

（4）理事会设理事长1名，副理事长1—2名。理事长、副理事长由理事会以全体理事的过半数选举产生或罢免。副理事长协助理事长工作，理事长不能行使职权时，由理事长指定的副理事长代其行使职权。

（5）理事长行使下列职权：

召集和主持理事会会议；检查理事会决议的实施情况；法律、法规和本博物馆章程规定的其他职权。

（二）理事会的职责

1. 博物馆理事会的基本职责

依据国家文物局《关于推进博物馆理事会建设的指导意见》（文物博函〔2015〕2761号）第三条"明确博物馆理事会职责"的规定，博物馆理事会的职责应包含以下内容：

（1）确保博物馆的使命、宗旨和目的的持续性；

（2）确保博物馆能最广泛地为公众服务；鼓励公众积极参与博物馆的各
项业务活动；

（3）根据博物馆的使命和宗旨提供相应支持，确保博物馆藏品在当前和
未来的安全和维护；

（4）支持博物馆通过研究，客观准确地诠释和传播有关藏品的知识；

（5）根据博物馆的使命和宗旨，监察和批准各项制度并监督这些制度的
执行；

（6）规划博物馆的工作，检查和批准博物馆目标和实现途径，监督博物
馆计划的执行；

（7）通过检查、批准、监督预算和财务报告，决策博物馆财政预算支出
和募集资金，保证博物馆的财政稳定；

（8）审议博物馆馆长提名并与其签订合同，评估馆长的工作；

（9）确保博物馆有充足的人员实施博物馆的各项功能。

2. 国有博物馆理事会的基本职责

对于不设监事会的国有博物馆，参照《国有博物馆章程范本》，其理事会
的职责为：

（1）确保博物馆的宗旨、业务范围和目的的持续性；

（2）鼓励公众积极参与博物馆的各项业务活动；

（3）根据博物馆的宗旨和业务范围提供相应支持，确保藏品及文物在当
前和未来的安全和维护；

（4）确保博物馆能最广泛地为公众服务；

（5）支持博物馆通过研究，客观准确地诠释和传播有关藏品及文物的
知识；

（6）根据博物馆的宗旨和业务范围，监察和批准各项制度并监督这些制
度的执行；

（7）审议博物馆中长期发展规划，审议和批准博物馆目标和实现途径，监督博物馆计划的执行；

（8）通过审查、批准、监督预算和财务报告，决策博物馆财政预算支出和募集资金，保证博物馆的财政稳定；

（9）选举产生理事长、副理事长，审议馆长、副馆长人选，评估管理层的工作；

（10）确保博物馆有充足的人员实施博物馆的各项功能；

（11）审议博物馆内部薪酬分配方案、内设和分支机构设置方案；

（12）本届理事会任期届满前三个月负责组建下届理事会，并报举办单位审议；

（13）履行法律法规及其他规定明确的理事会职责。

3. 对于非国有博物馆，参照《非国有博物馆章程示范文本》，理事会的职责为：

（1）制订、修改博物馆章程；

（2）制订、审议博物馆中长期发展规划和年度计划，确保博物馆的宗旨、业务范围和目的的持续性；

（3）制订、审议博物馆收藏、展览、科研、教育的方针政策，确保博物馆能最广泛地为公众服务；

（4）支持博物馆通过研究客观准确地诠释和传播有关藏品及文物的知识；

（5）根据博物馆的宗旨和业务范围审议和批准各项内部管理制度并监督制度的执行；

（6）审议、批准、监督博物馆财务预算、决算方案，对博物馆重大财务支出、募集资金、增加开办资金等事项行使决策权，监管博物馆法人财产，确保博物馆拥有独立、稳定的法人财产权；

（7）审议、批准、监督博物馆征集、接受捐赠和处置藏品的有关方案，监督博物馆藏品管理工作，确保博物馆藏品妥善管理和有序传承；

（8）选举产生理事长、副理事长，罢免、增补理事；

（9）聘任或解聘馆长，根据馆长提名聘任或者解聘本博物馆的副馆长和财务负责人；

（10）审议博物馆内部薪酬分配方案、内部机构设置方案；

（11）在本届理事会任期届满前拟定下届理事会组织方案，主持理事会换届事宜；

（12）决定博物馆的分立、合并或终止，在博物馆终止时负责拟定藏品及法人财产处置方案；

（13）为博物馆运营筹集保障经费；

（14）履行法律法规及其他规定明确的理事会职责。

（三）理事

1. 理事的任期

参照《国有博物馆章程范本》，国有博物馆理事每届任期与理事会任期相同。任期届满，根据工作需要可以连选连任，但任期最长不超过两届。举办单位或政府部门委派的理事年龄不得超过60岁，社会人士年龄原则上不超过70岁。

参照《非国有博物馆章程示范文本》，非国有博物馆理事每届任期3年或4年。任期届满，可以连选连任。

2. 理事的任职资格

参照《国有博物馆章程范本》，理事的任职资格如下：

（1）熟悉并遵守有关法律法规和国家政策；

（2）热心社会公益，热爱文博事业，能维护博物馆的权益和社会声誉；

（3）在所在行业具有一定资历和良好声望，能客观、独立表达意见；

（4）无记过以上行政处分，无违法犯罪、失信记录，且具有完全民事行为能力。

3. 理事的权利义务

参照《国有博物馆章程范本》，理事所享有的权利和承担的义务如下：

理事享有以下权利：

（1）出席理事会会议，享有发言权、提议权、表决权、选举权和被选举权；

（2）对理事会会议和博物馆重大事项的知情权、建议权和监督权；

（3）提议召开临时理事会会议；

（4）理事会赋予的其他权利。

理事应当履行以下义务：

（1）遵守有关法律、法规和本章程，在理事职责范围内行使权利，认真履行职责；

（2）及时向博物馆反映社会各界的意见与建议，广泛引导和争取社会资源支持博物馆事业发展；

（3）按时参加理事会会议及相关活动，遵守并执行理事会会议决议；

（4）遵守理事会规定的其他义务。

理事履职过程中不得有以下情形：

（1）擅自公开或使用博物馆涉密信息；

（2）凭借理事身份为本人或者他人谋取不当利益；

（3）以违背本章程规定和精神的方式干扰本馆正常运作；

（4）从事其他与理事身份不符的行为。

（四）理事会会议

1. 国有博物馆理事会会议

参照《国有博物馆章程范本》，国有博物馆理事会会议的召开程序、议事方式、表决方式如下：

（1）理事会会议一般由理事长召集和主持。每年应至少召开两次理事会会议，会议召开前十日书面通知全体理事。理事会会议应有三分之二以上的理事出席方可举行。

（2）理事长认为必要时，或有三分之一以上理事联名提议时，可召开理事会临时会议，并于会议召开前五日书面通知全体理事。

（3）理事会实行民主集中制。采用记名方式投票表决，每名理事享有一票表决权。理事会决议一般事项须经全部理事的半数以上通过，重大事项须经全部理事的三分之二以上通过方可生效。重大事项如下：

① 拟定及修订博物馆章程；

② 审议博物馆中长期发展战略和发展规划；

③ 审议博物馆重大财务事项；

④ 审议博物馆内部薪酬分配方案；

⑤ 审议博物馆机构设置方案；

⑥ 审议馆长、副馆长人选；

⑦ 审议决定博物馆理事会成员的聘任和解聘。

（4）理事会会议应当制作会议记录。出席会议的理事和记录人，应当在会议记录上签名。形成决议的，应当制作会议纪要，并由出席会议的理事审阅、签名。理事会会议记录应当作为博物馆重要档案妥善保管。

（5）理事会会议记录应当载明以下内容：

① 出席会议的理事人员、列席人员、缺席理事及缺席事由；

② 会议的日期、地点；

③ 主要议题及议程；

④ 参会理事的发言要点；

⑤ 提交表决事项的表决结果；

⑥ 理事会认为应当载入会议记录的其他内容。

（6）理事会决议违反法律、法规或本单位章程规定，致使博物馆利益遭受损失的，参与决议的理事应当承担责任。经证明在表决时反对并记载于会议记录的，该理事可免除责任。

2.非国有博物馆理事会会议

参照《非国有博物馆章程范本》，非国有博物馆理事会会议的召开程序、议事方式、表决方式如下：

（1）理事会会议每年召开 _____ 次（至少两次）。有下列情形之一的，应当召开理事会会议：

① 理事长认为必要时；

② 1/3以上理事联名提议时。

（2）召开理事会会议，应于会议召开10日前将会议的时间、地点、内容等通知全体理事。理事因故不能出席的，可以书面委托其他理事代为出席理事会，委托书必须载明授权范围。

（3）理事会会议应由1/2以上的理事出席方可举行。理事会会议实行1人1票制。理事会决议一般事项必须经全体理事的半数以上通过。

下列重要事项的决议，须经全体理事的2/3以上通过方为有效：

① 章程的修改；

② 博物馆的分立、合并或终止；

③ 藏品注销及处置；

……

凡接受政府资助的藏品、资金等资产的处置，需经政府部门代表理事的同意后，方为有效。

（4）理事会会议应当制作会议记录。形成决议的，应当当场制作会议纪要，并由出席会议的理事审阅、签名。理事会决议违反法律、法规或章程规定，致使本博物馆遭受损失的，参与决议的理事应当承担责任；但经证明在表决时有理事反对并记载于会议记录的，持反对意见的理事可免除责任。

理事会记录由理事长指定的人员存档保管。

二、监事会

具有一定规模和一定条件的博物馆，可以单独设立监事会。监事会是理事会的监督机构，同时对博物馆财务及管理层履行职责的合法合理性进行监督。我国现行法律和相关政策及指引中并未规定国有博物馆的监事会的构成及相关的议事规则，非国有博物馆的监事会的构成及相关议事规则可参照《非国有博物馆章程范本》。

（一）监事会的构成

1.国有博物馆监事会的构成

依据法律实务经验和我国部分国有博物馆监事会设置的有效实践，国有博物馆监事会的构成可按如下方式设置：

（1）监事成员由3人以上的单数组成，以5人最为常见。监事会每届任期与理事会每届任期相同。

（2）监事来源与名额、产生方式为：

监事在举办单位代表、博物馆党组织代表、博物馆职工中产生，博物馆法律顾问亦可成为监事来源。其中举办单位代表由举办单位委派产生，职工代表由工会委员会推荐候选人，由职工大会选举产生。理事、馆长及财务负责人不得同时兼任监事。

（3）监事会设主席1名，由全体监事过半数同意选举产生。

（4）监事会主席行使以下职权：

① 引导监事会完成其职权，支持博物馆实现各项发展目标；

② 确定监事会的议题，召集并主持监事会会议；

③ 督促、检查监事会决议的执行情况；

④ 代表监事会签署有关文件；

⑤ 法律法规和监事会授予的其他职权。

2.非国有博物馆监事会的构成

参照《非国有博物馆章程范本》，非国有博物馆监事会的构成可按如下方式设置：

（1）监事会成员为不得少于3人的单数。

（2）监事来源与名额、产生方式为：

监事在举办者（包括出资者）、本博物馆职工或有关单位推荐的人员中产生或更换。监事会中的职工代表由博物馆全体职工民主选举产生。理事、馆长及财务负责人，不得兼任监事。

（3）监事任期与理事任期相同，任期届满，可以连选连任。

（二）监事会的职责

监事会的重要职责就是对理事会进行监督，同时对博物馆财务及管理层履职进行监督。

1. 对于国有博物馆，监事会的职责可以包括[①]：

（1）监督文物保护等法律法规及相关政策执行情况；

（2）监督检查公益事业开展情况；

（3）监督检查理事会决定执行情况；

（4）监督检查财务制度执行情况和国有资产安全管理情况；

（5）监督管理层履行职务和章程的情况；

（6）纠正理事、管理层损害博物馆利益的行为；

（7）列席理事会会议，对理事会决议事项提出质询和建议。特殊情况下，可提议临时召开理事会会议。

2. 对于非国有博物馆，参照《非国有博物馆章程范本》，监事会的职责可以包括：

（1）依法监督理事会、馆长按照章程开展活动；

（2）列席理事会会议，有权向理事会提出质询和建议；

（3）监督法定代表人的工作，检查财务和会计资料；

（4）有权向业务主管单位、登记管理机关及税务、会计主管部门反映情况；

（5）提议召开临时理事会会议，在理事长不履行本章程规定时召集和主持理事会会议。

（三）监事

1. 监事的任期

监事每届任期与监事会任期相同。监事任期届满，根据工作需要可以连选连任，但任期原则上最长不超过两届。

2. 监事的任职资格

监事应由热爱文博事业并具有一定专门知识的人担任，任职资格可参照理

[①]《汉景帝阳陵博物院章程》（2019年1月29日通过）。

事任职资格：

（1）熟悉并遵守有关法律法规和国家政策；

（2）热心社会公益，热爱文博事业，能维护博物馆的权益和社会声誉；

（3）在所在行业具有一定资历和良好声望，能客观、独立表达意见；

（4）无记过以上行政处分，无违法犯罪、失信记录，且具有完全民事行为能力。

3. 监事的权利义务

作为履行监督职责的人员，监事所享有的权利和承担的义务可参照董事权利义务，设计如下：

（1）监事享有以下权利：

① 出席监事会会议，享有发言权、提议权、表决权、选举权和被选举权；

② 对监事会会议和博物馆重大事项的知情权、建议权和监督权；

③ 提议召开临时监事会会议；

④ 监事会赋予的其他权利。

（2）监事应当履行以下义务：

① 遵守有关法律、法规和本章程，在监事职责范围内行使权利，认真履行职责；

② 及时向博物馆反映社会各界的意见与建议，广泛引导和争取社会资源支持博物馆事业发展；

③ 按时参加监事会会议及相关活动，遵守并执行监事会会议决议；

④ 履行监事会规定的其他义务。

（3）监事履职过程中不得有以下情形：

① 擅自公开或使用博物馆涉密信息；

② 凭借监事身份为本人或者他人谋取不当利益；

③ 以违背本章程规定和精神的方式干扰博物馆正常运作；

④ 从事其他与监事身份不符的行为。

（四）监事会会议

参照理事会会议的召开程序和议事规则，监事会的召开程序、议事方式、表决方式如下：

1. 监事会会议一般由监事会主席召集和主持。每年应至少召开两次监事会会议，会议召开前十日书面通知全体监事。监事会会议应有三分之二以上的监事出席方可举行。

2. 监事会主席认为必要时，或有三分之一以上监事联名提议时，可召开监事会临时会议，并于会议召开前五日书面通知全体监事。

3. 监事会实行民主集中制。采用记名方式投票表决，每名监事享有一票表决权。监事会决议一般事项须经全部监事的半数以上通过，重大事项须经全部监事的三分之二以上通过方可生效。其中重大事项包括[①]：

（1）理事会决策存在问题；

（2）管理层执行理事会决议不力；

（3）博物馆存在违反工作程序和制度规定的问题；

（4）落实博物馆职工和社会公众对决策层和执行层提出质询和合理建议；

（5）本院任何个人严重违纪违规问题。

4. 监事会会议应当制作会议记录。出席会议的监事和记录人，应当在会议记录上签名。形成决议的，应当制作会议纪要，并由出席会议的监事审阅、签名。监事会会议记录应当作为博物馆重要档案妥善保管。

5. 监事会会议记录应当载明以下内容：

（1）出席会议的理事人员、列席人员、缺席监事及缺席事由；

（2）会议的日期、地点；

（3）主要议题及议程；

（4）参会监事的发言要点；

（5）提交表决事项的表决结果；

（6）监事会认为应当载入会议记录的其他内容。

[①]《汉景帝阳陵博物院章程》（2019年1月29日通过）。

6. 监事会决议违反法律、法规或博物馆章程规定，致使博物馆利益遭受损失的，参与决议的监事应当承担责任。经证明在表决时反对并记载于会议记录的，该监事可免除责任。

三、管理层

（一）管理层的构成

1. 对于国有博物馆，参照《国有博物馆章程范本》，其管理层建制如下：

（1）管理层是理事会的执行机构，向理事会负责，由馆长、党组织负责人、副馆长和其他核心管理人员组成，实行馆长负责制。

（2）馆长、副馆长由举办单位提名，经理事会审议同意后，由举办单位按干部管理权限任免；党组织负责人由举办单位按照有关程序任免。

2. 对于非国有博物馆，其聘任馆长对理事会负责。专职馆长或副馆长应具有大学专科以上学历，相关领域学术专长和5年以上博物馆从业经验，无不良博物馆从业记录，身体健康，能胜任博物馆管理工作。非国有博物馆应有与博物馆规模和功能相适应的专业技术人员和管理人员。专业技术人员和管理人员不应少于6人；其中专职人员占60%以上，且专职人员60%以上具有大专以上学历。

（二）管理层的职责

1. 对于国有博物馆，参照《国有博物馆章程范本》，管理层职责如下：

（1）组织实施理事会的决议，接受理事会的监督；

（2）编制博物馆发展规划，组织开展业务活动，实施年度工作计划等日常工作管理；

（3）编制并组织实施经费预算等财务资产管理；

（4）按照相关条例做好职工招聘、岗位晋升、人员管理、内设或分支机构的设置、薪酬发放等工作；

（5）做好文物安全工作、保障本馆内参观及活动人群的安全；

（6）根据工作需要可提议设立发展规划、薪酬与考核、展览陈列、藏品征集与保护等咨询委员会或专业委员会。

2. 对于国有博物馆，参照《国有博物馆章程范本》，馆长职能如下：

（1）馆长作为拟任法定代表人人选，经登记管理机关核准登记后，取得本馆法定代表人资格。

（2）馆长行使下列职责：

① 全面负责本单位业务、人事、财务、资产、征集等各项管理工作；

② 组织制定博物馆内设机构设置方案和基本管理制度；

③ 按照理事会决议主持开展工作；

④ 法律法规和本章程规定的其他职责。

副馆长协助馆长工作。馆长因故临时不能行使职权时，指定副馆长代行其职权。

3. 对于非国有博物馆，参照《非国有博物馆章程范本》，馆长行使下列职权：

（1）主持博物馆的日常工作，组织实施理事会的决议；

（2）组织实施本馆年度业务活动计划；

（3）拟订本馆内设机构方案；

（4）拟订内部管理制度；

（5）提请聘任或解聘副馆长和财务负责人；

（6）聘任或解聘内设机构负责人；

（7）馆长列席理事会会议。

第 四 章

博物馆藏品合规管理

【本章内容概览】

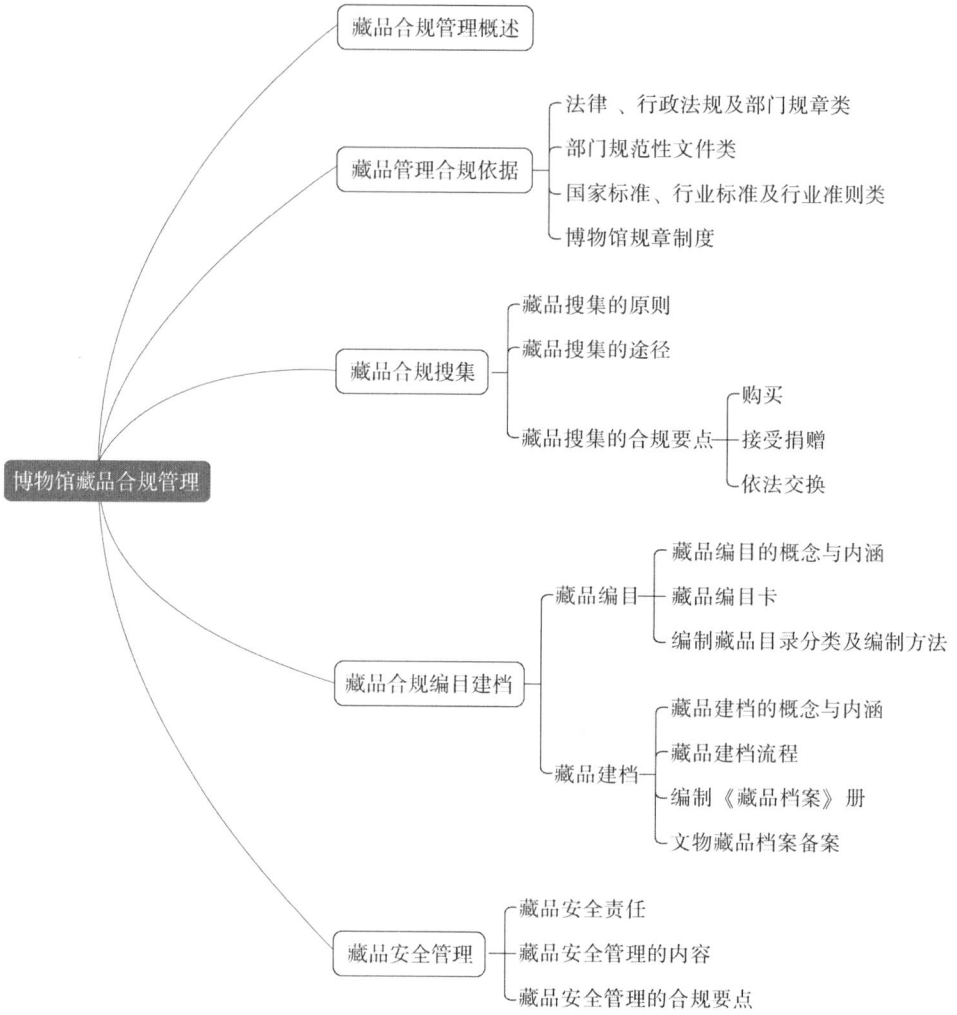

藏品合规管理概述

藏品管理合规依据
├─ 法律 、行政法规及部门规章类
├─ 部门规范性文件类
├─ 国家标准、行业标准及行业准则类
└─ 博物馆规章制度

藏品合规搜集
├─ 藏品搜集的原则
├─ 藏品搜集的途径
└─ 藏品搜集的合规要点
　　├─ 购买
　　├─ 接受捐赠
　　└─ 依法交换

博物馆藏品合规管理

藏品合规编目建档
├─ 藏品编目
│　├─ 藏品编目的概念与内涵
│　├─ 藏品编目卡
│　└─ 编制藏品目录分类及编制方法
└─ 藏品建档
　　├─ 藏品建档的概念与内涵
　　├─ 藏品建档流程
　　├─ 编制《藏品档案》册
　　└─ 文物藏品档案备案

藏品安全管理
├─ 藏品安全责任
├─ 藏品安全管理的内容
└─ 藏品安全管理的合规要点

藏品管理是包括藏品征集鉴选、保管保护、整理研究等一系列管理活动的综合，是博物馆业务活动的重要组成部分，是推动博物馆其他工作的基础工作。就博物馆而言，对藏品进行合规管理是博物馆事业最重要的工作之一。

第一节　藏品合规管理概述

　　博物馆的藏品是国家宝贵的科学、文化财富，是博物馆业务活动的物质基础。根据藏品的本质属性和特点，藏品大体上可以划分为文物、自然标本、实物资料（科技成果）、非实物记录和非物质文化遗产等四种。[①] 藏品管理是博物馆业务活动的重要组成部分，其目的是准确鉴别藏品的历史、艺术和科学价值，加强藏品的保护管理，确保藏品的安全，充分发挥藏品的作用。《博物馆藏品管理办法》指出："博物馆对藏品负有科学管理、科学保护、整理研究、公开展出和提供使用（对社会主要是提供藏品资料、研究成果）的责任。保管工作必须做到：制度健全、账目清楚、鉴定确切、编目详明、保管妥善、查用方便"，这是博物馆藏品管理的工作内容和基本要求。根据《博物馆藏品管理办法》相关规定，同时结合目前博物馆藏品管理实际工作情况，藏品管理的一般程序是：接收、鉴选、登记、定名、定级、分类、入库（排架）、库管（保养）、提用（出库）、核对、注销、统计、备案等13项。[②] 除了前述13项程序之外，藏品管理包括藏品的搜集、鉴定、编目、录入、建档、保护（修复、复制）、安全管理、陈列展览等工作项目。

　　藏品合规管理是指博物馆的藏品管理活动符合法律法规、监管规定、行业准则以及博物馆自身章程、规章制度等一系列规范性文件的要求。藏品合规管理的对象是藏品，藏品既包括文物类藏品，也包括非文物类藏品，二者都需要

---

① 吕军：《博物馆藏品管理学》，科学出版社2020年版，第5页。
② 吕军：《博物馆藏品管理学》，科学出版社2020年版，第51页。

进行合规管理。

第二节 藏品管理合规依据

有关藏品管理的规范，除了原文化部于1986年发布实施的专门针对藏品管理的《博物馆藏品管理办法》外，还分布于诸多法律法规、监管规定以及行业准则中。除此之外，部分博物馆针对自身的藏品管理制定了一系列的规章制度。以上构成了博物馆藏品管理的合规依据。从规范性文件的效力层级和其涉及的藏品管理活动两个维度来看，藏品管理合规依据主要有：

一、法律、行政法规及部门规章类

藏品管理活动	发文机关	法律法规	相关内容
基础性	全国人民代表大会常务委员会	《中华人民共和国文物保护法》（2017修正）	该法系文物保护及利用工作的基础法律，对文物的取得、展览、保护、进出境等作出了明确规定
基础性	国务院	《中华人民共和国文物保护法实施条例》（2017第二次修订）	该条例系文物保护法的配套规定
基础性	国务院	《博物馆条例》（2015.03.20）	该条例系第一部我国博物馆行业的行政法规，是博物馆管理的基础法律，其中对博物馆藏品的取得、保管、安全、使用等作出了规定
基础性	文化部（已撤销）	《博物馆管理办法》（2006.01.01）	该办法中专章规定了藏品管理的相关事项
基础性	文化部（已撤销）	《博物馆藏品管理办法》（1986.06.19）	该办法系专门针对藏品管理事宜的具体法规

藏品管理活动	发文机关	法律法规	相关内容
藏品搜集	文化部（已撤销）	《文物认定管理暂行办法》（2009.10.01）	该办法系专门针对文物认定工作的具体法规
藏品陈列展览	文化部（已撤销）	《文物进出境审核管理办法》（2007.07.13）	该办法系关于文物进出境审核的具体法规
藏品保护（修复、复制）	文化部（已撤销）	《古人类化石和古脊椎动物化石保护管理办法》（2006.08.07）	该办法系针对古人类化石和古脊椎动物化石的保护和管理事宜的专门性规定
藏品定级	文化部（已撤销）	《文物藏品定级标准》（2001.04.09）	该标准系针对文物藏品定级的专门性规定
安全管理	国务院	《企业事业单位内部治安保卫条例》（2004.12.01）	该条例系针对企业、事业单位内部治安保卫工作事宜的专门性规定
安全管理	文化部（已撤销），公安部	《博物馆安全保卫工作规定》	该规定系关于博物馆安全保卫工作的专门性规定
安全管理	公安部	《机关、团体、企业、事业单位消防安全管理规定》（2002.05.01）	该规定系针对机关、团体、企业、事业单位（以下统称单位）自身的消防安全管理方面的规定
地方基础性[①]	北京市文物局	《北京市文物局关于进一步加强全市博物馆藏品管理工作的通知》（2020.01.15）	北京市博物馆藏品管理工作的规范性文件

二、部门规范性文件类

藏品管理活动	发文机关	法律法规
藏品搜集	国家文物局	《依法没收、追缴文物的移交办法》（1999.04.05）

---

①注：合规依据除全国统一适用的规范性文件外，还应包括各个地区有关部门制定的地方性规范性文件。本书未将全国各个地区的地方性规范性文件一一列出，仅以北京市文物局发布的《北京市文物局关于进一步加强全市博物馆藏品管理工作的通知》举例说明。

藏品管理活动	发文机关	法律法规
藏品保护（修复、复制）	国家文物局	《文物复制拓印管理办法》（2011.01.20）
藏品保护（修复、复制）	国家文物局	《可移动文物修复管理办法》（2014.08.01）
藏品注销	国家文物局	《国有馆藏文物退出管理暂行办法》
藏品搜集	国家文物局、财政部	《国有博物馆藏品征集规程》（2021.05.20）
藏品搜集	国家文物局	《近现代文物征集参考范围》（2003.05.13）
藏品定级	国家文物局	《近现代一级文物藏品定级标准（试行）》（2003.05.13）
藏品陈列展览	国家文物局	《国家文物局关于提升博物馆陈列展览质量的指导意见》（2015.01.13）
藏品陈列展览	国家文物局	《国家文物局关于加强博物馆陈列展览工作的意见》（2012.12.13）
藏品陈列展览	国家文物局	文物出境审核标准（2007.06.05）
藏品编目	文化部（已撤销）	《博物馆藏品信息指标体系规范（试行）》（2001.04.09）
	文化部（已撤销）	《博物馆藏品二维影像技术规范（试行）》（2001.04.09）
安全管理	国家文物局	《国家文物局突发事件应急工作管理办法》（2003.11.21）
安全管理	国务院办公厅	《国务院办公厅关于进一步加强文物安全工作的实施意见》（2017.09.09）
安全管理	应急管理部、国家文物局	《关于印发〈文物建筑和博物馆火灾风险防范指南及检查指引（试行）〉的通知》及附件：文物建筑火灾风险防范指南（试行），文物建筑火灾风险检查指引（试行）、博物馆火灾风险防范指南（试行）、博物馆火灾风险检查指引（试行）

三、国家标准、行业标准及行业准则类 [①]

标准编号	标准名称	实施日期
GB/T 16571-2012	博物馆和文物保护单位安全防范系统要求	2013-02-01
GB/T 31076.1-2014	汉文古籍特藏藏品定级 第1部分：古籍	2015-07-01
GB/T 30234-2013	文物展品标牌	2014-12-01
GB/T 23862-2009	文物运输包装规范	2009-12-01
GB/T 36110-2018	文物展柜密封性能及检测	2018-10-01
GB/T 30688-2014	馆藏砖石文物病害与图示	2015-07-01
GB/T 22528-2008	文物保护单位开放服务规范	2009-02-01
GB/T 22527-2008	文物保护单位标志	2009-02-01
GB/T 39051-2020	文物进出境标识使用规范	2020-09-29
GB/T 36111-2018	文物展柜基本技术要求及检测	2018-10-01
GB/T 30686-2014	馆藏青铜质和铁质文物病害与图示	2015-07-01
GB/T 30687-2014	馆藏金属文物保护修复记录规范	2015-07-01
GB/T 30239-2013	陶质文物彩绘保护修复技术要求	2014-12-01
GB/T 33289-2016	馆藏砖石文物保护修复记录规范	2017-07-01
GB/T 33290.4-2016	文物出境审核规范 第4部分：仪器	2017-07-01
GB/T 33290.13-2016	文物出境审核规范 第13部分：兵器	2017-07-01
GB/T 33290.6-2016	文物出境审核规范 第6部分：家具	2017-07-01
GB/T 33290.14-2016	文物出境审核规范 第14部分：漆器	2017-07-01
GB/T 33290.11-2016	文物出境审核规范 第11部分：明器	2017-07-01
GB/T 33290.15-2016	文物出境审核规范 第15部分：乐器	2017-07-01
GB/T 33290.3-2016	文物出境审核规范 第3部分：法器	2017-07-01
GB/T 33290.5-2016	文物出境审核规范 第5部分：仪仗	2017-07-01

---

① 国家标准（标准编号 GB）及行业标准（标准编号 WH/WW）据全国标准信息公共服务平台（网址：http://std.samr.gov.cn）发布的"国家标准"及"行业标准"信息整理。

标准编号	标准名称	实施日期
GB/T 33290.9-2016	文物出境审核规范 第9部分：生产工具	2017-07-01
GB/T 33290.12-2016	文物出境审核规范 第12部分：钟表	2017-07-01
GB/T 33290.8-2016	文物出境审核规范 第8部分：陶瓷	2017-07-01
GB/T 33290.7-2016	文物出境审核规范 第7部分：织绣	2017-07-01
GB/T 33290.1-2016	文物出境审核规范 第1部分：总则	2017-07-01
GB/T 33290.10-2016	文物出境审核规范 第10部分：金属器	2017-07-01
GB/T 33290.2-2016	文物出境审核规范 第2部分：度量衡	2017-07-01
GB/T 33290.17-2016	文物出境审核规范 第17部分：烟壶和扇子	2017-07-01
GB/T 33290.16-2016	文物出境审核规范 第16部分：笔墨纸砚	2017-07-01
GB/T 30238-2013	可移动文物保护修复室规范化建设与仪器装备基本要求	2014-12-01
GB/T 21712-2008	古籍修复技术规范与质量要求	2008-07-01
WH/T 65-2014	古籍元数据规范	2014-04-01
WH/T 23-2006	古籍修复技术规范与质量要求	2006-09-01
WH/T 21-2006	古籍普查规范	2006-09-01
WH/T 20-2006	古籍定级标准	2006-09-01
WH/T 22-2006	古籍特藏破损定级标准	2006-09-01
WW/T 0110-2020	长城维修工程施工规程	2021-06-02
WW/T 0109-2020	馆藏文物展藏 多功能展柜 技术要求	2021-06-02
WW/T 0108-2020	馆藏文物展藏 调湿储存柜 技术要求	2021-06-02
WW/T 0107-2020	馆藏文物预防性保护装备 验收要求	2021-06-02
WW/T 0106-2020	馆藏文物保存环境监测 监测终端 二氧化碳	2021-06-02
WW/T 0105-2020	馆藏文物保存环境监测 监测终端 光照度	2021-06-02
WW/T 0104-2020	馆藏文物保存环境监测 监测终端 温湿度	2021-06-02
WW/T 0103-2020	馆藏文物保存环境监测 监测终端 基本要求	2021-06-02

标准编号	标准名称	实施日期
WW/T 0102-2020	馆藏文物预防性保护装备 通信协议一致性测试通用方法	2021-06-02
WW/T 0101-2020	馆藏文物预防性保护装备 性能评定方法	2021-06-02
WW/T 0100-2020	馆藏文物预防性保护装备 安全要求	2021-06-02
WW/T 0099-2020	馆藏文物预防性保护装备 环境适应性试验方法	2021-06-02
WW/T 0098-2020	馆藏文物预防性保护装备 检查和例行试验导则	2021-06-02
WW/T 0097-2020	馆藏文物预防性保护装备 可靠性鉴定方法	2021-06-02
WW/T 0096-2020	馆藏文物保存环境控制 净化调湿装置	2021-06-02
WW/T 0095-2020	馆藏文物保存环境监测 监测终端 挥发性有机化合物（VOC）	2021-06-02
WW/T 0094-2020	馆藏文物保存环境监测 监测终端 紫外线	2021-06-02
WW/T 0093-2018	拓片元数据 著录规则	2019-06-01
WW/T 0092-2018	博物馆运行评估指标	2019-06-01
WW/T 0091-2018	文物保护利用规范 工业遗产	2019-06-01
WW/T 0090-2018	世界文化遗产地风险管理 术语	2019-06-01
WW/T 0089-2018	博物馆陈列展览形式设计与施工规范	2019-06-01
WW/T 0088-2018	博物馆展览内容设计规范	2019-06-01
WW/T 0087-2018	馆藏丝织品材质老化程度测定 傅里叶变换红外光谱分析法	2019-06-01
WW/T 0086-2018	出土竹木漆器类文物含水率测定 失重法	2019-06-01
WW/T 0017-2013	馆藏文物登录规范	2013-08-15
WW/T 0084-2017	文物建筑保护工程预算定额（南方地区）	2017-12-01
WW/T 0085-2017	文物建筑保护工程预算定额（北方地区）	2017-12-01
WW/T 0083-2017	文物保护单位游客承载量评估规范	2017-12-01

第 四 章　博物馆藏品合规管理

标准编号	标准名称	实施日期
WW/T 0082-2017	古建筑壁画数字化测绘技术规程	2017-12-01
WW/T 0081-2017	考古现场土壤化学指标检测规范	2017-12-01
WW/T 0080-2017	考古发掘现场环境监测规范	2017-12-01
WW/T 0079-2017	古代壁画可溶盐测定 离子色谱法	2017-12-01
WW/T 0078-2017	近现代文物建筑保护工程设计文件编制规范	2017-12-01
WW/T 0077-2017	馆藏文物包装材料 无酸纸质材料	2017-12-01
WW/T 0076-2017	文物保护利用规范 名人故居	2017-12-01
WW/T 0075-2017	田野考古钻探记录规范	2017-12-01
WW/T 0074-2017	室外铁质文物缓蚀工艺规范	2017-12-01
WW/T 0073-2017	清代官式建筑修缮材料 琉璃瓦	2017-12-01
WW/T 0064-2015	文物出境展览协议书编制规范	2016-01-01
WW/T 0069-2015	馆藏文物防震规范	2016-01-01
WW/T 0067-2015	馆藏文物保存环境控制 甲醛吸附材料	2016-01-01
WW/T 0071-2015	文物保护项目评估机构服务质量评价规范	2016-01-01
WW/T 0066-2015	馆藏文物预防性保护方案编写规范	2016-01-01
WW/T 0063-2015	石质文物保护工程勘察规范	2016-01-01
WW/T 0065-2015	砖石质文物吸水性能测定 表面毛细吸收曲线法	2016-01-01
WW/T 0070-2015	文物保护项目评估规范	2016-01-01
WW/Z 0072-2015	大遗址保护规划规范	2016-01-01
WW/T 0068-2015	馆藏文物保存环境控制 调湿材料	2016-01-01
WW/T 0027-2010	馆藏纸质文物保护修复档案记录规范	2010-09-01
WW/T 0025-2010	馆藏纸质文物保护修复方案编写规范	2010-09-01
WW/T 0052-2014	文物建筑维修基本材料 石材	2014-06-01
WW/T 0036-2012	田野考古出土人类遗骸DNA获取技术规范	2012-08-01

标准编号	标准名称	实施日期
WW/T 0049-2014	文物建筑维修基本材料 青砖	2014-06-01
WW/T 0056-2014	可移动文物病害评估技术规程 陶质文物	2014-06-01
WW/T 0044-2012	田野考古植物遗存浮选采集及实验室操作规范	2012-08-01
WW/T 0058-2014	可移动文物病害评估技术规程 金属类文物	2014-06-01
WW/T 0062-2014	可移动文物病害评估技术规程 石质文物	2014-06-01
WW/T 0043-2012	碳十四年代测定骨质样品的处理方法	2012-08-01
WW/T 0055-2014	古代陶瓷科技信息提取规范 形貌结构分析方法	2014-06-01
WW/T 0009-2007	馆藏金属文物保护修复方案编写规范	2008-03-01
WW/T 0003-2007	馆藏出土竹木漆器类文物病害分类与图示	2008-03-01
WW/T 0008-2007	馆藏出土竹木漆器类文物保护修复方案编写规范	2008-03-01
WW/T 0024-2010	文物保护工程文件归档整理规范	2010-09-01
WW/T 0006-2007	古代壁画现状调查规范	2008-03-01
WW/T 0033-2010	田野考古出土动物标本采集及实验室操作规范	2010-09-01
WW/T 0026-2010	馆藏纸质文物病害分类与图示	2010-09-01
WW/T 0054-2014	古代陶瓷科技信息提取规范 化学组成分析方法	2014-06-01
WW/T 0051-2014	文物建筑维修基本材料 木材	2014-06-01
WW/T 0060-2014	可移动文物病害评估技术规程 竹木漆器类文物	2014-06-01
WW/T 0048-2014	近现代历史建筑结构安全性评估导则	2014-06-01
WW/T 0032-2010	古代壁画地仗层可溶盐分析的取样与测定	2010-09-01
WW/T 0047-2012	馆藏文物保存环境检测 气体扩散采样测定方法 氨的测定	2012-08-01

第 四 章　博物馆藏品合规管理

标准编号	标准名称	实施日期
WW/T 0050-2014	文物建筑维修基本材料 青瓦	2014-06-01
WW/T 0034-2012	古建筑保护工程施工监理规范	2012-08-01
WW/T 0046-2012	馆藏文物保存环境检测 气体扩散采样测定方法 甲酸和乙酸的测定	2012-08-01
WW/T 0041-2012	室外铁质文物封护工艺规范	2012-08-01
WW/T 0037-2012	古建筑彩画保护修复技术要求	2012-08-01
WW/T 0057-2014	可移动文物病害评估技术规程 瓷器类文物	2014-06-01
WW/T 0045-2012	碳氮同位素食性分析 骨质样品采集及实验室操作规范	2012-08-01
WW/T 0040-2012	土遗址保护工程勘察规范	2012-08-01
WW/T 0039-2012	土遗址保护试验技术规范	2012-08-01
WW/T 0042-2012	碳十四年代测定考古样品采集规范	2012-08-01
WW/T 0035-2012	田野考古制图	2012-08-01
WW/T 0029-2010	长城资源要素分类、代码与图式	2010-09-01
WW/T 0059-2014	可移动文物病害评估技术规程 丝织品类文物	2014-06-01
WW/T 0053-2014	古代陶瓷科技信息提取规范 方法与原则	2014-06-01
WW/T 0061-2014	可移动文物病害评估技术规程 馆藏壁画类文物	2014-06-01
WW/T 0007-2007	石质文物保护修复方案编写规范	2008-03-01
WW/T 0022-2010	陶质彩绘文物保护修复方案编写规范	2010-09-01
WW/T 0028-2010	砂岩质文物防风化材料保护效果评估方法	2010-09-01
WW/T 0020-2008	文物藏品档案规范	2009-03-01
WW/T 0019-2008	馆藏文物展览点交规范	2009-03-01
WW/T 0023-2010	陶质彩绘文物保护修复档案记录规范	2010-09-01
WW/T 0015-2008	馆藏丝织品保护修复档案记录规范	2009-03-01

标准编号	标准名称	实施日期
WW/T 0031-2010	古代壁画脱盐技术规范	2010-09-01
WW/T 0016-2008	馆藏文物保存环境质量检测技术规范	2009-03-01
WW/T 0011-2008	馆藏出土竹木漆器类文物保护修复档案记录规范	2009-03-01
WW/T 0013-2008	馆藏丝织品病害与图示	2009-03-01
WW/T 0030-2010	古代建筑彩画病害与图示	2010-09-01
WW/T 0021-2010	陶质彩绘文物病害与图示	2010-09-01
WW/T 0018-2008	馆藏文物出入库规范	2009-03-01
WW/T 0014-2008	馆藏丝织品保护修复方案编写规范	2009-03-01

四、博物馆规章制度

《博物馆管理办法》第十九条规定："博物馆藏品的收藏、保护、研究、展示等，应当依法建立、健全相关规章制度，并报所在地市（县）级文物行政部门备案。"如故宫博物院的《故宫博物院藏品管理规定》《故宫博物院文物保护、修复、复制工作办法》《故宫博物院展示和文物库房技术防范规定》等[1]；沈阳故宫博物院的《沈阳故宫博物院文物藏品管理实施细则》《沈阳故宫博物院提取文物藏品出入库制度》《沈阳故宫博物院文物藏品保养、修复、复制工作管理规定》《沈阳故宫博物院文物藏品征集管理规定》等[2]。博物馆的这些与藏品管理相关的规章制度组成了本馆藏品管理的合规依据。

---

[1] 故宫博物院：《故宫博物院规章制度汇编》，故宫出版社 2013 年版。
[2] 沈阳故宫博物院：《沈阳故宫博物院规章制度汇编》，沈阳出版社 2014 年版。

第三节　藏品合规搜集

藏品搜集是博物馆根据本馆宗旨、定位、发展方向，通过各种方式取得藏品的业务活动。藏品搜集是博物馆藏品的来源方式，是博物馆丰富馆藏的重要途径，是博物馆建设和发展的经常性的最基础的工作之一。

一、藏品搜集的原则

（一）目的性原则

《博物馆藏品管理办法》第二条规定："博物馆应根据本馆的性质和任务搜集藏品。藏品必须具有历史的或艺术的或科学的价值。"不同的博物馆有不同的定位，因此藏品搜集工作要有明确的目的性。第一，要明确博物馆藏品是自然历史和社会历史遗物中具有典型性和代表性的物品。开展搜集工作，必须进行认真的研究和选择。第二，要从博物馆的性质、特点和需要出发。不同性质的博物馆应收藏不同的藏品。因此，目标藏品不同，搜集对象和范围也各不相同。第三，从保护国家科学文化财富出发。在征集过程中，如果遇到不属于本馆征集范围，但又极有价值的文物标本，应当向有关博物馆及时通报信息，或者在可能的条件下先征集入馆，然后再做妥善处理，以避免这些珍贵文物标本湮没损失。第四，从本馆陈列工作的需要出发。藏品是博物馆陈列的基础。博物馆在陈列或专题展览时，都离不开藏品，并且往往需要补充新的文物标本等物件，以修改或充实陈列展览内容，提高陈列展览水平。[①]

（二）禁止性原则

《博物馆条例》第二十一条规定："博物馆可以通过购买、接受捐赠、依法交换等法律、行政法规规定的方式取得藏品，不得取得来源不明或者来源不

---

① 吕军:《博物馆藏品管理学》，科学出版社 2020 年版，第 67 页。

合法的藏品。"博物馆无论通过何种方式搜集藏品，均禁止取得来源不明或者来源不合法的藏品。

（三）程序性原则

无论采取何种搜集方式，均应遵循一定的程序。如《藏品管理办法》第七条规定："征集文物、标本时，必须注意搜集原始资料，认真做好科学记录，及时办理入馆手续，逐件填写入馆凭证或清册，组织有关人员认真进行鉴定，确定真伪、年代、是否入藏并分类、定名、定级。鉴定记录应包括鉴定意见及重要分歧意见。凡符合入藏标准的，应连同有关原始资料一并入藏。各种凭证每年装订成册，集中保存。"此外，为规范国有博物馆的藏品征集工作，国家文物局、财政部联合发布了《国有博物馆藏品征集规程》，规定了通过购买或接收捐赠的方式取得藏品的业务活动应遵循的相关程序。

二、藏品搜集的途径

我国从法律层面对博物馆藏品来源的主要方式作出了明确规定。《文物保护法》第三十七条规定："文物收藏单位可以通过下列方式取得文物：（一）购买；（二）接受捐赠；（三）依法交换；（四）法律、行政法规规定的其他方式。国有文物收藏单位还可以通过文物行政部门指定保管或者调拨方式取得文物"；《博物馆管理办法》第四条规定："博物馆依法享受税收减免优惠，享有通过依法征集、购买、交换、接受捐赠和调拨等方式取得藏品的权利"；《博物馆条例》第二十一条规定："博物馆可以通过购买、接受捐赠、依法交换等法律、行政法规规定的方式取得藏品，不得取得来源不明或者来源不合法的藏品。"吕军《博物馆藏品管理学》认为，"藏品搜集途径主要包括社会搜集、民族学调查搜集、考古发掘、自然标本采集等四个方面。其中还有许多行之有效的具体方式方法"，并指出社会搜集主要有专题征集、购买、接受捐赠或捐献、调拨、交换、接收移交（拨交）、借用等几种具体方法。上述藏品来源方式，从广义上来说均属于藏品搜集的途径。

三、藏品搜集的合规要点

博物馆无论采用何种途径均应合规进行，本文就常见的购买、接受捐赠、依法交换等途径的合规要点分析如下：

（一）购买

购买是博物馆藏品搜集的重要途径。购买是指博物馆通过有偿方式向藏品所有权合法拥有者进行收购而合法取得藏品。以购买方式取得藏品，主要有以下合规要点：

1. 不得购买来源不明或者来源不合法的藏品

《博物馆条例》《文物拍卖管理办法》《国有博物馆藏品征集规程》均对博物馆藏品来源必须具备合法性作出了明确规定。《中华人民共和国文物保护法》也规定了公民、法人和其他组织不得买卖不符合该法第五十条规定的文物："文物收藏单位以外的公民、法人和其他组织可以收藏通过下列方式取得的文物：（一）依法继承或者接受赠与；（二）从文物商店购买；（三）从经营文物拍卖的拍卖企业购买；（四）公民个人合法所有的文物相互交换或者依法转让；（五）国家规定的其他合法方式。文物收藏单位以外的公民、法人和其他组织收藏的前款文物可以依法流通。"

2. 不得购买国有文物

《中华人民共和国文物保护法》第五条规定："中华人民共和国境内地下、内水和领海中遗存的一切文物，属于国家所有。古文化遗址、古墓葬、石窟寺属于国家所有。国家指定保护的纪念建筑物、古建筑、石刻、壁画、近代现代代表性建筑等不可移动文物，除国家另有规定的以外，属于国家所有。国有不可移动文物的所有权不因其所依附的土地所有权或者使用权的改变而改变。下列可移动文物，属于国家所有：（一）中国境内出土的文物，国家另有规定的除外；（二）国有文物收藏单位以及其他国家机关、部队和国有企业、事业组织等收藏、保管的文物；（三）国家征集、购买的文物；（四）公民、法人和其他组织捐赠给国家的文物；（五）法律规定属于国家所有的其他文物。属于国家所有的可移动文物的所有权不因其保管、收藏单位的终止或者变更而改变。国有文物所有权受法律保护，不容侵犯。"

国有文物中，除国有商店里出售的文物以及国有文物收藏单位经批准不再收藏而依法处置的文物外，其他大部分国有文物是禁止买卖的，如地下文物、出土文物、尚未退出馆藏的馆藏文物等。

3. 不得购买非国有馆藏珍贵文物

需要注意的是，虽然《中华人民共和国文物保护法》只是规定公民、法人和其他组织不得买卖非国有馆藏珍贵文物，未将非国有博物馆中的馆藏一般文物列入禁止买卖范围，但是，《博物馆条例》第十九条已经明确规定，所有博物馆都不得从事文物等藏品的商业经营活动。

4. 不得购买国有不可移动文物中的壁画、雕塑、建筑构件等不属于《中华人民共和国文物保护法》第二十条第四款规定的应由文物收藏单位收藏的文物

《中华人民共和国文物保护法》第二十四条规定："建设工程选址，应当尽可能避开不可移动文物；因特殊情况不能避开的，对文物保护单位应当尽可能实施原址保护。实施原址保护的，建设单位应当事先确定保护措施，根据文物保护单位的级别报相应的文物行政部门批准；未经批准的，不得开工建设。无法实施原址保护，必须迁移异地保护或者拆除的，应当报省、自治区、直辖市人民政府批准；迁移或者拆除省级文物保护单位的，批准前须征得国务院文物行政部门同意。全国重点文物保护单位不得拆除；需要迁移的，须由省、自治区、直辖市人民政府报国务院批准。依照前款规定拆除的国有不可移动文物中具有收藏价值的壁画、雕塑、建筑构件等，由文物行政部门指定的文物收藏单位收藏。本条规定的原址保护、迁移、拆除所需费用，由建设单位列入建设工程预算。"

5. 国有博物馆通过购买方式取得藏品的，应遵循《国有博物馆藏品征集规程》的相关规定

2021年5月20日，国家文物局、财政部联合下发了《关于印发〈国有博物馆藏品征集规程〉的通知》（文物博发〔2021〕21号），就国有博物馆通过购

买或接受捐赠的方式取得藏品的业务活动作出规定。

（二）接受捐赠

博物馆接受公民、法人或者其他组织的捐赠，是藏品搜集的重要途径。以接受捐赠方式取得藏品，主要有以下合规要点：

1. 捐赠的藏品来源具有合法性

法律允许博物馆可通过接受捐赠的方式获得藏品，但藏品来源具有合法性是基础要求。捐赠人捐赠的藏品来源明确且合法，捐赠人拥有藏品完整的所有权，所有权无瑕疵。

2. 博物馆接受捐赠，应当遵守《中华人民共和国公益事业捐赠法》的有关规定

《博物馆条例》第二十条第一款规定："博物馆接受捐赠的，应当遵守有关法律、行政法规的规定。"《中华人民共和国公益事业捐赠法》对公益事业捐赠行为作出了详细的规定，博物馆作为公益性的非营利组织，其接受捐赠，应遵守该法的相关规定。

例如，该法第十二条规定："捐赠人可以与受赠人就捐赠财产的种类、质量、数量和用途等内容订立捐赠协议。捐赠人有权决定捐赠的数量、用途和方式。捐赠人应当依法履行捐赠协议，按照捐赠协议约定的期限和方式将捐赠财产转移给受赠人"；第十六条规定："受赠人接受捐赠后，应当向捐赠人出具合法、有效的收据，将受赠财产登记造册，妥善保管"；第十七条规定："公益性非营利的事业单位应当将受赠财产用于发展本单位的公益事业，不得挪作他用"；第二十一条规定："捐赠人有权向受赠人查询捐赠财产的使用、管理情况，并提出意见和建议。对于捐赠人的查询，受赠人应当如实答复"；第二十二条规定："受赠人应当公开接受捐赠的情况和受赠财产的使用、管理情况，接受社会监督。"

3. 签订书面捐赠协议

《中华人民共和国民法典》第六百五十七条规定："赠与合同是赠与人将自己的财产无偿给予受赠人，受赠人表示接受赠与的合同。"博物馆藏品捐赠

属于赠与民事法律行为，捐赠人与博物馆之间形成赠与合同法律关系。

博物馆接受捐赠的，应当与捐赠人协商一致，并签订书面捐赠协议。协议可以包括捐赠财产的种类、质量、数量和用途等内容，具体有：（一）捐赠者（姓名）和地址（住所）；（二）捐赠藏品所属类型、捐赠数量以及来源合法性承诺；（三）捐赠藏品管理要求；（四）捐赠履行期限、地点和方式；（五）违约责任；（六）捐赠双方的其他权利和义务；（七）争议解决的方法。

4. 捐赠者留名要合规

博物馆接受捐赠并以适当方式给捐赠者留名，可以大大提高社会捐赠力量的积极性，繁荣博物馆事业，但国有博物馆和非国有博物馆在捐赠者留名问题上，应注意合法合规。《博物馆条例》第二十条第二款规定："博物馆可以依法以举办者或者捐赠者的姓名、名称命名博物馆的馆舍或者其他设施；非国有博物馆还可以依法以举办者或者捐赠者的姓名、名称作为博物馆馆名。"

（三）依法交换

依法交换是指博物馆与博物馆之间依法交换藏品。依法交换是法律允许的博物馆取得藏品的重要方式之一，主要有以下合规要点：

1. 依法交换藏品程序要合规

《博物馆条例》第二十二条规定："博物馆应当建立藏品账目及档案。藏品属于文物的，应当区分文物等级，单独设置文物档案，建立严格的管理制度，并报文物主管部门备案。未依照前款规定建账、建档的藏品，不得交换或者出借。"《博物馆管理办法》第二十条规定："博物馆应建立藏品总账、分类账及每件藏品的档案，并依法办理备案手续。博物馆通过依法征集、购买、交换、接受捐赠和调拨等方式取得的藏品，应在30日内登记入藏品总账"；第二十一条规定："依法调拨、交换、借用国有博物馆藏品，取得藏品的博物馆可以对提供藏品的博物馆给予实物、技术、培训或资金方面的合理补偿。补偿数额的确定，应当考虑藏品保管、修复、研究、展示等过程中原收藏博物馆发生的实际费用。调拨、交换、借用国有博物馆藏品的申请文件，应当包括合理补偿的方案。"《博物馆藏品管理办法》第十九条第二款、第三款规定："调拨、交换一级藏品，须报文化部文物局批准，调拨、交换其他藏品，须报省、自治区、直辖市文物行政管理部门批准。调拨、交换出馆的藏品，必须办理注销手续；进馆的藏品，必须办理登账、编目、入库手续。"

首先，用于交换的藏品应是按照规定建账、建档的藏品；其次，交换一级藏品，须报文化部文物局批准，交换其他藏品，须报省、自治区、直辖市文物行政管理部门批准；第三，取得藏品的博物馆可以对提供藏品的博物馆给予实物、技术、培训或资金方面的合理补偿；第四，交换所得藏品应在30日内登记入藏品总账，交换出馆的藏品，必须办理注销手续。

2. 国有博物馆之间交换文物藏品，应当遵守《中华人民共和国文物保护法》的相关规定

《中华人民共和国文物保护法》第四十一条规定："已经建立馆藏文物档案的国有文物收藏单位，经省、自治区、直辖市人民政府文物行政部门批准，并报国务院文物行政部门备案，其馆藏文物可以在国有文物收藏单位之间交换"；第四十二条规定："未建立馆藏文物档案的国有文物收藏单位，不得依照本法第四十条、第四十一条的规定处置其馆藏文物"；第四十三条规定："依法调拨、交换、借用国有馆藏文物，取得文物的文物收藏单位可以对提供文物的文物收藏单位给予合理补偿，具体管理办法由国务院文物行政部门制定。国有文物收藏单位调拨、交换、出借文物所得的补偿费用，必须用于改善文物的收藏条件和收集新的文物，不得挪作他用；任何单位或者个人不得侵占。调拨、交换、借用的文物必须严格保管，不得丢失、损毁。"《中华人民共和国文物保护法实施条例》第三十一条规定："国有文物收藏单位未依照文物保护法第三十六条的规定建立馆藏文物档案并将馆藏文物档案报主管的文物行政主管部门备案的，不得交换、借用馆藏文物。"

首先，有资格可以通过依法交换获得藏品的国有博物馆需满足已经建立馆藏文物档案且馆藏文物档案已报主管的文物行政主管部门备案这一条件；其次，馆藏文物进行交换须经省、自治区、直辖市人民政府文物行政部门批准，并报国务院文物行政部门备案；第三，取得馆藏文物的博物馆可以对提供文物

的博物馆给予合理补偿；第四，因交换所得补偿费用只可用于改善文物的收藏条件和收集新的文物，不得挪作他用，任何单位或者个人不得侵占；第五，交换取得的文物必须严格保管，不得丢失、损毁。

3. 依法交换的藏品属于古生物化石的，应当遵守《古生物化石保护条例》及《古生物化石保护条例实施办法》的相关规定

《古生物化石保护条例》第二十二条规定："国家鼓励单位和个人将其收藏的重点保护古生物化石捐赠给符合条件的收藏单位收藏。除收藏单位之间转让、交换、赠与其收藏的重点保护古生物化石外，其他任何单位和个人不得买卖重点保护古生物化石"；第二十三条规定："国有收藏单位不得将其收藏的重点保护古生物化石转让、交换、赠与给非国有收藏单位或者个人。任何单位和个人不得将其收藏的重点保护古生物化石转让、交换、赠与、质押给外国人或者外国组织"；第二十四条规定："收藏单位之间转让、交换、赠与其收藏的重点保护古生物化石的，应当在事后向国务院自然资源主管部门备案。具体办法由国务院自然资源主管部门制定。"《古生物化石保护条例实施办法》第三十七条规定："除收藏单位之间转让、交换、赠与其收藏的重点保护古生物化石外，重点保护古生物化石不得流通。国家鼓励单位和个人将其合法收藏的重点保护古生物化石捐赠给符合条件的收藏单位收藏"；第三十八条规定："收藏单位不得将收藏的重点保护古生物化石转让、交换、赠与给不符合收藏条件的单位和个人。收藏单位之间转让、交换、赠与其收藏的重点保护古生物化石的，应当签订转让、交换、赠与合同，并在转移重点保护古生物化石之日起20日内，由接收方将转让、交换、赠与合同以及古生物化石清单和照片报自然资源部备案。"

首先，国有博物馆之间可以交换其收藏的重点保护古生物化石，但接收的博物馆应具有重点保护古生物化石的收藏条件；其次，国有博物馆不可以将其收藏的重点保护古生物化石交换给非国有博物馆；再次，无论国有还是非国有博物馆均不得将其收藏的重点保护古生物化石交换给外国人或者外国组织；最后，交换收藏的重点保护古生物化石的，应当签订交换合同，并在转移重点保

护古生物化石之日起20日内，由接收方将交换合同以及古生物化石清单和照片报自然资源部备案。

第四节　藏品合规编目建档

《博物馆条例》第二十二条规定："博物馆应当建立藏品账目及档案。藏品属于文物的，应当区分文物等级，单独设置文物档案，建立严格的管理制度，并报文物主管部门备案。未依照前款规定建账、建档的藏品，不得交换或者出借。"博物馆对藏品的编目建档是实现科学规范管理、保护、研究藏品的前提。比如，若博物馆能将其所拥有的藏品逐个建立档案，将各种信息汇总，逐步建立起强大的数据库，就可以通过判断年代、产地、作者，鉴定、检测判断出其文物藏品的真伪；博物馆可以通过编制馆藏藏品目录的方式，公布馆藏藏品的相关信息和研究成果，让大众知悉，使其受益，造福社会。

一、藏品编目

（一）藏品编目的概念与内涵

编目，即编制目录。博物馆必须对其登记入藏的（文物）藏品、标本、实物资料等物件进行基本的鉴定和研究，并根据其外观、实质、历史、科学、文化、艺术价值，科学、详细地加以描述，编写出卡片，对每张目录卡片进行综合和专题分类，最终编制成不同类型的目录。对于藏品编目主要包含两方面内容，即：编制目录卡片，以及进行综合和专题分类。编制目录卡片时应该包含以下内容：基本项目、鉴定项目、记述项目、研究记录栏目等。记录项目包括（文物）藏品总登记号、分类号、入馆凭证号、原始号、尺寸、重量、数量、来源、征集人、征集日期、附件等；鉴定项目包括（文物）藏品的名称、年代、产地、质地、作者、尺寸、评价等；记述项目包括（文物）藏品基本特征、铭记、题跋及著录等。

藏品编目是藏品管理工作的基础，它不仅是对每件藏品的名称、年代、说明等信息的呈现，更是对经过深入鉴定研究后（文物）藏品研究成果的体现。不能轻视藏品编目这一基础性管理工作，因为它绝不仅仅是对藏品简单的记录和描述，它的全部内容更是对博物馆工作成果的检验。编目卡上的每一个文字，每段话所传递的知识与信息都是每位博物馆工作人员、研究人员对藏品进行收藏、鉴定、研究、评价的结果，这些工作成果不仅是每位工作人员认识水平、思想水平、业务水平的体现，更是对每一藏品现阶段了解水平、保管水平、利用水平的高度概括。

（二）藏品编目卡

《博物馆藏品管理办法》第九条规定："博物馆必须建立藏品编目卡片。编目卡片是反映藏品情况的基本资料，是藏品保管和陈列、研究的基础工作。除填写总登记账的项目外，还必须填写鉴定意见、铭记、题跋、流传经历等。文字必须准确、简明，并附照片、拓片或绘图。"

藏品编目卡示例：

（正面）

总登记号	分类号	入馆凭证号	原编号
名称		数量	附件
		年代	产地或作者
来源		征集人	征集日期
尺寸		重量	质地
现状		级别	入馆日期
形态特征		铭记提拔	
鉴定记录			
鉴定单位			
鉴定人（签字）		鉴定日期	

（背面）

底片号	拓片号	有关资料号
照片	拓片或绘图	
流传经历（含征集过程）		
著录文献	使用（含保护）记录	
研究记录		
备注		
制卡人（签字）	年　月　日	档案编号

（三）编制藏品目录分类及编制方法

博物馆文物藏品目录可分为以下四类：

珍贵文物一、二、三级藏品目录；

藏品分类目录；

藏品专题目录；

藏品提陈目录。

博物馆文物藏品目录的分类编制方法：

按年代顺序编制藏品目录；

按制作地、使用地、发掘地、征集地等不同地点编制藏品目录；

按不同质地编制藏品目录，若藏品为同一质地也可按年代顺序再行细分；

按不同用途编制藏品目录；

按不同历史事件编制藏品目录；

按不同人物编制藏品目录，相同人物名下多不同作品，也可根据作品不同内容再行细分；

按不同专题编制藏品目录，例如：专题"瓷器""宗教""服饰""货币""书画"等。

二、藏品建档

（一）藏品建档的概念与内涵

藏品建档，即博物馆在藏品编目工作的基础上，为藏品建立档案。需要注意的是，文物藏品要建立档案，非文物藏品也要建立档案，只是档案要求有所不同。

要想对藏品合规管理，并进一步更加深入地研究和利用它们，只通过编制藏品卡片和藏品目录这样最基础的管理工作，并不能解决所有问题。只有为藏品建档，对藏品的了解才会更加全面、更加系统，才会为在更大范围、更广领域、更深层面研究藏品奠定基础。藏品建档工作是否完备，是衡量藏品合规管理水平高低的重要参考依据，能较科学地反映出藏品管理人员对藏品的研究和管理水平。在对藏品建档时，首先必须对藏品进行认真的研究，只有这样才能在藏品编目的基础上填写档案册，并逐步加深对藏品的认识，发现并挖掘出其更深层次的内涵，从不同角度认识并评价藏品的潜在价值，更好地发挥其历史、文化、艺术、社会价值。

藏品合规建档有助于博物馆各项业务工作的顺利开展，比如，若藏品合规建档，则可以为藏品在展览陈列中的选定以及展览陈列内容的设计提供有历史、艺术、文化、科学、社会价值的藏品资料；为科研人员在相关科研项目中提供科学、准确、系统的资料，为科研人员节约时间、提高研究效率；为藏品的保护、修复工作提供科学依据和参考；为历史、民族、宗教、文物藏品管理学、鉴定学、文物发展史等多学科提供第一手文书资料；为馆藏单位在举办陈列展览、科学研究时需要而借用国有文物收藏单位的馆藏文物，以及在各文物收藏单位间交换、出借馆藏文物提供必要前提基础；甚至还可以为文物藏品外展编印藏品目录提供完整资料支撑。这些都充分体现出藏品合规管理、合规建档的重要性和必要性。

总之，藏品建档是博物馆藏品合规管理一道不可或缺、至关重要的藏品管理程序，是馆内其他各项业务工作顺利开展的关键一环。无论是从藏品科学保管、长期利用还是科学研究等方面来看，藏品建立起来的藏品档案具有永久保存的价值，对藏品合规管理都有着不同凡响的意义和价值。而且，更值得注意的是，对藏品所建立起的档案并非一成不变的，必须随着对藏品的了解和研究的加深，不断完善相关信息，以便永久、充分地发挥这些藏品的价值和作用。

（二）藏品建档流程

（文物）藏品建档流程如下：（1）搜集、归纳（文物）藏品档案的基本信息；（2）整理（文物）藏品的档案；（3）编制《藏品档案》册；（4）合规管理《藏品档案》册。

首先，搜集、归纳（文物）藏品档案的基本信息，包括但不限于（文物）藏品的本体属性信息、（文物）藏品的管理工作信息、（文物）藏品的研究利用信息、（文物）藏品的保护修复信息等。形成（文物）藏品档案的材料一般都是分散形成的，在分散的状态下，要想搜集、归纳（文物）藏品的基础信息，必须先将分散着的与（文物）藏品有关的所有资料搜集、集中起来，此项工作是整个（文物）藏品建档工作的起点。只有确保将与（文物）藏品有关的各种资料、信息搜集整合到一起，才能为（文物）藏品建档工作的顺利进行打下坚实基础。但是在整个收集工作中，必须保持耐心、细致，确保收集材料的来源绝对真实、可靠，并保持其完整性、准确性，只有这样，才能保证日后建立起来的（文物）藏品档案能够真实、全面地反映（文物）藏品的整体面貌，便于社会大众的认识与了解以及博物馆未来自身的科学研究。

其次，整理（文物）藏品的档案。将从各渠道搜集来的资料按照各自类别整理、装订。整理的工作复杂、烦琐，易于出错，不可小觑。按照2009年由中国文化遗产研究院、河南博物院、天津博物馆、山西博物院所共同起草的行业标准WW/T 0020-2008《文物藏品档案规范》可知，一般文物藏品档案整理工作主要包括：立卷、装帧、卷内文件材料的排序、案卷目录的编制、案卷的装订等。

立卷：主要是指文物藏品档案应每件立一个案卷。

装帧：主要是指对文物藏品档案的形态、材料、制作等方面所进行的艺术和工艺设计。其内容包括封面、目录、版式、照片、插图、拓片、摹本、光盘、相关文献资料在内的封面设计、版面设计以及装订形式、使用材料等。

行业标准WW/T 0020-2008《文物藏品档案规范》针对装帧做了如下规定：

5.2.1规定：文物藏品档案应采用左侧活页形式装订。

5.2.2规定：文物藏品档案应采用国际标准A4幅面。

档案材料大于A4幅面的应折叠成A4幅面，小于A4幅面宜粘贴在A4幅面的纸上或装入文物藏品档案专用袋内收录。

照片、绘图、拓片、摹本和光盘等应粘贴在相应的《册页》上或装入文物藏品档案专用袋内收录。相关文件材料和相关文献资料也可粘贴在相应的《册页》上或装入文物藏品档案专用袋内收录。《册页》格式及著录说明见附录C。

录像带、录音带、幻灯片、底片、光盘等不便装订的档案材料，宜装入文物藏品档案专用袋内收录。文物藏品档案专用袋规格见附录D。

5.2.3规定：文物藏品档案应使用统一的卷盒，卷内目录和备考表，卷盒规格及著录说明见附录D，卷内目录、备考表格及著录说明见附录E。

5.2.4规定：制作档案的书写材料及工具，应符合耐久性要求，不应使用热敏纸、复写纸、铅笔、圆珠笔、红墨水、纯蓝墨水等。

归档材料和装订材料不宜有金属物。

5.3 卷文件材料的排列顺序

5.3.1 卷资料应按类别排序，其顺序为：案卷封面（卷皮）、卷目录（排列在卷文件材料之前，不编号）、文件材料、备考表（排列在文件材料之后，不编号）。

5.3.2 卷的文件材料应按类别排序，其顺序为：《文物藏品登记表》、照片、拓片、摹本、绘图、相关文件材料、相关文献资料、电子文件、《文物藏品动态跟踪记录汇总表》。

5.3.3 同一类别的文件材料应按形成时间先后排序，形成时间早的在前，晚的在后。

5.3.4 同一文件中图、文分别装订的，应文字部分在前，图样部分在后。

5.3.5 同一文件，应原件在前、复印件在后，原文在前、释文在后。

5.3.6 续补档案材料应按归档时间先后顺序排列。

5.4 文件材料的归档要求

5.4.1 归档文件材料：破损的应予以修整，字迹模糊或易褪变的应予以复制。藏品保护监测报告、修复方案等成册的文本，应全文归档不拆分。

5.4.2 照片：应使用相纸（感光）扩印，规格应不小于15.24cm×11.43cm，即6英寸。

5.4.3 拓片：应使用宣纸捶拓。

5.4.4 摹本：宜使用宣纸临摹。

5.4.5 绘图：不宜使用硫酸纸。

5.4.6 相关文件材料和相关文献资料：应收录原件或副本。

5.4.7 电子文件：

——应采用通用格式存储于不可擦除型光盘。

——存储电子文件的光盘应一式两套。

——磁带、幻灯片、电影胶片等其他载体的档案材料，应转换成电子文件，以光盘为载体保存。

——光盘应编制文件目录。

总之，文物藏品档案整理工作是一项需要极具耐心、细心的管理工作，只有整理好文物藏品档案，才能实现为保护、管理、检索、利用文物藏品档案提供基本方便条件的目的。因此，必须充分做好文物藏品档案整理工作，才能充分体现制作藏品档案的意义。

（三）编制《藏品档案》册

整理完（文物）藏品档案资料后，编制《藏品档案》册则是对藏品管理中最关键、最核心的工作任务之一。《藏品管理办法》第九条规定："（二）博物馆必须建立藏品档案，编制藏品分类目录和一级藏品目录。《一级藏品档案》和《一级藏品目录》的格式由文化部文物局规定。各博物馆的《一级藏品档案》和《一级藏品目录》报本省、自治区、直辖市文物行政管理部门和文化部文物局备案。"为更好地了解并发挥（文物）藏品的作用，国家文物局要求全国各地各级博物馆都应当编制《文物藏品档案》册，应先完成馆内一级藏品的《藏品档案》册的编制，而后再完成馆内二、三级藏品《藏品档案》册的编制。为此，国家文物局先后制定、发布了《关于馆藏文物清库、登记、建档工作的意见》《藏品档案填写说明》等一系列指导性工作文件。由此可知，编制《藏品档案》册将是未来一段时期藏品合规管理工作的重中之重。

《藏品档案填写说明》中要求对于文物档案的填写必须反映藏品的全部情况，内容必须准确、资料必须详明、条理清晰、字迹工整；其次，制档人必须严格使用规范汉字，按照《博物馆藏品管理办法》的具体要求，用毛笔或钢笔填写，文字要准确、精练，字迹要清楚、整洁。档案册的内容必须包含封面、藏品档案、单位名称、文物名称、总登记号、分类号、档案编号、制档日期年月日、制档人、搜集经过、铭记、提拔、鉴藏印记、著录及有关资料、流传经历、鉴定意见、修复、装裱、复制记录、现状记录、备注、附录、绘图、绘制藏品实测图、局部展开图、器物构造图、藏品全貌及局部特写照片等内容；再次，对于藏品鉴定证明、修复复制、器物构造图、花纹展开图、复制图、幻灯片、录音录像带、电影胶片等其他材料，收藏单位也应一并存档，并参照国家文物局《博物馆藏品信息指标著录规范》的规定为档案内所列项目的数据标号；最后，制档人填写完毕后，必须由专人负责校对，以免出现错漏。

《藏品档案》示例及填写说明：[1]

藏品档案

（C0101）

单位名称（B0201）

文物名称（A0102）

文物级别（B0401）

总登记号（B0213）

分类号（B0217）

档案编号（C0102）

制档日期　　　　　　　　　　　　　　　　年　　月　　日（C0104）

制档人（C0105）

---

[1] 北京市人民政府：《博物馆、图书馆和其他文物收藏单位文物藏品档案、管理制度备案》，http://banshi.beijing.gov.cn/pubtask/task/1/110000000000/24e0171b-9565-11e9-8300-507b9d3e4710.html?locationCode=110000000000&serverType=1003.2022-08-28。

说　明

　　一、本表应根据《博物馆藏品保管试行办法》的具体要求，以毛笔或钢笔填写，文字要准确、精练；字迹要清楚、整洁。

　　二、表内各栏如填写不下，可在附录栏内续写。附录可根据实际需要增添另纸。

　　三、收藏单位应将有关藏品的其他材料，如藏品鉴定证明、修复复制记录、器物构造图、花纹展开图、复制品、幻灯片、录音录像带、电影胶片等一并存档。

　　（档案内所列项目的数据标号请参照国家文物局《博物馆藏品信息指标著录规范》）

名称	（A0102）		原名	（A0101）
时代	（A0310）		作者	（A0540）
制作时间	（A0301）（公元　　）		数量	（A0410）
质地	（A0601）	色泽	用途	

作者小传	（A0540）

来 源	发掘地址：　　　　（B01）　　　日期：　　　发掘人： 采集地区：　　　　　　　　　日期：　　　采集人： 拨交单位：　　　　　　　　　日期：　　　经手人： 交换单位：　　　　　　　　　日期：　　　经手人： 　　姓名：　　　　　　　日期：　　　经手人： 捐赠者 住址：　　　　　　　　　　　　　　奖　金： 姓名：　　　　　　日期：　　　经手人： 出售者 住址：　　　　　　　　　　日期：　　　价　格：

尺寸或重量	纵：　　（厘米）横：　　（厘米）高：　　（厘米）腹围：　　（厘米） 口径：　　（厘米）底径：　　（厘米）重量：　　（公斤）（克）

附属物	（A19）		附件	（A18）
入藏日期	（B0214）		入馆凭证号	（B0211）

形状 内容 描述	（A09）
征集 经过	（B01）
铭记 题跋	（A13）
鉴藏 印记	
著录 及有关 资料书目	C02（4）

流传经历	（B0121）	
鉴定意见（注明历次鉴定时间及鉴定人）	B03（4）	
修复装裱复制记录（注明承制单位时间及制作人）	（B06）	
现状记录（注明年月日）	（B0501）	
备注	（A2001）	
附录	当前保存条件	（B0503）
	保护优先等级	（B0601）
	注销记录	B10（5）
	（A2001）	

第四章　博物馆藏品合规管理

图号：   拓片号：

绘图（或拓片）
（C03）

制图（拓片）人：   制图（拓片）日期：   比例：

底片号：

照片
（C03）

摄影人：   摄影日期：   比例：

（四）文物藏品档案备案

《博物馆条例》第二十二条规定："博物馆应当建立藏品账目及档案。藏品属于文物的，应当区分文物等级，单独设置文物档案，建立严格的管理制度，并报文物主管部门备案。"

《中华人民共和国文物保护法》第三十六条第一款规定："博物馆、图书馆和其他文物收藏单位对收藏的文物，必须区分文物等级，设置藏品档案，建立严格的管理制度，并报主管的文物行政部门备案。"

《中华人民共和国文物保护法实施条例》第三十七条规定："国家机关和国有的企业、事业组织等收藏、保管国有文物的，应当履行下列义务：建立文物藏品档案制度，并将文物藏品档案报所在地省、自治区、直辖市人民政府文物行政主管部门备案。"

根据以上规定可知，无论是文物藏品还是非文物藏品均需要建立档案，只不过针对文物藏品还有特殊要求。即博物馆应对本馆馆藏文物区分文物等级，设置藏品档案，并报主管的文物行政部门备案。经审查符合备案条件的，由主管的文物行政部门出具同意备案通知书；对不符合备案条件的，出具不同意备案的书面意见。

示例：故宫博物院藏品档案备案

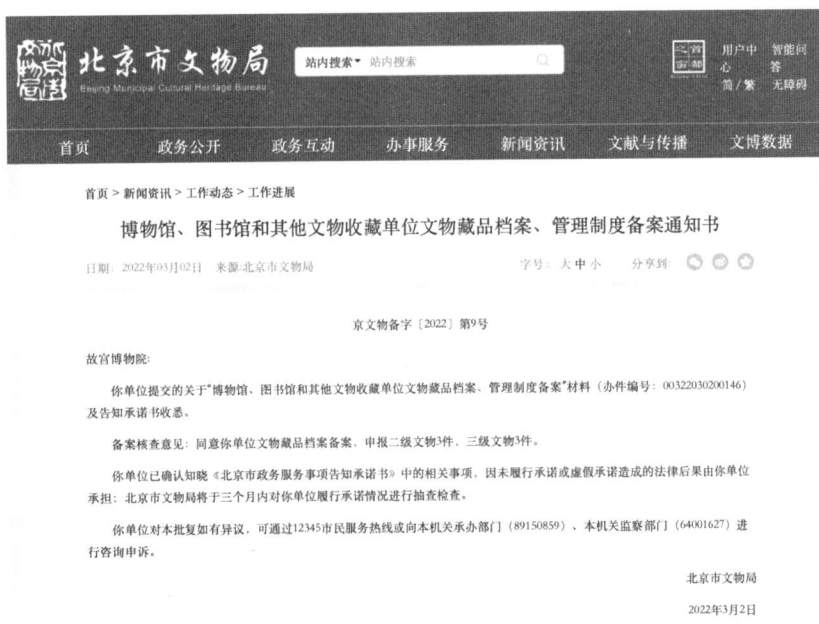

图4-1 藏品档案备案通知书

第五节　藏品安全管理

确保藏品安全是博物馆的核心课题和重要使命，是博物馆正常开展一系列工作的基础。藏品安全管理是博物馆藏品管理的重要工作，也是博物馆日常的关键性工作。

一、藏品安全责任

《博物馆条例》第二十三条规定："博物馆法定代表人对藏品安全负责。博物馆法定代表人、藏品管理人员离任前，应当办结藏品移交手续。"《中华人民共和国文物保护法》第二十三条规定："文物收藏单位的法定代表人对馆藏文物的安全负责。国有文物收藏单位的法定代表人离任时，应当按照馆藏文物档案办理馆藏文物移交手续。"这是我国现行法律法规中涉及博物馆藏品安全的责任问题的具体规定。

依据上述规定，博物馆藏品安全的第一责任人是法定代表人，如博物馆藏品发生安全问题，则可以追究法定代表人的责任。其次，藏品管理人员作为藏品的日常管理者，是藏品安全的直接责任人。《博物馆条例》规定博物馆法定代表人、藏品管理人员离任前，应当办结藏品移交手续：首先，应严格履行移交程序；其次，应准确无误地办理移手续并签字确认；再次，在办理移交手续时，博物馆的上级主管部门或者博物馆理事会、监事会的相关人员应当对移交过程实施监督。如重庆红岩革命历史博物馆在博物馆法定代表人变更以后，先由文物征管部组织文物清查人员，对现有文物进行全面清查，完成了移交清单制作。博物馆纪检监察（审计）处和保卫处按照交接流程对馆藏文物进行了抽检核查，博物馆新任法定代表人等对馆藏文物进行了抽检核查。在均确认账实相符、准确无误后召开了法定代表人离任馆藏文物交接仪式，由离任和现任法定代表人进行现场确认，并签署交接确认书，同时还有其他监督见证人员进行签字确认，完成了8689件（套）文物的移交。

二、藏品安全管理的内容

关于博物馆的藏品安全管理，《中华人民共和国文物保护法》《博物馆条例》《博物馆管理办法》《博物馆藏品管理办法》都作出了相关规定。除此以外，我国还出台了《博物馆火灾风险防范指南（试行）》《博物馆火灾风险检查指引（试行）》《博物馆建筑设计规范》（JGJ66-2015）以及《博物馆和文物保护单位安全防范系统要求》（GB/T 16571-2012）等行业准则和国家、行业标准等规定，就博物馆的藏品安全管理提出要求和建议。这些规定主要是针对藏品安全从技术设备和保存环境层面上的安全防范和技术保护相关内容。

《中华人民共和国文物保护法》第四十七条规定："博物馆、图书馆和其他收藏文物的单位应当按照国家有关规定配备防火、防盗、防自然损坏的设施，确保馆藏文物的安全。"

《博物馆条例》第二十四条规定："博物馆应当加强对藏品的安全管理，定期对保障藏品安全的设备、设施进行检查、维护，保证其正常运行。对珍贵藏品和易损藏品应当设立专库或者专用设备保存，并由专人负责保管。"

《博物馆管理办法》第十九条规定："博物馆藏品的收藏、保护、研究、展示等，应当依法建立、健全相关规章制度，并报所在地市（县）级文物行政部门备案。博物馆应具有保障藏品安全的设备和设施。馆藏一级文物和其他易损易坏的珍贵文物，应设立专库或专柜并由专人负责保管。"

《博物馆藏品管理办法》第三章"藏品库房管理"规定："第十条 藏品应有固定、专用的库房，专人管理。库房建筑和保管设备要求安全、坚固、适用、经济。建立定期的安全检查制度，发现不安全因素或发生文物损伤要及时处理并报告主管文物行政部门。发生火灾、藏品失窃等案件，应保护好现场，并立即上报当地公安部门、文物行政管理部门和文化部文物局。发生一级藏品损伤等重大事故，应立即上报文物行政管理部门和文化部文物局，并查明原因，根据情节轻重给有关人员以必要的行政处分，直至追究法律责任。第十一条　库房应有防火、防盗、防潮、防虫、防尘、防光（紫外线）、防震、防空气污染等设备或措施。库内及其附近应保持整洁，禁止存放易燃易爆物品、腐蚀性物品及其他有碍文物安全的物品，并严禁烟火。库房区无人时，应拉断该区所有电源开关和总闸。第十二条　藏品要按科学方法分类上架，妥善庋藏。一级藏品、保密性藏品、经济价值贵重的藏品，要设立专库或专柜，重点保管。第十三条　藏品出入库房必须办理出库、归库手续。对藏品的数量和现状，必须认真核对，点交清楚。藏品出库后，由接收使用部门负责保管养护，保管部门对使用情况进行监督和检查。使用部门应尊重藏品保管部门的意见，对发现的不安全因素，应及时予以纠正。第十四条　严守库房机密，建立《库房日记》。非库房管理人员未经主管副馆长、馆长或藏品保管部门负责人许可，不得进库房。经许可者由库房管理人员陪同入库。库房一般不接待参观。第十五条　建立健全各类藏品的保护管理制度和安全操作规程。每年均应从博物馆的业务经费中划出适当比例，用以更新和添置必要的藏品保护、藏品庋藏设备，改善库房条件，减少、防止自然的和人为的因素对藏品的损害。"

三、藏品安全管理的合规要点

根据以上有关藏品安全管理方面的法律法规的相关规定，藏品安全管理主要有以下合规要点：

（一）建立健全藏品安全管理规章制度

博物馆应建立健全各类藏品的保护管理制度和安全操作规程。与安全管理有关的，比如防火防盗制度、库房温度湿度光照度规定、藏品通风晾晒规定、库房管理制度、藏品出入库规定、库房门禁钥匙使用规定等。以故宫博物院为例，其在藏品安全管理方面制定了《故宫博物院防盗、防爆、防破坏工作规定》《故宫博物院消防安全管理制度》《故宫博物院领取钥匙规定》等规章制度。

（二）藏品库房设置合理

博物馆通常根据其馆藏藏品的历史、艺术、科学价值，将其藏品分为珍贵藏品和一般藏品两大类，其中珍贵藏品又分为一、二、三级。根据《博物馆藏品管理办法》第十二条"藏品要按科学方法分类上架，妥善庋藏。一级藏品、保密性藏品、经济价值贵重的藏品，要设立专库或专柜，重点保管"的规定可知，对于一级藏品，博物馆必须设立专门库房，即珍品库进行保管；而对于二、三级藏品，博物馆则既可设立专门的库房进行保存，也可在一般库房内保管。但无论是珍品库还是一般库房，对于库房及其设备的管理必须合规，必须保障库房的安全性能足以保管好藏品，对于库房的一切管理都必须合乎相关规范的要求。库房建筑和保管设备要求安全、坚固、适用、经济，并且还需考察库房周边的自然环境是否适合建造库房，确保库房远离污染源和自然灾害危险地。特别是对珍贵藏品和易损藏品还应当设立专库或者专用设备保存，并由专人负责保管。另外，对于临时存放的待鉴定、待分类的藏品，博物馆也应设预备库、暂存库以供存放。

住房和城乡建设部于2015年6月30日发布的行业标准《博物馆建筑设计规范》（编号：JGJ66-2015），就藏品保存环境及库房建筑均有详细规定。该规范第6.0.1条载明："藏品保存场所应符合下列规定：1. 应有稳定的、适于藏品长期保存的环境；2. 应具备防止藏品受人为破坏的安全条件；3. 应具备不遭受火灾危险的消防条件；应设置保障藏品保存环境、安全和消防条件等不受破坏的监控设施"；第6.0.2条载明："藏品保存场所的环境要求应包括对温度、相对湿度、空气质量、污染物浓度、光辐射的控制，以及防生物危害、防水、防潮、防尘、防振动、防地震、防雷等内容"；第5.1.3条规定："本条是关于库房区的规定。1. 不同材质类别的藏品，保存环境要求不同，且每间库房由专人管理，所以应按材质分间，每间单独设门，不设套间。2. 库房净高应考虑藏品及藏具高度、运送工具、空气流通等需要，且应节约能源，避免空间浪费。无空调库房，室内空气会因缺少通风而含有较多有害物质，为减少污秽空

第四章 博物馆藏品合规管理

气对藏品和保管员健康的影响，净高宜高一些，有管理人员建议无空调的文物类藏品库房净高应在3.3m左右。"以上是博物馆库房建造环境要求、建筑结构等方面的规定，除此之外，该规范还规定了库房建筑面积、库房分配等方面的要求。

（三）库房布局科学

博物馆库房可以按以下方式进行科学布局：

1. 将库房布局在博物馆建筑底层或地下室。这种布局方式有利有弊，利处在于可以有效使用博物馆馆舍空间，有效节省用地，与展厅的联系也比较便利，可以避免远距离搬运而受到毁坏的风险。弊端在于博物馆建筑底层或地下室湿气过重，不利于文物藏品的保管。

2. 将库房布局在博物馆建筑顶层。这种布局方式的好处在于使建筑空间紧凑、与展厅联系便利，但弊端在于不利于库房防火。

3. 将库房布局在毗连展厅的房间。这种布局方式是一种在博物馆用地并不十分紧张的情况下较理想的方式，因为这样的布局有利于库房与展厅的联系，同时又使库房与展厅保持一定隔离，对防潮、防火、防人流路线干扰均有利。

4. 将库房布局在陈列区之外。这种布局方式适用于大型库房，这样布局的优点在于对防潮防湿、安全防火、库房管理等均有利，但缺点则在于与展厅联系不便利，同时也不利于藏品的安全运输。

（四）保障藏品安全的设备、设施齐全且运行正常

不同的类型、质地的藏品对保存环境有不同的需求，博物馆要配备防火、防盗、防潮、防虫、防尘、防光（紫外线）、防震、防空气污染以及其他防自然损害的设施，并需要定期对保障藏品安全的设备、设施进行检查、维护，保证其正常运行。博物馆还应每年从博物馆的业务经费中划出适当比例，用以更新和添置必要的藏品保护、藏品庋藏设备，改善库房条件，减少、防止自然的和人为的因素对藏品的损害。

（五）严格遵守藏品库房出入库程序

藏品因陈列、借出等情况出、入库时，出、入库房必须办理出库、归库

手续。藏品出、入库要严格按照博物馆藏品的出、入库规程，履行相应的审批手续和提供相应的凭据。对出、入库藏品的数量和现状，必须认真核对，点交清楚。

（六）库房有专人管理，明确库管人员职责

库房应有专人管理，库管人员应严守库房机密，建立《库房日记》。非库房管理人员未经主管副馆长、馆长或藏品保管部门负责人许可，不得进库房。经许可者由库房管理人员陪同入库。库房一般不接待参观。

第五章

博物馆陈列与展览合规

【本章内容概览】

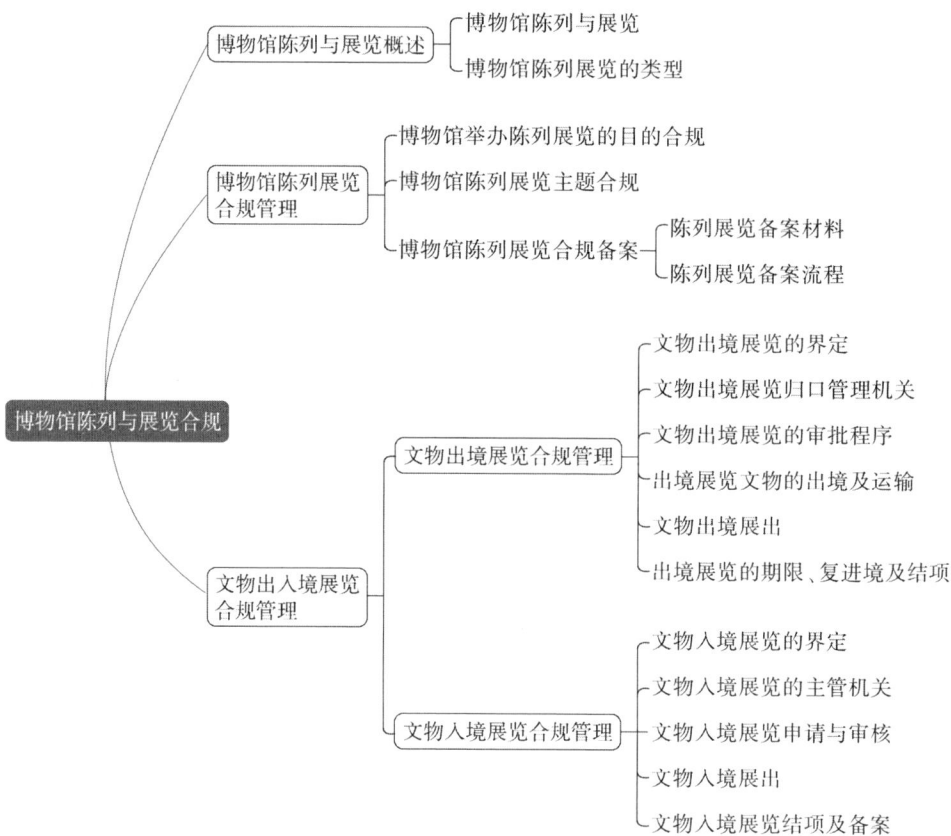

博物馆陈列与展览合规
- 博物馆陈列与展览概述
  - 博物馆陈列与展览
  - 博物馆陈列展览的类型
- 博物馆陈列展览合规管理
  - 博物馆举办陈列展览的目的合规
  - 博物馆陈列展览主题合规
  - 博物馆陈列展览合规备案
    - 陈列展览备案材料
    - 陈列展览备案流程
- 文物出入境展览合规管理
  - 文物出境展览合规管理
    - 文物出境展览的界定
    - 文物出境展览归口管理机关
    - 文物出境展览的审批程序
    - 出境展览文物的出境及运输
    - 文物出境展出
    - 出境展览的期限、复进境及结项
  - 文物入境展览合规管理
    - 文物入境展览的界定
    - 文物入境展览的主管机关
    - 文物入境展览申请与审核
    - 文物入境展出
    - 文物入境展览结项及备案

陈列与展览是博物馆的基本职能，也是其主要职能。陈列与展览伴随着博物馆的发展逐渐成为博物馆行业的专有术语。博物馆通过陈列与展览活动向公众展示社会、自然、历史、科技等方面的发展与变迁，进而彰显博物馆的社会价值。现代博物馆的发展，是进行社会教育活动的最主要的形式与手段。因此，只有对博物馆陈列、展览行为进行合规管理，才能使博物馆的馆藏品发挥其最大的现代化价值的同时，亦能提高博物馆的社会认知度以及发挥其更大的社会价值。

第一节　博物馆陈列与展览概述

一、博物馆陈列与展览

（一）博物馆陈列

与博物馆陈列、展览相关的专有术语很多，但是相对其他专业术语而言，"陈列、展览"更受青睐。在博物馆学领域，陈列专指基本的陈列，具体而言"系指与本馆性质和任务相适应的、有自己的独有展品和陈列体系的、内容比较固定和常年对外开放的陈列"①。在《宏光博物馆学基础》一书中指出："博物馆陈列是在一定的空间内，以文物标本为基础，配合适当辅助展品，按一定主题、序列和艺术形式组合成的，进行直观教育和传播信息的展品群体。"综上所述，博物馆陈列是博物馆按照一定的体系、标准将馆藏品进行一定的组合，供参观者观赏，以最形象、最系统的形式展现该馆藏品所体现的历史、艺术、科学等社会价值。博物馆正是通过陈列活动实现其社会教育职责，陈列亦是反映博物馆的性质、类型以及博物馆陈列水平、博物馆管理者管理水平的重要标志。

---

① 黄洋、陈红京：《博物馆陈列展览设计十讲》，上海交通大学出版社 2019 年版，第 12 页。

（二）博物馆展览

博物馆往往通过陈列、展览的方式将馆藏品供参观者观赏，展览相对陈列而言具有临时性或者短暂性。具体而言，展览是指博物馆将馆藏品根据一定的主题、内容等在一定的时间内对外展出供参观者观赏。在实践中，博物馆往往通过设置展厅的形式将馆藏品予以展出，通过此种形式突出本次展览的主题，例如辽宁省博物馆于2022年7月31日至2022年10月30日在辽宁省博物馆一层5号厅开展"华·彩——辽宁省博物馆藏珐琅器专题展"，本次展览共展出珐琅器78件套，部分珐琅器为首次公开展出。本次展览是在对馆藏珐琅器的整理研究基础之上，从何谓珐琅器、珐琅器的源流、发展历史、造型、制作工艺以及装饰纹样等方面进行多方面的解读，带领参观者打开珐琅器的大门的同时，也进一步宣传了我国的华彩工艺。但是本次展出的珐琅器来源于不同的时代，出土于不同的地域以及时间，但均采用珐琅工艺，可见本次展览是将辽宁省博物馆馆藏品中采用珐琅工艺的藏品按照时间的方式进行展出，而在开展前，这些珐琅器馆藏品往往会陈列在不同的展区或者存放于固定的场所内。

陈列与展览是博物馆将馆藏品以不同的方式予以保存或者展出，二者常常叠加使用，甚至在2015年国家文物局发布的《关于提升博物馆陈列展览质量的指导意见》（文物博函〔2015〕25号）中亦使用"陈列展览"一词，二者之间虽有区别，但是就具体的管理、操作程序而言本质是相同的。陈列与展览均是博物馆有目的性、计划性、思想性地对博物馆的馆藏品或按照时间的顺序、或按照材质、或按照类别等进行摆放，陈列相比于展览具有长期性、稳定性，展览往往具有短期性、时效性。在实践中博物馆往往将馆藏品陈列于常设展厅，并根据不同计划、思想甚至不同的节日等有计划地将博物馆常设展区的馆藏品重新摆放并于一定期限里展出，此种展览往往选用的是临时展厅，待展出结束后即按照原展区陈列展览。因此，陈列与展览二者本质是相同的，严格区分二者并无根本的实质意义。

二、博物馆陈列展览的类型

（一）根据陈列展览的时间进行分类

1. 基本陈列

基本陈列是博物馆最常见的陈列展览方式。"基本陈列是指从博物馆的基本性质和任务出发，大量运用特色藏品，设计上强调系统性，内容相对固定且常年对外开放的陈列。"[①]基本陈列具有持久性、固定性，所以大部分博物馆会选择永久性的材质或者设备陈列馆藏品，并将其放置于固定的陈列位置。例如，各地公办博物馆选择玻璃橱窗、玻璃橱柜的形式将馆藏品予以陈列，但是基本陈列的馆藏品会随着博物馆临时展览而做相应的调整。例如国家博物馆为观众提供"古代中国""复兴之路"基本陈列，常年对外开放并为观众提供公益讲解。

2. 临时展览

临时展览建立在基本陈列的基础之上，由于临时展览展期短的特点，博物馆往往选择易于拆装、运输的陈列装置摆放展品。临时展览内容丰富、形式多样化，博物馆采用临时展览的方式展出展品不断地吸引不同的参观者走入博物馆。例如上文曾指出的辽宁省博物馆开展的"华·彩"展览是以介绍珐琅艺术为宗旨的为期三个月的临时展览，通过临时展览使参观者走进珐琅艺术、了解珐琅艺术、了解历史。甚至有些博物馆选择流动展览例如巡回展、境外展等。

（二）根据陈列展览的场所进行分类

1. 室内陈列

室内陈列顾名思义是指将馆藏品放置于建筑物内以供参观者参观。这里所称的室内往往指的是展厅，有的博物馆选择以阿拉伯数字的形式标示展厅，有的博物馆选择以该展厅陈列的馆藏品主线来命名展厅，例如国家博物馆设"古代中国"展厅、"复兴之路"展厅；再如辽宁省博物馆一至三楼共计22个展厅，展厅以数字排序。无论是国家博物馆还是辽宁省博物馆，无论是采用馆藏

---

① 黄洋、陈红京：《博物馆陈列展览设计十讲》，上海交通大学出版社2019年版，第42-44页。

品主线或是数字编码的形式命名展厅，此类陈列均为室内陈列，也是博物馆最常见陈列展览模式。

图5-1　敦行故远：故宫敦煌特展（图片来源：故宫博物院）

2.室外陈列

室外陈列是与室内陈列相对应的一种陈列方式。室外陈列是指将馆藏品置于博物馆露天区域进行陈列展览。室外陈列往往适用于体积较大或质量过重，不易于搬运且不受自然环境影响的藏品。例如沈阳航天博物馆建于沈飞集团内，在沈阳航天博物馆室外摆放着大量的飞机以便供参观者观赏；再如在中国人民解放军海军博物馆海上舰艇展区陈列着我国自主建造的第一艘攻击型核潜艇"长征一号"核潜艇（功勋舰，舷号401）（见图5-2）。

图5-2　"长征一号"核潜艇（功勋舰，舷号401）

（图片来源：中国人民解放军海军博物馆）

3. 野外展览

野外展览是指由于展览品置于户外固定的地点，无法搬运，则在户外将该展品采用特殊的装置或者设备予以保护并供展览。野外展览不同于室外陈列，室外陈列是将展品置于博物馆室外，其依托于博物馆室内展厅；而野外展览是依展品而建立的博物馆，保存了展品的原状，例如北京故宫博物院、沈阳故宫博物院等以此类建筑群为展览核心的博物馆，再如内蒙古鄂托克旗野外地质遗迹博物馆均建立在野外，保存了展品的原貌。

（三）依陈列展览的形态不同进行分类

1. 静态陈列

静态陈列是博物馆传统的陈列方式。所谓静态陈列是指将馆藏品固定于相应的展位，清晰地将馆藏品的形状、色彩、材质等展现给参观者，此种陈列形式较为固定，且成本低，对展品损耗小。现代博物馆为了更好地突出馆藏品的特点以及提高参观者的观赏感，则采用现代化的手段赋予展品以二维码，观赏者通过扫码的形式即可获取关于该展品的相关介绍，真正满足了不同群体的需求。

2. 动态陈列

动态陈列是伴随着科学技术的发展，运用现代化的技术手段将光、电、美术等形成一种动态的以多媒体的形式呈现出来的陈列方式。例如上海世博会采用大电子屏的形式将《清明上河图》放大30倍，结合声、光等技术高度还原了北宋时期繁华的景象，给观赏者以身临其境的体验，是一种新型的陈列方式，加快了国际的交流与合作。目前，此种动态陈列被大量地运用于博物馆中，动态陈列与静态陈列的完美结合，更彰显出馆藏品的历史韵味。

3. 演示陈列

在众多馆藏品中，有些馆藏品除了向参观者展现其材质、外形、工艺等之外，还需要向参观者演示操作流程、操作过程。因此，大多数的博物馆会安排博物馆工作人员或者合格的志愿者以现场演示的方式对馆藏品进行展出以实现该馆藏品的价值。演示陈列亦是新型的陈列方式，演示陈列往往与基本陈列、动态陈列相辅助，全方位、多角度地展现馆藏品的特点。

4. 多感官陈列展览

多感官陈列展览主要是博物馆通过还原场景的形式让参观者通过视觉、触觉、听觉等感官获取更多的信息。例如故宫博物院的主轴线的宫殿中还原了之前的场景，使参观者身临其境地感受封建社会森严的等级制。但是此种陈列展览形式并不适用于所有的博物馆，该形式多受博物馆的性质、博物馆的任务以及馆藏品的特点的限制。

陈列与展览是博物馆履行社会教育职责的重要途径，伴随着社会的发展、时代的变迁，陈列与展览越来越多样性，现代博物馆的发展不仅仅关注如何让馆藏品进入参观者的视线，更重视馆藏品的社会价值。因此，现代博物馆对馆藏品的陈列与展览应当纳入合规化管理的范畴之中，才能使博物馆发挥最大的价值。

第二节　博物馆陈列展览合规管理

《博物馆条例》第三十一条明确规定："博物馆举办陈列展览的，应当在陈列展览开始之日10个工作日前，将陈列展览主题、展品说明、讲解词等向陈列展览举办地的文物主管部门或者其他有关部门备案。各级人民政府文物主管部门和博物馆行业组织应当加强对博物馆陈列展览的指导和监督。"可见，博物馆举办陈列展览前应当向有关部门提交本次陈列展览的相关信息进行备案，并接受主管单位和博物馆行业组织指导与监督。这是将博物馆陈列与展览纳入到国家的监管体系中，在国家文化自信的大前提下发展、弘扬文化。

一、博物馆举办陈列展览的目的合规

陈列展览是传播信息的重要途径，目前我国博物馆在设立之初办理注册之时对博物馆的性质进行了定位，甚至根据馆藏品的特点设置了基本陈列的主线。《博物馆条例》第三十条第一款明确规定："博物馆举办陈列展览，应当遵守下列规定：主题和内容应当符合宪法所确定的基本原则和维护国家安全与民族团结、弘扬爱国主义、倡导科学精神、普及科学知识、传播优秀文化、培养良好风尚、促进社会和谐、推动社会文明进步的要求。"虽然该条款是对博物馆陈列展览的主题和内容的规定，但是博物馆在拟订陈列展览事项时首先要明确此次陈列展览的目的，或者说为何开办本次陈列展览，只有明确了主旨工作才能向下推进。如国家博物馆为观众提供"古代中国""复兴之路"基本陈列，该基本陈列通过馆藏品向参观者讲述在中华大地之上中国人民的发展变化，突出古代的中国，朝代的更迭和中国人民的聪明才智；近代的中国，面临列强的入侵中国人民不屈不挠的精神；现代的中国，中国人民走上了复兴之路，从一穷二白发展为世界第二大经济体。这一切的一切都是中国人民艰苦卓绝的探索、不断的奋发图强。这是中国人的精神所在，这也是国家博物馆设立基本陈列的目的之所在。博物馆的临时陈列展览是建立在基本陈列展览的基础之上的，在初办陈列展览之时需要对举办临时陈列展览的目的加以明确，通过明确陈列展览的目的，明确本次陈列展览的主线。因此，明确陈列展览的目的，确立本次临时陈列展览的整体基调以及方向。陈列展览的目的确立之后，则进一步确立陈列展览的主题。

二、博物馆陈列展览主题合规

《博物馆条例》第三十条第二款规定："博物馆举办陈列展览应当与本馆宗旨相适应，突出藏品特色。"该条对确立博物馆举办陈列展览的主题作出了较为原则性的规定，就我国目前而言并没有相关的法律法规以及规章制度明确规定陈列展览的主题或者对陈列展览主题进行限制，但是无论是公办性质的博物馆还是民办性质的博物馆均承担着文化宣传、社会教育等社会职能，所以博物馆在开设陈列展览前应当响应我国文化发展要求，立足博物馆的宗旨以及性质，结合本次陈列展览的馆藏品的特点确立陈列展览的主题。博物馆在确立陈列展览主题时要保证陈列展览的主题与内容相符，要具有一定的思想性，且符合当下社会关注点或者关注公众的兴趣所在，通过具有特色的主题吸引公众，切合时代主题，才能发挥博物馆教育作用。因此，博物馆在确立陈列展览主题时首先应当考虑本次陈列展览的主题和内容的科学性以及思想性。所谓的科学性是指陈列展览是否满足广大参观者的观赏需求，是否客观真实地反映历史社会发展。所谓的思想性是指陈列展览的馆藏品是否向参观者传递正能量，是否弘扬了爱国主义精神、倡导了科学精神，是否普及了科学、传播了优秀文化，简而言之就是本次陈列展览向参观者传递了什么。其次，选题时应当全面、综合。博物馆在确立陈列展览选题时应当综合考虑本馆的馆藏品的特点、数量，博物馆的性质、特色，博物馆所处的地域、地方文化，民俗博物馆的展厅、财政支出，等等，在对拟推出的陈列展览的受众群体以及潜在的受众群体进行分析研究的基础上明确陈列展览的主题、内容，做出合理的规划。

三、博物馆陈列展览合规备案

（一）陈列展览备案材料

根据《博物馆条例》第三十条博物馆举办陈列展览的规定，我国博物馆陈列展览采取备案制，需申请人向陈列展览所在地的主管机关提交相关手续、材料申请办理陈列展览备案登记。我国《博物馆条例》中并未对手续、材料做相关的明确规定，由各地方政府或者博物馆主管机关予以规定。尽管各地方采用的申请模式不尽相同，但是提交的手续中均应提交展览大纲或脚本、展品目录及重点展品说明、讲解词。具体而言：

1. 展览大纲或脚本

展览大纲应当包括贯穿展览的学术、文化、艺术、历史等方面的中心思想、总体观念、基本原则等的文字概述并提供展陈形式设计方案（包括展厅效果的图片），博物馆应组织非本馆专家对展览或活动的项目主题、展陈大纲、活动内容（包括政治、名人、民族、宗教、疆域等社会敏感题材内容）、参展展品、展览形式等提出论证意见。参与论证的专家需具有副高以上专业技术职称且不少于5名，并具备从事展览等相关工作的经历。非文博类专家应附专家简历。

2.展品目录及重点展品说明

展品目录应包括参展展品的总体情况说明及展品目录。展品目录应当完整，不仅包括文物，还应当包括参考品、复制品、辅助展品等，信息要具体即相关展品的序号、名称、年代、质地、级别、来源、完残、照片等，其中照片应清晰，供审核展品情况。

3.讲解词

讲解词主要包括展览主题思想、各单元中心内容以及展品所说明的问题等内容，由前言序语、主体内容和结语三部分组成。展品说明是对每个展品情况进行简明扼要的说明，该说明要客观地记载展品的相关信息。这些信息则需要建立在博物馆对馆藏品相关信息的收集、研究、分析的基础上。展品的基本信息例如材质、颜色、高度、宽度等在展品收录之时博物馆的专家及工作人员均已经详细记录在册，而展品的其他信息则需要通过专家研究，查阅地方通史、古籍甚至采用现代化的技术手段对展品进行分析研究，建立展品的"档案信息"。展览品的讲解词是博物馆进行陈列展览工作的重要内容，陈列展览的目的是使参观者对所陈列展览的展览品有全方位的了解，但是大多数的参观者并没有专业的知识、丰富的历史底蕴，因此，博物馆展览就有义务对所陈列展览的馆藏品进行讲解辅助参观者对展品进行了解，所以博物馆均配备了专业的、高素质的讲解员。讲解员不仅仅需要详细、熟练地背诵讲解词，更要对所陈列的展品、各展品之间的联系等有深入的了解，只有了解每一个馆藏品才能提高整体博物馆的质量。

（二）陈列展览备案流程

《博物馆条例》第三十一条第一款规定，博物馆举办陈列展览，需在陈列展览开始之日前10个工作日前向陈列展览举办地的文物主管部门或者其他有关部门备案。

1. 备案审查机关

根据《博物馆条例》《中华人民共和国文物保护法》《中华人民共和国公共文化服务保障法》的规定，负责博物馆陈列展览的审查备案机关为"举办地的文物主管部门或者其他有关部门"，具体而言是该次陈列展览所在地的文物主管部门即文物局或者其他有关部门。此外，部分地区还制定了适用于本地区备案登记的博物馆举办展览的相关管理规定，如《北京市博物馆展览备案管理规定》规定：在北京市备案登记的博物馆举办或联合举办基本陈列、临时展览、巡回展览（不包括出入境展览等涉外展览）时，国有博物馆举办展览向其上级主管部门备案；非国有博物馆举办展览向馆址所在地的区文物行政部门备案。

近些年来，各地政府为了提高服务意识、提高工作效率，各地建立了行政服务大厅，负责文旅职能部门的行政单位在政务大厅派驻窗口工作人员，负责各项文旅业务的办理。博物馆工作人员应在开展前10个工作日持相关手续到举办地的政务大厅的文旅窗口办理申请审查的业务。

2. 申请备案途径及流程

伴随着科学技术的飞速发展，加之新冠疫情的影响，各地相继开通了互联网申请备案渠道以及手机端申请备案程序，这不仅方便快捷，同时也大大提高了工作效率。因此，博物馆工作人员可根据实际情况选择线下现场预约或者采用互联网或是手机端登录指定网站办理备案申请。以北京市为例，开展博物馆陈列展览的单位向其开展所在地的文化与旅游局进行申请，详见业务流程图：

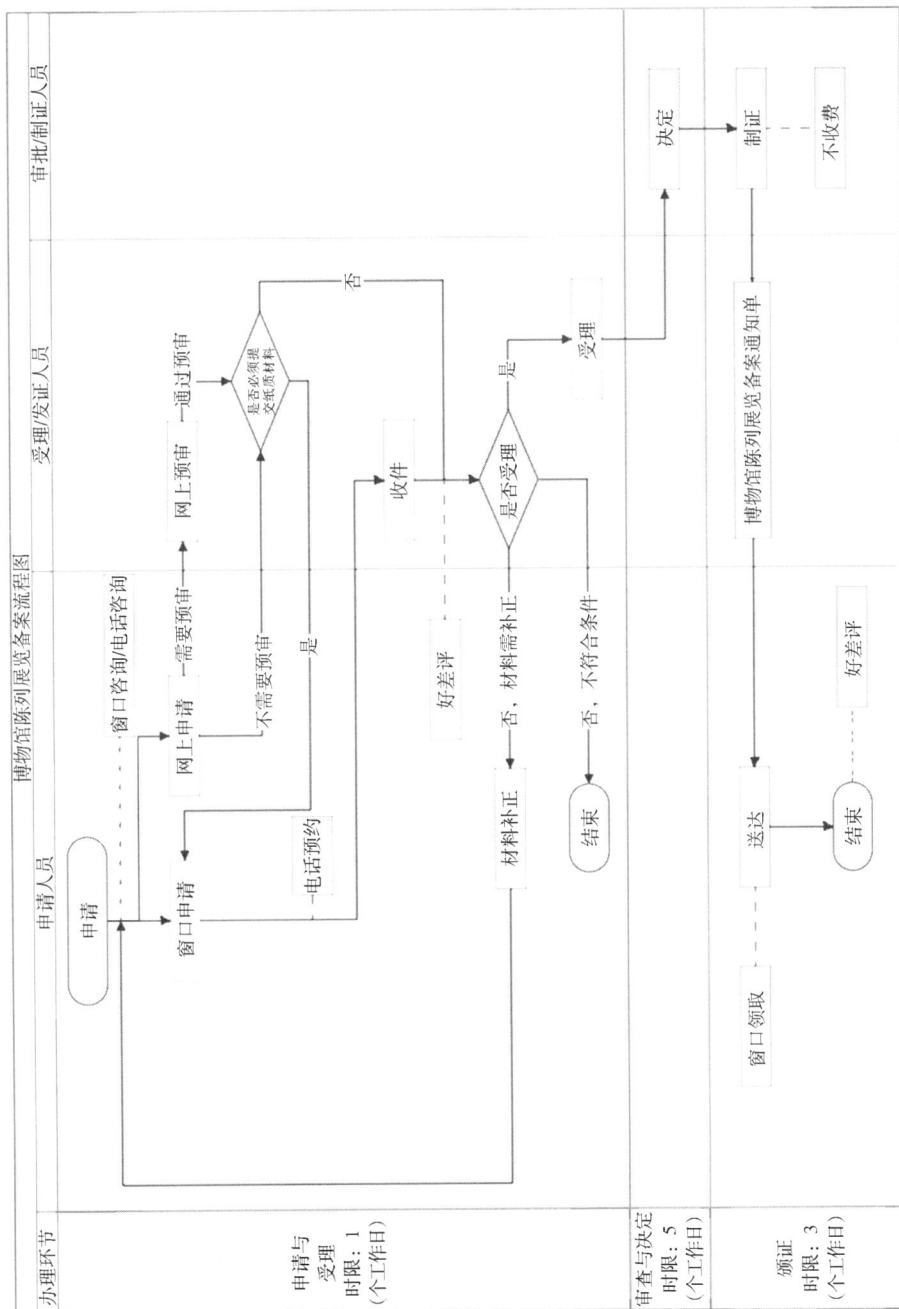

图5-3 博物馆陈列展览备案流程图

3.主管部门进行合规审查

申请人通过线上或是现场申请后，主管部门对申请人所提交的材料进行形式与实质审查。其中主管部门对备案事项进行实质审查时，应确认申请人所举办的陈列展览应当符合法律法规的要求，同时也要满足各地方政府所颁布的行政规章。

以北京市为例，北京各区文化与旅游部门负责在辖区内举办陈列展览活动的备案业务，经申请后，文化与旅游局的负责人应当自收到申请之日起5个工作日内对提交备案登记的申请进行审查，参考《北京市博物馆展览备案管理规定》第七条的规定："国有博物馆的上级主管部门及各区文物行政部门，应组织相应专业人员，依照国家文物局《关于加强博物馆陈列展览工作的意见》（文物博函〔2012〕2254号）加强展览备案工作。重点审核以下内容：（一）展览主题内容应符合《中华人民共和国宪法》等法律法规、党和国家方针政策的要求，且积极健康；（二）凡有可能泄露国家机密或歪曲丑化我国人民、中国文化，妨碍正风良俗、扰乱社会秩序，危害国家统一、民族团结、社会稳定等在政治上造成不良影响的展品、资料等，一律不得展出；（三）违反《国际博物馆协会博物馆职业道德规定》，展览主题内容凡涉及人类遗骸、宗教、民族等敏感题材的，不尊重人类尊严，不符合国家利益和民族信仰的，一律不得展出；（四）展览主题内容凡涉及国家领导人的，应遵守《中央宣传部、文化部关于举办党和国家主要领导人生平图片展览的规定》的相关内容，并已履行相应的报批手续；（五）展览展品来源必须合法，来源不明或来源不合法，以及以假充真，可能对公众造成错误引导的展品，一律不得展出；（六）展览场地必须具备安全保卫设施，确保展品及观众的安全。对符合备案条件的，依法予以备案；对暂不符合备案条件的，应要求其完善展览内容，使展览符合备案条件。"

4.颁证与送达

当通过形式与实质审查后3个工作日内，申请人通过政务大厅文化与旅游部门窗口工作人员领取《博物馆陈列展览备案通知单》。因博物馆陈列展览采用备案制，而不是审批制，因此只需向博物馆送达备案通知单即可。需要注意的是，部分地区仅由主管部门存档备案即可，不向博物馆出具结果文书。

为强化博物馆社会教育功能，加强博物馆意识形态主阵地建设，发挥博物馆传承中华优秀传统文化、促进文化交流与合作的作用，博物馆的陈列与展览必须进行合规管理，以促进我国社会主义精神文明建设，同时只有加强对博物馆陈列与展览合规管理，才能保证博物馆展示内容的科学性和思想性，才能完美地诠释展品，进行信息的传递。

第三节　文物出入境展览合规管理

近些年来伴随着我国改革开放的不断深入，中国逐渐成为推动世界经济增长的第二大经济体，伴随着经济发展的同时，国与国之间也不断地加强文化交流与合作。文物的出境、入境展览是近代文化交流的主要途径之一，博物馆作为文物收藏单位、展览的举办单位应合法合规地办理相关文物出入境展览工作。建立文物出入境展览合规管理制度，更好地满足公众多元化的精神文化需求。

一、文物出境展览合规管理

（一）文物出境展览的界定

为加强文物出境展览的管理，我国国家文物局颁布了《文物出境展览管理规定》（文物办发〔2005〕13号），对我国文物出境展览行为加以规制。《文物出境展览管理规定》对文物出境展览做出了限缩性的规定，根据《文物

注：合规依据除全国统一适用的规范性文件外，还应包括各个地区有关部门制定的地方性规范性文件。本书未将全国各个地区的地方性规范性文件——列出，仅以北京市文物局发布的《北京市文物局关于进一步加强全市博物馆藏品管理工作的通知》举例说明。

出境展览管理规定》第二条的规定，文物出境展览指下列机构在境外（包括外国及我国香港、澳门特别行政区和台湾地区）举办的各类文物展览：（一）国家文物局；（二）国家文物局指定的从事文物出境展览的单位；（三）省级文物行政部门；（四）境内各文物收藏单位。

（二）文物出境展览归口管理机关

《文物出境展览管理规定》明确了国家文物局为全国文物出境展览归口管理机关，省级文物行政部门负责本行政区域文物出境展览的归口管理工作。各归口管理单位的具体职责为：

1. 国家文物局

根据《文物出境展览管理规定》的规定，国家文物局负责全国文物出境展览的归口管理工作，其职责主要有：（1）审核文物出境展览计划，制定并公布全国文物出境展览计划；（2）审批文物出境展览项目；（3）组织或指定专门机构承办大型文物出境展览；（4）制定并定期公布禁止和限制出境展览文物的目录；（5）监督和检查文物出境展览的情况；（6）查处文物出境展览中的违法、违规行为。

2. 省级文物行政部门

各省级文物行政主管部门在国家文物局的领导之下，具体负责其行政区域内文物出境展览的具体工作事宜，根据《文物出境展览管理规定》，各省级文物行政部门具体职责为：（1）核报文物出境展览计划；（2）核报文物出境展览项目；（3）协调文物出境展览的组织工作；（4）核报禁止和限制出境展览文物的目录；（5）核报展览协议书及展览结项有关资料；（6）监督和检查文物出境展览的情况；（7）查处文物出境展览中的违法、违规行为。

（三）文物出境展览的审批程序

2012年国家文物局颁布了《关于规范文物出入境展览审批工作的通知》（文物博函〔2012〕583号），该通知中明确了博物馆等文物出境展览举办单位就文物出境展览应遵循的原则及应履行的报批程序。

1. 文物出境展览项目的启动

博物馆作为展览举办单位，要坚持以我为主、为我所用的原则，加强与境外合作博物馆沟通协作，充分做好展览前期准备特别是展览大纲研究编制，强调展览的思想性、学术性。要积极组织我方专家主动参与展览选题、内容设计、形式设计和图录编制以及有关学术研讨、宣传推广各项活动的方案拟订及论证，充分体现我方最新研究成果，科学、准确传播中华文化和人类优秀文明成果，更好地满足公众多元化的精神文化需求。

要加强境外合作办展博物馆资格和条件的评估论证。鼓励深化与境外知名博物馆直接合作办展，积极创造条件逐步实现互换展览。加强出境展览中拟同场展出除我方文物之外的中国文物展品的真实性和来源合法性的评估论证，确保展览符合博物馆标准。

2. 文物出境展览审批机关

《中华人民共和国文物保护法》第六十二条规定："文物出境展览，应当报国务院文物行政部门批准；一级文物超过国务院规定数量的，应当报国务院批准。一级文物中的孤品和易损品，禁止出境展览。出境展览的文物出境，由文物进出境审核机构审核、登记。海关凭国务院文物行政部门或者国务院的批准文件放行。出境展览的文物复进境，由原文物进出境审核机构审核查验。"

《中华人民共和国文物保护法实施条例》第四十八条规定："文物出境展览的承办单位，应当在举办展览前6个月向国务院文物行政主管部门提出申请。国务院文物行政主管部门应当自收到申请之日起30个工作日内作出批准或者不批准的决定。决定批准的，发给批准文件；决定不批准的，应当书面通知当事人并说明理由。一级文物展品超过120件（套）的，或者一级文物展品超过展品总数的20%的，应当报国务院批准。"

《文物出境展览管理规定》第十八条规定："出境展览的文物出境，应持国家文物局的批准文件，向文物进出境审核机构申请，由文物进出境审核机构审核、登记，并从国家文物局指定的口岸出境。海关凭国家文物局的批准文件和文物进出境审核机构出具的证书放行。出境展览的文物复进境，应向海关申报，经原文物进出境审核机构审核查验后，凭原文物进出境审核机构出具的证书办理海关结项手续。"

《文物进出境审核管理办法》（文化部令第2号）第二条规定："国家文物局负责文物进出境审核管理工作，指定文物进出境审核机构承担文物进出境审核工作。"第三条规定："文物进出境审核机构由国家文物局和省级人民政府联合组建。省级人民政府应当保障文物进出境审核机构的编制、办公场所及工作经费。国家文物局应当对文物进出境审核机构的业务经费予以补助。"

根据以上规定，文物出境展览涉及的审批部门有：

（1）国家文物局，负责文物出境展览的行政许可事项审批。

（2）国务院：出境展览的展品中一级文物数量超过120件（套），或一级文物数量超过文物展品数量20%的，报国务院批准。

（3）文物进出境审核机构：文物出境展览，应当在文物出境前依法报文物进出境审批机构审核。

（4）海关：文物进出境审核机构审核允许出境的文物，在出境时由海关实行监管。在收到文物出境申报后，海关查验文物出境标识，凭文物出境许可证放行。

3. 文物出境展览的年度申报及项目报批程序

为了便于对文物出境审批的管理，国家文物局建立了报批程序，主要包括年度文物出境展览计划的申报及出境展览项目的报批程序。

（1）年度文物出境展览计划

根据《文物出境展览管理规定》的规定，国家文物局指定的从事文物出境展览的单位，各省级文物行政部门以及境内文物收藏单位，应在每年的5月底前向国家文物局书面申报下一年度文物出境展览计划。地方各级文物行政部门所辖的文物收藏单位的出境展览计划，应经省级文物行政部门提出意见后报国家文物局。国家文物局应于每年的6月底前制定并公布下一年度全国文物出境展览计划。

（2）出境展览项目的报批

文物出境展览的承办单位应在展览项目实施的6个月前提出项目的书面申请报国家文物局审批。目前，国家文物局已开通"文物出境展览许可"的线上申报，举办单位可在线申报出境展览项目。

图5-4 "文物出境展览许可"线上申报

博物馆等举办单位在出境举办文物展览时需向国家文物局提交如下材料[①]：

① 办展请示；

② 展览方案、大纲；

③ 展览协议书草案（办展单位与外方的展览协议应草签，以示双方对此协议的认可）；

④ 汇总登记表；

⑤ 展品申报表；

---

① 全国一体化在线政务服务平台、国家文物局综合行政管理平台 http://gl.ncha.gov.cn/#/admin-license/exit-permits?id=56016&type=%E6%96%87%E7%89%A9%E5%87%BA%E5%A2%83%E5%B1%95%E8%A7%88%E8%AE%B8%E5%8F%AF&hasZxbl=1。

⑥ 展品目录及估价；

⑦ 馆方文物安全状况评估；

⑧ 场馆考察报告（首次举办或三年未举办者）；

⑨ 展览邀请函（外方提供的邀请函应附有中文翻译）；

⑩ 合作方介绍、资信证明（外方提供的外方资信证明附有中文翻译）；

⑪ 标准设施报告（外方提供的标准设施报告应附有中文翻译）；

⑫ 全部展品目录；

⑬ 藏品真实性及来源合法性证明（如拟出境展览中有外方文物参展，应由外方提供展品的真实性和来源合法性证明）；

⑭ 电子文档。

4. 展览的文物的相关要求

根据《中华人民共和国文物保护法》《中华人民共和国文物保护法实施条例》《文物出境展览管理规定》及《关于规范文物进出境展览审批工作的通知》的相关规定，并非所有的文物都可以安排出境展览，我国对出境展览的文物有明确的要求。出境展览要避免选用博物馆基本陈列（含原状陈列）中的文物，特别是核心文物出境展览，切实维护基本陈列（含原状陈列）的完整性。具体如下：

（1）禁止出境展览的文物

禁止出境展览的文物有：古尸；宗教场所的主尊造像；一级文物中的孤品和易损品；列入禁止出境文物目录的；未定级文物；未在国内正式展出过或未在国内报刊公开发表的文物；其他保存状况差不适宜出境展览的文物；处于休眠养护期的文物。

（2）限制出境展览的文物

以下文物限制出境展览：简牍、帛书；元代以前的书画、缂丝作品；宋、元时期有代表性的瓷器孤品；唐写本、宋刻本古籍；宋代以前的大幅完整丝织品；大幅壁画和重要壁画；唐宋以前的陵墓石刻及泥塑造像；质地为象牙、犀角等被《濒危野生动植物物种国际贸易公约》列为禁止进出口物品种类的文物。

（四）出境展览文物的出境及运输

经国家文物局批准出境展览申请后，文物收藏单位应当持国家文物局的批准文件，向文物进出口审核机构审核并登记，从国家文物局指定的口岸出境。海关凭国家文物局的批准文件和文物进出境审核机构出具的证书放行。根据我国相关规定，出境展览文物的承办方对出境展览的文物应当估价投保，所投保险种至少应包括财产一切险和运输一切险，用以应对在运输途中以及出境展览期间所无法预见到的风险。

出境展览的承办单位应当严格按照技术规范的要求对出境文物进行包装。如包装公司承担文物出境展览的包装工作时，包装公司应具备包装中国文物展品的资信和能力，承办单位负责对包装工作进行监督和指导。由于出境展览需伴有长途的运输，因此对于出境展览的文物的运输应当由具备承运中国文物展品的资信和能力的运输公司承担。承办单位负责对运输工作进行监督和指导。同时，承办单位应当保证文物出境展览的点交应当在符合文物保管条件和安全条件的场地进行，且点交现场应当采取有针对性的安全保卫措施，点交主体应当严格规定点交流程并详细记录点交全过程。

（五）文物出境展出

由于境内文物经批准后出境展出，则文物出境展览的承办单位应确保境外展览的场地、设施和方式符合中国文物陈列的安全要求，且根据规定，制作展览图录的照片原则上由出境展览的承办单位提供，不得允许外方合作者自行拍摄。重要文物展览的电视和广告宣传需要摄录展品的，由出境展览的承办单位根据《文物拍摄管理暂行办法》的规定执行。

根据《文物出境展览管理规定》的规定，文物出境展览除应当履行相应的报批、审核等程序外，出境展览的文物收藏单位及主管机关应当派代表团参加展览开幕活动，并配备工作组参与展品点交，监督和指导陈列的布置和撤除，监督展览协议书的执行情况。根据展览工作的需要，展览承办单位应派出工作组评估境外展览的场地和设施是否符合中国文物陈列的要求。根据规定，文物出境展览工作人员应热爱祖国，维护国家的主权和利益，维护民族尊严，严格遵守外事纪律，熟悉展览及展品情况。工作组应由具有中级以上专业技术职务的人员（或从事文物保管等工作五年以上的人员）参加。大型文物展览工作组组长应由具有高级专业技术职务的人员担任。出境展览的承办单位应当为文物出境展览工作人员在境外工作期间安排人身安全及紧急医疗保险。

（六）出境展览的期限、复进境及结项

根据《文物出境展览管理规定》的规定，文物出境展览的期限不得超过1年。因特殊需要，经原审批机关批准可以延期；但是，延期最长不得超过1年。出境展览的文物复进境，应向海关申报，经原文物进出境审核机构审核查验后，凭原文物进出境审核机构出具的证书办理海关结项手续。文物出境展览的承办单位应于展览结束之日起2个月内向国家文物局提交文物出境展览结项备案表、结项报告及展览音像资料。

二、文物入境展览合规管理

近些年来，中国与国际以及各国家的交流与合作愈来愈密切，越来越多的外国藏品来到了中国进行展出，促进了世界文明的发展。2010年国家文物局制定了《文物入境展览管理暂行规定》，通过明文的方式对文物入境展览进行规制。

（一）文物入境展览的界定

根据《文物入境展览管理暂行规定》的规定，文物入境展览，是指文物系统的博物馆等文物收藏单位（以下简称举办单位），利用外国及中国香港、澳门特别行政区和中国台湾地区博物馆提供的文物，在境内举办的公益性展览。文物入境展览应当符合中华人民共和国法律法规和政策，及国际组织关于保护文化财产及促进国际交流的公约规范。通过该界定可知，有权申请文物入境展览的主体必须为文物系统的博物馆此类文物收藏单位，且在我国境内进行的展览必须合法、合规且必须具有公益性，方可向我国相关主管机关申请入境展览。

（二）文物入境展览的主管机关

1.国家文物局

文物入境展览的主管机关有国家文物局，负责全国文物入境展览工作，其主要职责在于：（1）制定文物入境展览管理的政策和规定；（2）审核文物入境展览项目；（3）监督、协调文物入境展览项目实施。

2.省级文物行政部门

与文物出境展览相同，由承办本次展览的承办方所在地的省级文物行政部门负责本行政区域文物入境展览的管理，履行以下职责：（1）监督文物入境展览管理政策和规定的执行；（2）核报文物入境展览项目；（3）监督、协调文物入境展览项目实施；（4）核报展览协议书及展览结项材料。

（三）文物入境展览申请与审核

1.初审

根据《文物入境展览管理暂行规定》的规定，承办境外文物入境展览的承办方应当在本次入境展览项目实施前3个月内向省级文物行政部门提交申请。省级文物行政部门对其所提交的"（1）文物入境展览申报表（包括文物入境展览展品目录及展品登记表），纸质和电子文档各一份；（2）展览协议书草案（包括展览的名称、时间、地点、展品目录，及展品安全、保险、点交、运输、知识产权的使用与保护，境外来华人员、展览相关费用等，双方的权利和义务），纸质和电子文档各一份；（3）文物提供方出具的证明文物真实性和来源合法性的法律文件；（4）展览举办各方的有关背景资料、资信证明"等申请材料进行初审。初审单位应当及时做出初审意见，初审意见应当包括展览缘由，主（承）办单位，展览名称、时间、地点，展品数量，展品保险估价，筹展及人员费用，入境口岸等内容，及联系人、联系方式。

2.审核与备案

初审同意后，报国家文物局审核。根据规定，如果文物入境展览展品涉及《濒危野生动植物种国际贸易公约》所规定的濒危物种制品的，申报时应当附具国家有关部门的批准文件。经核准的文物入境展览协议书草案、展品目录等，如需修改或者变更的，应当重新履行报审手续。

此外，举办单位应当于展览协议书签订之日起1个月内，将协议书副本报省级文物行政部门审核，并报国家文物局备案。

（四）文物入境展出

文物经省级文物主管机关初审、国家文物局审核备案后，文物收藏单位应当根据本国文物出境展览的相关规定持相应手续，根据法律法规的规定出境，根据我国相关法律法规的规定文物入境展览的展品进境，举办单位应持国家文物局的核准文件，由指定的文物进出境审核机构审核、登记，并从指定的口岸进境。入境展览的文物复出境，应向原进境口岸申报，经原文物进出境审核机构审核查验后，办理海关手续。而举办单位应当负责入境展品的安全，并确保展览的场地、设施和展示方式符合文物展览的要求。

（五）文物入境展览结项及备案

举办单位应于展览结束之日起2个月内，将展览结项备案表、结项报告及相关音像资料，报省级文物行政部门审核，并报国家文物局备案。如果举办单位未及时报送文物结项备案表和结项报告，国家文物局根据情节轻重，给予警告或暂停举办等处分。

第六章

博物馆文创产品合规管理

【本章内容概览】

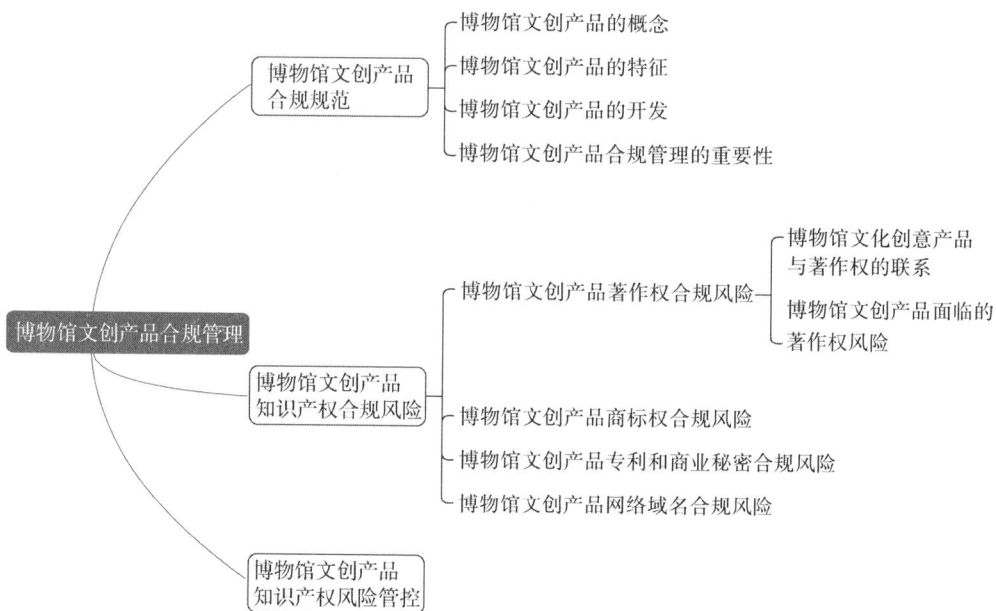

博物馆文创产品合规管理

├─ 博物馆文创产品合规规范
│   ├─ 博物馆文创产品的概念
│   ├─ 博物馆文创产品的特征
│   ├─ 博物馆文创产品的开发
│   └─ 博物馆文创产品合规管理的重要性
│
├─ 博物馆文创产品知识产权合规风险
│   ├─ 博物馆文创产品著作权合规风险
│   │   ├─ 博物馆文化创意产品与著作权的联系
│   │   └─ 博物馆文创产品面临的著作权风险
│   ├─ 博物馆文创产品商标权合规风险
│   ├─ 博物馆文创产品专利和商业秘密合规风险
│   └─ 博物馆文创产品网络域名合规风险
│
└─ 博物馆文创产品知识产权风险管控

众所周知，博物馆里的藏品往往蕴含着丰富的创作元素。文创产品无疑是当代博物馆日常经营活动中，最引人关注和最受欢迎的部分。因此，博物馆文创产品的合规管理就显得尤为重要。

第一节　博物馆文创产品合规规范

近年来，博物馆文创产品的侵权现象频发，博物馆文创产品的合规化管理显得尤为重要。在明确博物馆文创产品的概念、特征和类型的基础上，了解博物馆文创产品的开发和运作流程，在此基础上有针对性地完善文创产品的合规管理规范，才能达到有效保护文创产品不被侵犯的目的。

一、博物馆文创产品的概念

说到博物馆文创产品，不得不先分析其上位概念"博物馆文化产品"。所谓"博物馆文化产品"是由博物馆藏品和展览衍生出来的一系列具有纪念意义的文化商品，往往承载着与博物馆主体相关的历史、科学、文化信息，既体现了地方特色、文化个性和艺术品位，又可以发挥科学普及的功能。博物馆文化产品一般分为四大类：典藏仿制品类，如秦始皇兵马俑仿制纪念品；出版品类，如博物馆科普读物；体验活动类，如某丝绸博物馆专门为参观者开放的印染体验工坊；创意品类，即本章即将多次提到的"文创产品"。

博物馆文创产品，又称"博物馆创意型文化产品"[1]，是指依靠创新设计理念和运用现代科学技术开发出来的一种博物馆文化产品。与传统博物馆文化产品不同，文创产品兴起于近几年，其内容和形式都更加丰富多样，以创新为中心，把有自身文化特色的元素融入新研发的产品中，不仅具有传统博物馆文化产品的纪念意义，还更多体现了文化个性和艺术品位，也更符合当代人的审

---

① 耿超、刘迪、陆青松、彭志才、鲁鑫：《博物馆学理论与实践》，科学出版社 2018 年版，第 263 页。

美和消费习惯。

文创产品在当今社会可谓炙手可热，最耳熟能详的莫过于故宫博物院旗下的各种文化创意产品。据悉，故宫博院文创产品早在前几年，年销售额就超过了15亿之多，真正实现了让文物"活"起来，让文物更深入人心。

图6-1　敦煌博物馆系列书签　　　　图6-2　故宫博物院创意书签

二、博物馆文创产品的特征

一般而言，博物馆文创产品具有以下几个特征：

（一）创新性

"文创"一词最早起源于20世纪60年代，彼时的欧美发达国家已经基本完成工业化进程，开始向高端制造业及现代服务业转变。而"文化创意"恰好满足了当时欧美社会转型升级的需求，以文化创意来满足提高工业产品的附加值，充分挖掘工业产品的溢价空间。[①] 对于博物馆文化而言，"博物馆文创"完美地将原本枯燥、古老的历史文化"具象化"，利用现代技术和独特创意，固定成既满足于现代人审美需求、又富含文化底蕴的产品。因此，"创意"是博物馆文创产品的重中之重，创新性是博物馆文创产品的本质特征。

（二）文化性

博物馆文创产品，自然离不开"文化"这一根本，"以文化为根"是博

[①] 王磊：《探索文创内容运营模式创新路》，载微信公众号"苏报智库"，2020年9月24日。

物馆文创产品创作的基本原则。博物馆文创产品"文化性"体现在其不仅承载着博物馆本身设定的特定形象，还往往丰富了人们精神文化上的需求。纵观市面上诸多的博物馆文创产品，笔者发现越来越多的文创产品，在创新形象的同时更注重突出博物馆文化底蕴，在赋予文化内涵的同时，还更符合现代人的审美，迎合了越来越多"九〇后""〇〇后"等消费主力军的品位。

（三）教育性

与其他普通交易类商品不同，博物馆文化产品往往更具备教育意义，这也是由博物馆的职能所决定的。博物馆本身就承担着研究、传播历史文化、教育公众等社会职能，而博物馆文化产品作为博物馆教育功能的延伸，使游客可以实现"带博物馆回家"的目的，人们可以将这些具有文物符号的产品带回家细细品味、观赏，甚至可以融入我们的日常生活之中。因此，"教育性"这一基本特征也深深烙在了博物馆文创产品的中心思想中。

（四）宣传性

博物馆文创产品，往往是博物馆最好的名片。以大家熟知的故宫博物院、敦煌博物馆而言，故宫博物院以"紫禁出行　紫禁生活美学"为主题，推出了一系列产品，包括口罩、帆布包、日常摆件等，这些日常所用的生活用品带着故宫的形象文化与历史元素，走进了人们日常生活的同时，更大大地将故宫博物院的历史、文化、科学传播到千家万户。再比如敦煌博物馆，其以"敦煌风尚　出游佳品"为主题，推出了还原壁画故事的"九色鹿晴雨伞"等，伞面上还原了敦煌壁画的主要情节，配色精美情节完整，不仅美观实用，且传播了敦煌特色文化，起到了不小的宣传作用。

（五）品牌性

品牌将博物馆文创产品赋予了商品的符号，文化创意产品创造的是无形资本，积累的是品牌效应。因此，品牌是代表博物馆和博物馆文化产品的符号，也正是品牌将博物馆文创产品从其他文化产品中区分出来。

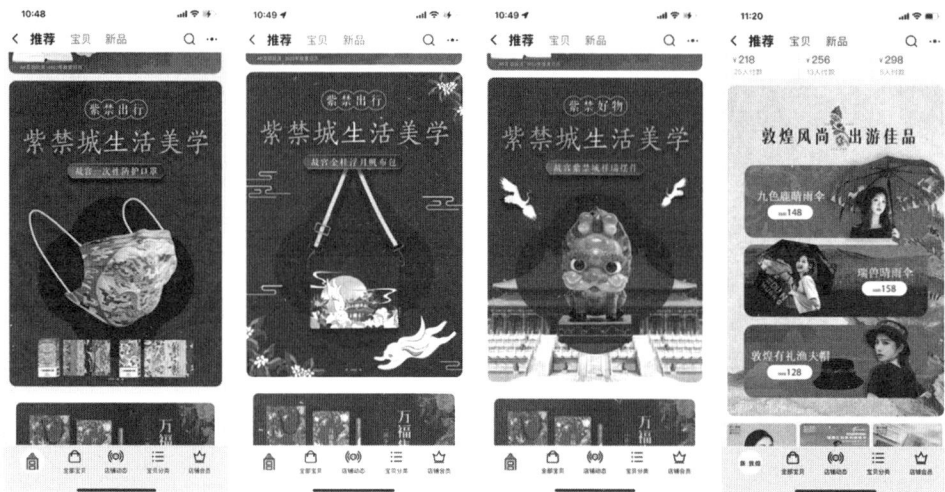

图6-3　文创产品宣传作用展示组图

（六）知识产权性

由于文化创意产业的核心生产要素是创意、信息、知识、技术、文化等无形资产，而这些恰恰也是知识产权的内涵，因此，博物馆文创产品的知识产权性显得尤为重要。如果博物馆文创产品失去知识产权的保护，将会面临被随意复制、盗版的混乱局面，整个产业也将面临生存和发展的危机。因此加强知识产权保护是发展博物馆文创产品的必由之路。

（七）公益与经济更完美结合

当博物馆文创产品承继着博物馆文化产品的诸多特性时，笔者认为与传统文化产品相比，博物馆文创产品能够做到将公益与经济更完美结合。在众多博物馆中，博物馆藏品汇聚了中华传统文化中的精华，而文化创意产品正是博物馆弘扬优秀传统文化的最佳载体。各种形式的文化创意产品将博物馆与民众生活相连接，将独特的参观体验渗透到日常生活中，使民众与博物馆的交流在日常生活中不断持续。文创产品在生活中频频出现，也让更多潜在参观人群了解认识博物馆，促进了博物馆文化传播功能的发挥；文化创意产品在社会教育目标上也发挥着重要作用，人们在驻足浏览和欣赏把玩文创产品的同时，历史、工艺、审美等知识在无形中传递，从这个意义上说，文创商店和博物馆展厅发挥着同样的作用，成为博物馆的展厅之一。公众选购文创产品的行为在一定程度上表达了对博物馆的认同和对参观体验的满意度，欣赏、把玩、挑选等活动为参观者的自我表达提供机会，增强了观众的主动性与参与感。

总之，越来越多的消费者愿意为创新的博物馆文创商品买单，博物馆普及文化知识的能力也越来越深入。通过这种方式，文创产品经营所得能够进一步提升博物馆自身造血能力，为博物馆公益事业健康可持续发展提供了充足的资金补充。而当博物馆资金充裕、可持续发展动力强大时，博物馆就得到了更加稳定和长远的发展，其教育大众的公益性就又能够继续得以充分实现。因此不得不说，博物馆文创产品比任何文化产品都更完美地诠释了"公益与经济"的平衡。

三、博物馆文创产品的开发

博物馆创意型文化产品的开发，往往是与博物馆宗旨、功能相吻合的，必须坚持社会效益第一、兼顾经济效益的原则，突出博物馆社会教育的作用，体现博物馆文化传播的职责。因此，博物馆文创产品的开发，在遵循一般产品所应当具备的美观和实用原则基础上，还应当遵循一些特殊原则。

（一）文化内涵与时代化相结合的原则

博物馆文创产品必须以本馆的特色文化为一切创意的来源。只有具备了文化内涵，博物馆文创产品才能拥有其生命力。博物馆作为开发主体，其开发文化创意产品拥有先天的优势，即每个博物馆都有自己独特的历史文化遗物，只有根据这些文化遗物及自身特点，找准文化内涵，才能成功创造出具有"灵魂"的文化创意产品。

博物馆里的藏品或有故事性，或有与众不同的文化内涵。因此，在开发的过程中一定要重视挖掘藏品背后的故事。如敦煌博物馆设计出的一系列以壁画故事为主题产品，如"九色鹿""敦煌瑞兽"等卡通形象，就是挖掘了敦煌壁画中的故事和古老传说设计出来的。在设计产品之前，设计师往往会先翻阅典籍，详细了解相关背景、考察壁画上的图案，然后对壁画中的形象采用更现代的手法，来进行刻画，将"九色鹿""瑞兽"表现得更加色彩斑斓、憨态可掬，赋予了古老形象以全新的面貌。

而所谓时代化，是指博物馆文创产品的开发要体现符合时代的需求和文化特征。每个时代都有属于自己时代的文化，每种文化都有自己所归属的时代。如明代文物有简约而优雅的特征，而清代的文物则是趋向繁复的特征；原始社会的生活俭朴，而现代生活个性十足、夸张幽默。随着社会生活环境的变化，人们的思想和社会心理特征也会发生变化。拿故宫博物院举例，其之所以能够成为引领博物馆文创产品的潮流，正是瞄准了新时代的年轻人已经成为现代社会的主力军，挖掘符合他们审美情趣的博物馆文化创意产品，从而大获成功。故宫博物院的纪念品中，可爱的Q版故宫猫、宫廷格格，都十分受年轻人的喜爱。

因此，博物馆文创产品的开发不仅要符合当下消费主力军的文化思想，同时对于馆藏特色的传统文化传承也是博物馆文创产品开发的根本生命力。但是，只有在吸收和借鉴传统文化内涵的基础上创造出新的形式，并与时代紧密结合的文创产品，才能被消费者更广泛地接受。

（二）美观性与实用性相结合的原则

和普通商品一样，"美观"往往也是吸引消费者购买文创产品的主要原则之一，人类普遍具有对于美的本能追求，文化产品是在满足人们物质需求之后所追求的精神产品。博物馆是高雅的文化艺术殿堂，博物馆开发的文化产品必须也应当与其自身的文艺属性、身份相适应，哪怕是一件小物件的开发创作，都应当做到设计优美，制作精良。国外许多博物馆的文化商品，不管是否名贵，都是经过精心设计制作的，不仅设计优美，还可以给人以美的熏陶和精致典雅的印象。

当然，文创产品如果能够在设计精美的同时，具备相当的实用价值，那无疑会更大程度地增加对消费者的吸引力。参观博物馆的观众往往要求文创产品在具有纪念意义和审美功能的前提下，还能拥有更具备实用意义的价值。在博物馆文创比较成功的典型案例中不难发现，众多与生活日用品、文化用品相关的兼具实用性的文创产品，往往都备受欢迎。

（三）主题性与系列化相结合的原则

文化创意是一个系统，创意开发者只有将创意的主题与系列的产品连贯起来，才能开发出更受游客关注和欢迎的文创产品。博物馆的主题，是博物馆文化产品得以长期存在的关键，因此对于博物馆文创产品而言，只有提供不断创新的文化主题，紧跟市场潮流，加强市场调研，才能保持文创产品对游客的持续影响力。

博物馆的种类繁多，每一种类型的博物馆都有不同的内涵藏品、不同的展出方式，所吸引的特定观众群也有所不同。一个富有创意的主题，是观众对藏品获得难忘回忆的关键步骤。在主题性的基础上，博物馆文创产品的开发还应当努力系统化，即将一个题材的文创产品，以不同的表现形式、冠以不同的创意加以多次利用，开发出来同一题材、不同系列的产品，如故宫博物院的"故宫猫"系列。

系列化主题的博物馆文创产品，在功能、创造元素、色彩、结构和材质上具有很强的协同关联性，不仅容易引起消费者的注意，更有利于主题元素的推广，主题元素在游客的视线中重复出现，可以增强游客对于该主题或元素的注意力。另外，功能的不同也使得这样的产品对比单一产品更能满足不同消费者的需求，无疑更有利于博物馆文化的传播，拓宽了文创产品的销售渠道。最后，系列化产品显然更有助于产品的深度挖掘和广度拓展，完善文创产品的系列化与主题化，深度挖掘了文创产品的卖点，在文创产品的推广上也更容易有的放矢。

四、博物馆文创产品合规管理的重要性

"合规"作为一个新兴的域外学术概念，在国内学术界已然形成一股全新的浪潮。"合规"之规的范围也从国内法和商业伦理规则，上升到"规则的疏密与企业可能面临的制裁风险成正比"[①] 的高度上。"合规"在法学领域往往

①李本灿：《我国企业合规研究的阶段性梳理与反思》，《华东政法大学学报》2021年第4期。

是公司法领域研究的内容，旨在探索公司内部的自律机制。而博物馆作为非营利性机构，为了更好地发展提高生存实力和核心竞争力，良好的自治机制、合理的组织构架以及提高对风险的识别能力等合规管理是必不可少的。而博物馆的合规重中之重，就是对博物馆文创产品的合规管理。

近些年来，博物馆文创产品通过文物复制品、博物馆出版物、馆藏文物数字化等多种形式开发和推广，填补了公众对于精神文化层面的需求和认知方面的不足，也相应带来了较大的经济效益和文化效益。但我国博物馆文创产品较国外而言发展较晚、发展速度较慢、发展不平衡，知识产权得不到保护而争议频发。因此，如何在博物馆文创产品开发过程中有效保护权益受损方的正当利益，促进博物馆文创产品行业健康发展，正逐渐成为其面对的主要问题，也是包括故宫博物院在内所有文创产品开发者都必须面对的合规问题。

（一）博物馆文创产品开发的知识产权受到侵犯的案例频发

根据博物馆文创产品的种类和表现形式，博物馆文创的知识产权问题主要包含著作权、商标权、专利权等几个方面。近些年来，以故宫博物院为首的博物馆展出形式和产品模式越来越多样化，越来越多的出版物、手办、周边产品层出不穷，而这些文创产品受到侵犯的事件也越来越多。

甘肃省博物馆就以其馆内"镇馆之宝"铜奔马为主题，开发了一套做着体操造型的"神马来了"系列"小绿马"玩偶。一时间，"小绿马"以其"丑萌"的形象火热出圈。这一玩偶的火爆更是带动了"绿马附体""一马难求"等谐音梗词语冲上热搜。"小绿马"的设计创意来源于甘肃省博物馆的"镇馆之宝"——铜奔马，也就是大众所熟知的"马踏飞燕"。这一文创产品的出炉凝结着博物馆创作团队成员的大量精力和投入，"马踏飞燕"不仅是甘肃省博物馆的代表性文物，更是中国旅游的标志。而正当文创人员在喜悦中加班加点补货"小绿马"时，一些不法商家趁机在电商平台上售卖盗版产品，多家店铺盗用官方旗舰店的产品介绍图，上架售卖低价的同款"小绿马"，并且宣称"现货秒发""量大从优"，销售量达10万件以上。对此，甘肃省博物馆发布官方声明，明确"小绿马"的官方销售渠道仅限三个，且将采取法律手段维护自己的合法权益。文创产品承载着厚重的历史文化底蕴，因其轻量化和创意化等特征，在文化传播中甚至发挥着比文物本身更为独特的作用。与"小绿马"事件类似的侵权行为和案例在近些年屡见不鲜，对文创产品不经官方授权的肆意复制、以"同款"之名获取大量市场，对博物馆本身造成了直接经济损失，更打击了原创者动力。

作品追溯其源，是人的"创意"的结晶，是人的"思想的表达"。博物馆也需要灵感和人的创作赋予其新的生命。那么这时候，博物馆文创产品在知识产权层面所面临的合规风险就更大。比如，故宫博物院曾因"院徽标识"的征集活动，而陷入多起纠纷。不论胜诉或败诉的结果，如果博物馆能在文创产品的创新源头就意识到知识产权合规的管理，那么类似的相关诉讼可能会有所减少。

（二）博物馆文创产品开发的授权、监管等力度不够被重视

再次以故宫博物院为例，2018年3月22日，故宫博物院淘宝网文创旗舰店推出了首款"宫廷"娃娃文创产品，受到了网友的追捧，一天内销售量、收藏量达到了700多。但随后争议之声随之而来，眼尖懂行的网友发现此款故宫娃娃与日本知名品牌AZONE出品的娃娃有很大的相似程度。针对争议，"故宫淘宝"发布说明称：娃娃头部外观是故宫淘宝设计师原创手绘，历时3年开模打样，才磨合成功，形象独一无二，市面上不可能有同款。娃娃的服饰、头饰、花盆鞋也是故宫淘宝设计师原创设计的，享受知识产权，而娃娃身体部分为合作工厂提供。因此由故宫方面授权的娃娃由于合作厂家对于娃娃身体的设计存在可能的侵权行为，出于对知识产权的尊重，发现问题的当天下午，故宫就果断停止销售并将已售出的娃娃召回，无条件退款并"感谢大家对故宫淘宝的监督"。

此案例充分说明了以故宫博物院为首的一大批博物馆在运行的过程中，常常在文创产品开发过程中授权和监制上出现问题，导致产品开发失败，在舆论中损害了故宫博物院文创产品的形象，造成了信誉和经济方面的损失。虽然故宫博物院在面对争端时的做法相对得当，也处理及时，但这无疑给博物馆的运

营敲响了警钟：在今后的文创产品授权和监制过程中一定要注意寻找合适的合作伙伴，重视授权企业的实力、信誉等多方面问题，同时还要监制到位，提高知识产权合规管理的意识，避免类似问题再次出现。

（三）文创产品的保护得到越来越多的重视

2007年，世界知识产权组织公布了《博物馆知识产权管理指南》，指南介绍了与博物馆有关的知识产权问题，这些知识产权包括版权、商标权、专利权、网络域名和工业设计。2013年新版的《指南》对知识产权的分类进行了修改，将专利权扩充为专利权与商业秘密，网络域名则扩充为网络域名与其他与社交媒体相关的标识形式。2015年3月20日，国务院颁布了《博物馆条例》，标志着我国博物馆行业第一个全国性法规文件正式出台。该条例首次明确提出，博物馆在不违背其非营利属性、不脱离宗旨使命的前提下，可以开展经营性活动，并鼓励博物馆文化产品开发与经营。

有序开放文物资源信息，合理开展文物资源授权使用工作，2019年，国家文物局组织编制了《博物馆馆藏资源著作权、商标权和品牌授权操作指引》（以下简称《指引》），规划了博物馆馆藏资源著作权、商标权和品牌授权操作路线图。参照国际以及相关国家的普遍做法，严格遵照中国关于知识产权保护、博物馆管理等相关法律法规要求编制，具有普遍适应性，符合我国具体实情，为各馆在知识产权授权、运营过程中提供可参考交易规则进行指导。

第二节　博物馆文创产品知识产权合规风险

知识产权是"基于创造成果和工商标记依法产生的权利的统称"。《中华人民共和国民法典》第一百二十三条规定："民事主体依法享有知识产权。知识产权是权利人依法就下列客体享有的专有的权利：（一）作品；（二）发明、实用新型、外观设计；（三）商标；（四）地理标志；（五）商业秘密；（六）集成电路布图设计；（七）植物新品种；（八）法律规定的其他客体。"（《中华人民共和国民法典》，第一编总则，第五章民事权利，第一百二十三条。）实践中针对博物馆文创产品的知识产权合规管理，包含了文创产品在著作权领域、商标领域、专利领域以及商业秘密领域等多方面的合规内容。

一、博物馆文创产品著作权合规风险

如前文所述，文创产品归根结底属于文化产品的一种，而当代文创产品的作品中又多包含创作者奇妙的"巧思"与独特的"创意"，这就与著作权法中"作品"的定义相吻合。因此，提到文创产品的知识产权合规风险，首先应当防范和提请注意的就应当是博物馆文创产品的著作权合规风险。

（一）博物馆文化创意产品与著作权的联系

博物馆文创产品是博物馆在馆藏资源的基础上，提取文化元素进行再创作而产生的新作品，博物馆的创新行为涉及原始藏品和再创造的文创产品两个对象。因此要想厘清博物馆文创产品的著作权问题，应当分别探析博物馆藏品与著作权的关系及新创作的文创产品与著作权的关系。[①]

博物馆进行文创产品的开发往往都是在原始藏品的基础上进行的，是对原始藏品的再创作，藏品与著作权联系的明晰是厘清博物馆文创产品著作权问题的基础和前提。博物馆对其原始藏品具有所有权，但并不意味着其对藏品同样拥有著作权。博物馆要想在原始藏品的基础上再创作，首先要保证具有再创作的权利即相应的著作权，只有博物馆拥有某个藏品的著作权，才有权利进行新的创作。博物馆原始藏品可分为已过著作权保护期的藏品和尚在著作权保护期内的藏品。著作权的保护是有期限的，根据我国《著作权法》第21条关于著作权保护期限的规定，发表权及著作权的财产性权利在作者终生和死后五十年内受到保护。对于已过著作权保护期的文物类藏品，该藏品著作权已经进入公共

---

① 胡卫萍、刘靓夏、赵志刚：《博物馆文化资源开发的产权确认与授权思考》，《重庆大学学报（社会科学版）》2017 年第 4 期，第 103–110 页。

领域，不再受著作权法的保护，也就不会引起文创产品的著作权纠纷；对于仍在著作权保护期限内的藏品，要分清博物馆是否拥有对该藏品的著作权，对拥有著作权的藏品博物馆当然可以在此基础上进行再创作，但对于博物馆不具有著作权的藏品，博物馆进行创作须经著作权人同意，否则就会构成著作权侵权。

博物馆对原始藏品的再创作已经不同于传统上博物馆为了更好地展览和保存对藏品进行的简单的复制或临摹行为，后者不产生新的作品，博物馆的复制和临摹行为也属于合理使用的范围。但是博物馆对原始藏品的再创作行为是赋予了文创产品新的思想内涵，是创作者精神风貌和价值观念的新的外在表达，相对于原始藏品来说是一个独立的新作品。博物馆文创产品作为新的作品势必存在着著作权的权属及使用问题，在创作过程中，不同的开发方式又会产生不同的著作权归属问题，加之博物馆特殊的公益性质及体制机制，博物馆文创产品的著作权归属及使用问题显得尤为复杂，厘清博物馆文创产品著作权权属及使用的问题，是博物馆开发文创产品和发展文创产业的关键。

（二）博物馆文创产品面临的著作权风险

1. 博物馆许多原始藏品的著作权不清楚导致的文创产品著作权模糊不清

首先，博物馆原始藏品是博物馆开发文创产品的基础，原始藏品著作权不清晰会阻碍博物馆对其进行创新创作，这样就会导致无法将文化资源转化为经济价值。博物馆藏品来源复杂，主要分为旧藏文物和购买、捐赠而来的文物艺术品。一般而言，旧藏文物往往是已过著作权保护期限的文物作品，对其的使用和再创作并不会引起著作权的纠纷。但是对于购买和捐赠而来的文物艺术品，著作权归属问题往往较为复杂，有些已过保护期限，有些未过保护期限，少量存在著作权人不明的状况，也就是我们常说的"孤儿作品"。对于已过保护期的藏品同旧藏文物一样不存在著作权归属的纠纷，但是对于仍在保护期限内的藏品，博物馆在购买或接受捐赠的时候，往往并未约定藏品的著作权归属及相关使用问题。在早期博物馆仅仅陈列和展览藏品的时候并不存在著作权纠纷问题，博物馆对藏品的使用属于合理使用的范围，但是随着博物馆文创产品的开发，越来越多藏品著作权问题便集中显现出来。对于购买和捐助得来的藏品的著作权归属及使用约定不清晰问题，已经成为博物馆文创产品开发面临的最主要问题，博物馆承担着侵犯藏品著作权人私益的风险。[①]

2. 博物馆文创产品因缺少地方色彩和创意，而不被著作权法所保护

其次，我国历史文化悠久，遗留下来的各类文化资源丰富，这也造就了我国现存5000余家博物馆，拥有4000余万件（套）形态各异的藏品的优势条件。由于各博物馆因其所处区域、宗旨、收藏门类等因素的不同，其馆藏藏品也各具特色，每一个博物馆都拥有其他博物馆无法复制和重现的特殊性意义。比如，故宫博物院以明清两代宫廷文物为主，表达的是明清特色文化；苏州博物馆以文人书画作品为主，表达的是苏州特色的文化；陕西历史博物馆以周秦汉唐藏品为主，表达的是周秦汉唐时期的文化特色。每一个博物馆都是一个无法代替的独一无二的文化资源宝库。

但是，博物馆在开发文创产品的过程中往往不能将自身的特色和所具有的独一无二的价值观念表现出来，呈现出设计的同质化。[②] 博物馆文创产品应当是自身馆藏特色的体现和商品化表达，而不是千篇一律地模仿，既达不到较高的创新水平，更无法达到作品独创性的要求，达不到著作权保护的条件。而且在相同种类下，不同博物馆的文创产品相差无几，比如某两地的博物馆同时开发了一种相同材质、意义相同的文创产品，这样就会构成文创产品品类上的同质化。而在此情况下，就不会出现著作权所保护的客体，及作品的"独创性"。

3. 博物馆文创产品的开发方式，导致了文创产品权属不清，博物馆丧失其著作权

当下博物馆文创产业的开发方式一般分为独立开发、合作开发、委托授权这三种模式。这三种模式各有利弊，博物馆可针对自身能力选择合适的开发模式。独立开发是博物馆依靠自身力量独立设计开发文创产品，在此种模式下，

---

① 刘鑫：《博物馆藏品再创作的著作权问题探析》，《中国版权》2016年第3期，第51-54页。
② 胡秀娟：《我国博物馆文化创意产品开发思路探析——以第八届"博博会"文创展品为例》，《文物鉴定与鉴赏》2019年第1期下，第129-131页。

并不存在博物馆文创产品著作权约定不明的情况，博物馆作为开发主体必然具有文创产品的著作权。但博物馆是对文物进行保护和展览的非营利性机构，加之我国博物馆文创刚刚起步，发展还不够成熟，绝大部分博物馆尚不具有独立开发的能力。另外，从前述故宫博物院征集院徽的活动中所产生的一系列纠纷中，我们也发现，独立开发已然不能满足博物馆文创产业日渐蓬勃发展的需求。因此，合作开发和委托授权是目前采用最多的开发模式。委托授权是将博物馆文创开发整体委托授权给他人，博物馆从中提取相应的利润，博物馆并不直接参与到博物馆文创产品的开发中去；合作开发是指博物馆与具有相应艺术创作能力的公司或其他组织合作开发文创产品，是博物馆直接参与到文创产品开发中的一种模式。

对于合作开发和委托授权往往存在再创作的博物馆文创产品著作权约定不明的问题，这直接影响了博物馆对文创产品的后期使用和销售行为。博物馆作为馆藏藏品的提供者，在合作开发和委托授权中，都需要博物馆提供相应的原始素材，这也只有博物馆具有相应的接触能力。但是，博物馆知识产权意识相对薄弱，签订合作开发或委托授权合同书时，往往出现约定不明或无约定的情形，而根据《著作权法》中委托作品著作权归属的规定，在双方约定不明或没有约定的情况下，著作权归受托人所有，如果没有经过合理的事前规划，博物馆就会因此丧失了该文创产品的著作权。

4. 文创产品的仿制现象频发

作品被假冒仿制是一件作品获得市场认可后，必然面临的问题。从风险合规的角度上来看，博物馆文创产品投入市场销售，必然会遇到同样的产品仿制假冒的问题，这也从侧面反映了博物馆藏品作为文化资源具有强大的经济价值。假冒伪造的行为主体不仅未经授权私自生产销售伪造假冒作品，而且其往往是生产力低下的作坊或个体，生产出来的仿制品质量低下、粗制滥造，这种伪造假冒的侵权行为既使权利人市场份额丢失，造成经济损失，更会给权利人造成难以弥补的声誉贬低，甚至造成权利人的商誉和消费者认可度的重创，带来难以弥补的损害。博物馆文创产品更是如此，如果受到粗制滥造的伪造侵权，势必使博物馆文创市场份额受到挤压，经济收益受到减损，甚至影响到博物馆的公众认可度，有可能进一步影响到国家文化传播和文物保护事业的公信力和影响力。

我国博物馆文创开发尚在初期，发展规划和管理制度模式等尚不成熟，大多数博物馆本身仍只是文物保护和文化传播的事业单位，不具有知识产权规划使用能力，更不具有对知识产权侵权的反制力，更没有合规防控风险的前瞻性和手段，因此才导致当下博物馆文创产品伪造假冒行为盛行，无法受到有效规制。

二、博物馆文创产品商标权合规风险

商标具有显著标识，注册商标往往是一个品牌或者产品区分于其他商品的显著性标志。博物馆文创产品往往是在其所属的博物馆范围下，创作出来的产品。其上理应加注上所属博物馆的"烙印"，使其成为独一无二的文创产品。

然而，无论是从博物馆商标的注册角度上来说，还是商标保护的整体大环境上来讲，博物馆文创产品商标权合规风险防控都显得尤为重要。

（一）目前，博物馆商标注册规定存在法律空白，这导致文创产品作为博物馆名下的商品主张商标权于法无据

商标注册规定没有明确要求注册文物保护单位名称为商标时需征求文物主管部门的意见，没有规定事前告知义务。《商标法》第三条规定："经商标局核准注册的商标为注册商标，包括商品商标、服务商标和集体商标、证明商标；商标注册人享有商标专用权，受法律保护。"《商标法》中没有明确提出"博物馆商标"的概念，没做限定条件。目前博物馆的名称多为"地名+馆名"或"人名+馆名"或"地名+事件+馆名"等。《商标法》个别条款涉及用地名作为商标，如《商标法》第十条第八款规定"有害于社会主义道德风尚或者有其他不良影响的"不得作为商标使用；第十条还规定"县级以上行政区划的地名或者公众知晓的外国地名，不得作为商标。但是，地名具有其他含义或者作为集体商标、证明商标组成部分的除外；已经注册的使用地名的商标继续有效";第十一条第三款规定"缺乏显著特征的"标志不得作为商标。《商标法》第九条:"申请注册的商标,应当有显著特征,便于识别,并不得与他人在先取得的合法权利相冲突。"此条并未强调规定:"如有冲突,应告知先合法权利人。"

显然,没有一条法律,是专门为用"地名+馆名"命名的博物馆而设,且博物馆的这种情形,从我国现行标准下的商标注册的角度上来讲,成功率极低。这也就意味着,博物馆文创产品在没有注册商标专用权的保护下,处于"裸奔"状态。

(二)注册商标准入门槛低,博物馆商标抢注现象十分活跃

《商标法》第四条规定:"自然人、法人或者其他组织对其生产、制造、加工、拣选或者经销的商品,需要取得商标专用权的,应当向商标总局申请商品商标注册。自然人、法人或者其他组织对其提供的服务项目,需要取得商标专有权的,应当向商标局申请服务商标注册。"同时,《商标法》对注册商标申请人的限制放宽,个人也能注册商标,且持有人可将注册商标进行转让和变更,职业商标注册者随之应运而生。

虽然《商标法》第四十四条第(四)款规定:连续三年停止使用的注册商标,由商标局责令限期改正或者撤销其注册商标。但是,靠打法律"擦边球"的"商标抢注人"依然活跃。一些知名博物馆的名字成为商标的背后,活跃着不少商标抢注人的身影。据悉,在83家首批国家一级博物馆中有18家博物馆名称(或简写)被企业或个人抢注为商标。[①] 而大多数博物馆却因为没有专门人员关注商标注册动态,无法及时进行维权。

但是,如果我们可以从博物馆管理的角度上,就对博物馆合规方面的风险进行预测、规避与设计,那么是不是博物馆文创产品所被保护的范围就扩大了呢?

(三)博物馆商标注册被无偿使用,博物馆机构监管乏力

商标是具有显著性的标志,博物馆名称,尤其是国家一级博物馆名称,因

---

① 高游:《我国首批国家一级博物馆商标注册法律分析》,《中国文物报》2012年12月12日,第6版。

已在社会上具有很高的知名度，不必再进行品牌营销，企业抢注直接做商标可以节省许多资金。这些节省出来的资金非但没有反哺给免费被动为商家做广告的博物馆，而且一些企业、个人用博物馆的名称注册产品或提供服务，公众朴素地认为该产品或服务与该博物馆有关。一旦产品或服务质量出现问题，就会对该博物馆声誉造成不良的社会影响。

（四）博物馆商标注册的级别和力度有待于提高

有些人普遍认为：单纯保护性注册不重要，博物馆名称已经合法登记注册，受法律保护，再作为商标注册，没有太大的意义。但是，要知道如果可以注册商标，博物馆界在知识产权的保护范围就从作品跨越到了产品、商品，这无异扩大了博物馆整体被保护的范围。

因此，从保护形式上来看，要创造博物馆的独特标识，商标品牌的创造一定要提高。博物馆商标管理有四个步骤，即创造、运用、管理和保护。创造是第一步。山东省青州市博物馆以馆藏品明赵秉忠状元卷的名称作为商标，湖北省博物馆以馆藏品曾侯乙编钟作为商标。此两家博物馆在大多数馆都立足于用馆名注册商标时，另辟蹊径，开发出一条立足于馆藏文物的独特道路，具有一定的创造性。这样一来，不仅扩大了博物馆的知名度，还保护了博物馆的相关藏品、作品的权利。

三、博物馆文创产品专利和商业秘密合规风险

2002年，加拿大遗产信息网与国家网络文化遗产行动联合举办了一次关于博物馆知识产权管理政策发展的版权城镇会议。除了版权和商标权之外，与博物馆管理密切相关的另外两类知识产权也被加入了清单之中。因此，会议确定了博物馆的四大类知识产权：

第一类，在藏品方面，例如新技术出现时最初确定的知识产权；

第二类，在学术活动方面，例如藏品信息的情境化，通常由博物馆的管理者进行记录；

第三类，在技术方面，例如专业的藏品管理方法和技术手段、博物馆专有

的html标记语言、科学的保存技术、与网络零售相关联的各种电子商务能力的商业模式；

第四类，在博物馆管理方面，例如包含博物馆会员、捐赠者和资助人信息的数据库，其与博物馆资金筹措相关的商业实践和方法，博物馆特别是非营利性博物馆的组织管理结构。

后面两点直接指向博物馆创造的知识产权，它既可获得专利，也可被视为商业机密。①

四、博物馆文创产品网络域名合规风险

网络域名是经过人的构思、选择和创造的劳动产生的智力成果，具有知识产权的一般特征，域名的持有人对其享有独占、使用、收益、处分的权利，域名的所有者在该域名内无论是开展网上商务活动，还是提供信息服务，该域名均带有较大的商业价值。因此，网络域名应该成为一种独立的知识产权，并得到法律充分的保护。

随着互联网的不断发展，越来越多的商品、经营都走进了互联网。博物馆也不例外。前文所述的博物馆领军角色"故宫博物院""敦煌博物院"等均采用了网络与实体相结合的方式。因此，互联网上的博物馆的知识产权合规风险中，文创产品的网络域名，亦即博物馆的网络域名保护也同样重要。

（一）域名抢注是"互联网＋大数据"时代下常见的现象

所谓域名抢注，又称为恶意注册和使用域名，是指域名注册人在明知或者应当知道其申请注册的域名是他人已经注册的商标或者其他企业标识的情况下，仍故意将之抢先注册为网络域名并占为己有的行为。在传统领域，商标、商号特别是驰名商标是区别商品或服务的来源和市场主体身份的标志，随着网络技术的快速普及，网络虚拟空间内存在着大量网络用户，嗅觉敏锐的商家逐渐意识到，如果将其现有的商标或其他商业标识注册为域名在网络上宣传，可

---

① ［加拿大］莉娜·埃尔斯特·潘托：《博物馆知识产权管理指南》，栾文静、陈绍玲译，中国政法大学出版社 2019 年版，第 39 页。

以进一步扩大企业的声誉和拓展业务，将给企业带来巨大的商业利益。正因为网络域名的商业价值日益增长，吸引了越来越多的商家注册域名。而当一些在传统市场上具有较强竞争力的驰名商标被他人恶意抢注，则将给企业带来巨大的利益冲击。在我国，就曾经有数以千计的著名企业和商标在互联网上被恶意抢注，1997年《中国互联网域名注册暂行管理办法》出台之后，大规模的域名抢注才被遏制，但是，直到今天，仍然时常有关于域名被抢注的案例出现。

（二）域名与商标权的冲突

现实中域名与商标权的冲突主要有三种表现形式，第一种是将他人已经注册的商标作为网络域名进行注册使用而产生的权利冲突；第二种是将他人已有的网络域名作为商标进行注册使用而产生的权利冲突；第三种是在同时拥有相同商标的两企业之间，由于类别的不同，日常生活中不会发生混同，而其中一方先于另一方将商标注册为网络域名，从而排除了另一方注册的可能性，由此发生的权利冲突。域名具有全球唯一性、非地域限制性和使用时间的无限制性，其范围辐射全球，一旦注册使用，则具有永久受保护性。而商标的严格的地域保护性和时间限制性，使得一些商标受到地域和时间的限制，无法在全球范围内得到永久的保护，因此造成了一些域名与商标发生冲突。另外，域名的注册机制与商标权的保护制度之间未建立有效的沟通和协调渠道，也是造成域名和商标权冲突进一步激化的原因。①

（三）我国对博物馆网络域名的保护存在法律空白

国务院颁布的《中国互联网络域名管理办法》和中国互联网络信息中心（CNNIC）颁布的《中国互联网络域名注册实施细则》是目前我国保护和管理网络域名的基本法律依据，另外还有2000年CNNIC颁布的《关于处理恶意占用域名资源行为的批复》《中文域名争议解决办法（试行）》以及2001年最高人民法院《关于审理涉及计算机网络域名民事纠纷案件适用法律若干问题的解释》也是处理网络域名纠纷案件的法律依据。

根据《中国互联网络域名管理办法》（下称《管理办法》）的规定，国务

---

① 张楚：《网络法学》，高等教育出版社2003年版，第140页。

院工业和信息化部是我国域名系统的管理机构，负责制定与域名有关的规章及政策，制定国家（或地区）顶级域名CN和中文域名体系，管理在中华人民共和国境内设置并运行域名根服务器的域名服务器运行机构，以及域名注册管理机构和域名注册服务机构，监督和管理域名注册活动并负责域名有关的国际协调活动。

《管理办法》及《实施细则》中明确规定，我国域名注册服务采取"先申请先注册"的原则，禁止使用他人已经在中国注册过的企业名称或者商标名称。最高人民法院《解释》对域名纠纷案件的管辖及受理条件作了规定，并明确规定行为人注册、使用网络域名时无正当理由，主观上存有恶意，并且其注册、使用的网络域名或者网络域名的主要部分，已经构成对他人驰名商标的复制、模仿、翻译或者音译，或与他人的注册商标、域名等具有相同或近似性，足以造成公众误认的，即构成侵权或不正当竞争。

虽然我国借鉴了许多国际立法，为域名的法律保护不断进行探索和尝试，这些法律依据依然存在着法律规范级别过低，效力不足，网络域名的立法体系缺乏系统，立法比较分散，对注册域名的申请人的规制不够等各种各样的问题。因此，在这一领域，对文创产品的合规管理也是十分重要的。

第三节　博物馆文创产品知识产权风险管控

文创产业蒸蒸日上，文物的研究部门、文创产品开发部门都需要大量专业人才，高校作为文化的教育和传承机构，应顺应趋势、针对社会需要与时俱进地进行教学改革，有针对性地增设相应学科、课程以及增加与博物馆等相关社会组织机构的联系，加强合作，完善教育体制机制，加快人才培养速度。博物馆本身也应该开设相关课程，聘用专业老师，建立完善教学体制，挑选优秀人才进行从业前的专业培训和指导，丰富博物馆人才体系，建立更完善的人才培养方案，为故宫博物院文创事业输送人才。同时凭借自身影响力主动与各高校合作，开设针对性较强的课程，参与毕业生人才选拔，选取针对文创产品的博物馆及法律类专业人才，找到真正懂文创产品和懂法律的人加入博物馆文创产品开发行业，进一步提升自身实力。

各地方、行业的博物馆应当身体力行，积极促进、组织博物馆文创行业相关知识产权保护机构，组织更多博物馆、纪念馆等相关文创产品开发主体加入进来，共享经验、应对方法等有用信息，并共同出台行业内法律法规条文，使得该行业更加专业化。博物馆文创产品的知识产权归属涉及博物馆学和知识产权法学两个学科，作为交叉学科，在理论和实践上都应该加强部门间的交流与合作，如果能够有真正懂法律、懂文创产品的博物馆界或法律界的专业人士管理或加入博物馆文创产品行业知识产权保护机构，一定能够有效增强博物馆文创行业的力量，丰富保护和维权手段，促进该行业的健康、可持续发展。

另外，积极实施博物馆文创产品创意开发知识产权普及教育工作，提高全社会对公共文化服务中的知识产权意识和保护意识。现阶段我国在这方面已经取得了很好的成绩，随着"知识付费"时代的来临，人们逐渐意识到了知识产权的重要性，并愿意为其付费，这对于博物馆来说具有重要意义，一方面人们会愿意为文创产品付费，能够有效刺激博物馆与企业的合作，更好地生产高质量文创产品，另一方面减少侵权案件的发生，有利于故宫博物院知识产权的保护，专心服务大众。

现如今是互联网时代，网络的应用和普及已经达到了相当高的程度，文创产品知识产权保护应该借助互联网加强教育和宣传，让大众参与保护文创产品知识产权，也在一定程度上起到了对文创产品进行推广的作用。加上手机已经成为人们日常生活中不可或缺的一部分，针对庞大的手机用户群体开发相应的APP或官方微信公众号，能够有效扩大宣传的受众群体和数量，由专业人士发表相关文章进行推送以达到教育和宣传的目的。

第七章

博物馆人员合规管理

【**本章内容概览**】

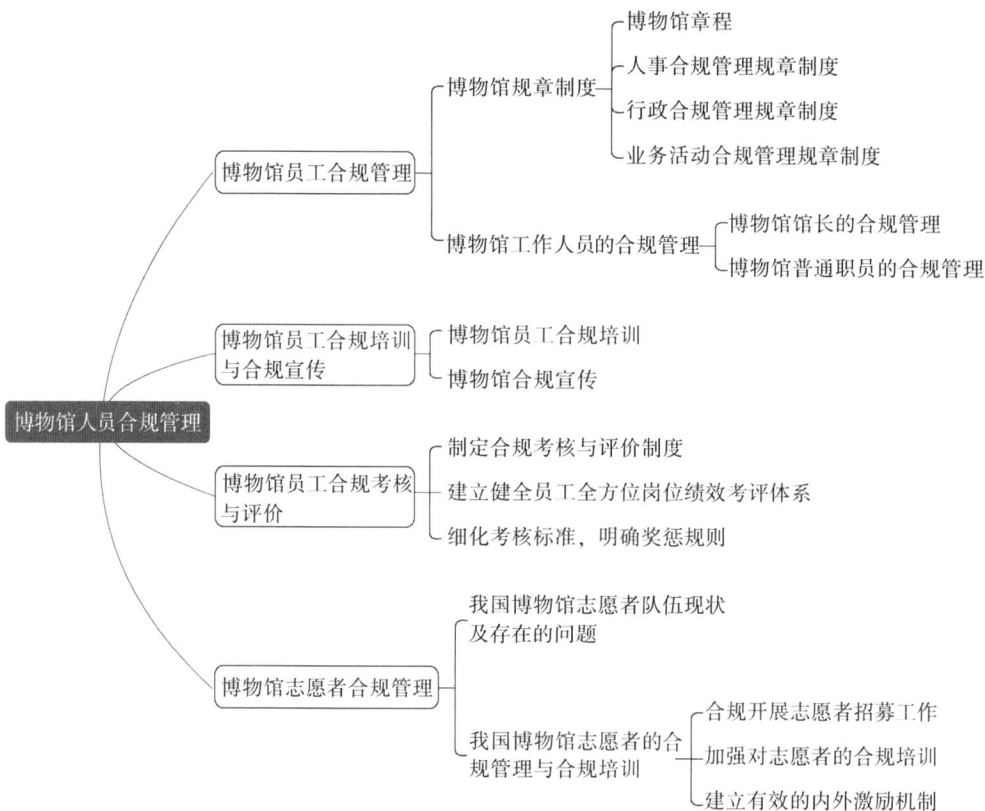

博物馆人员合规管理
├─ 博物馆员工合规管理
│   ├─ 博物馆规章制度
│   │   ├─ 博物馆章程
│   │   ├─ 人事合规管理规章制度
│   │   ├─ 行政合规管理规章制度
│   │   └─ 业务活动合规管理规章制度
│   └─ 博物馆工作人员的合规管理
│   ├─ 博物馆馆长的合规管理
│   └─ 博物馆普通职员的合规管理
├─ 博物馆员工合规培训与合规宣传
│   ├─ 博物馆员工合规培训
│   └─ 博物馆合规宣传
├─ 博物馆员工合规考核与评价
│   ├─ 制定合规考核与评价制度
│   ├─ 建立健全员工全方位岗位绩效考评体系
│   └─ 细化考核标准，明确奖惩规则
└─ 博物馆志愿者合规管理
    ├─ 我国博物馆志愿者队伍现状及存在的问题
    └─ 我国博物馆志愿者的合规管理与合规培训
        ├─ 合规开展志愿者招募工作
        ├─ 加强对志愿者的合规培训
        └─ 建立有效的内外激励机制

博物馆工作人员是博物馆合规管理的核心要素之一，博物馆的任何工作开展均建立在博物馆工作人员合规的基础之上。对于博物馆工作人员的合规管理更加体现了博物馆管理的自主性。我国国家文物局明确规定了博物馆馆长选任条件及标准，对于博物馆普通工作人员、专业技术人员、志愿者等的管理往往是通过博物馆自行制定的规章制度、选任办法、人员考核办法等方式建立了对博物馆的人员合规管理体系，以保障博物馆的日常管理工作有序化地全面推进。

第一节　博物馆员工合规管理

博物馆的员工从广义上来说包括馆长和工作人员，工作人员主要包含专业研究人员、专业技术人员、行政管理服务人员、后勤服务人员四类人员。怎样使博物馆上自馆长下至普通员工的管理都能合规化；怎样使博物馆员工在馆长的领导下，能够紧密团结、勠力同心，共同为完成博物馆各项工作而努力奋斗，这正是博物馆合规管理的根本问题之所在。实践证明，办好一个博物馆，一方面需要一位优秀的馆长，另一方面需要一批技术过硬的专业人员、组织有力的行政管理服务人员以及踏实肯干的后勤服务人员，这就要求博物馆主管人事部门制定好各项管理规章制度，采取各种有效措施，管理好员工，使其为实现博物馆的使命和宗旨贡献自己的力量。

一、博物馆规章制度

博物馆合规管理规章制度，是博物馆为合规管理全体员工，以"切实可行、行之有效、符合博物馆工作规律"为原则，而制定的全体员工都能共同遵守的、具有可操作性的规范性文件。

博物馆的管理规章制度主要包括博物馆章程、人事合规管理规章制度、行政合规管理规章制度、业务活动合规管理规章制度等四类规章制度。建立健全博物馆各项管理规章制度，是博物馆科学管理、合规治馆的体现，它使博物馆员工在工作中有法可依、有规可守、有章可循，能保障博物馆工作有条不紊地展开，确保各项工作能够顺利完成，实现博物馆稳定、可持续发展。

（一）博物馆章程

博物馆章程是博物馆合规管理中的重要文件，是博物馆组织治理结构建设和运行合规管理的基本准则。章程中除了规定博物馆的宗旨、目标和使命之外，还规定了博物馆的组织机构建设、后勤保障工作、队伍建设，界定了博物馆理事（理事会成员）、馆长（行政主管）、主任（管理干部）、所有员工（普通工作人员）的角色与职责，并将博物馆的合规管理工作、业务工作、藏品管理与保护工作、研究、展览与宣传教育功能的所有工作都囊括其中。

在博物馆章程中，对员工合规管理的内容主要体现在博物馆的组织机构建设中，比如：博物馆是由理事会、上级主管单位或其他博物馆管理单位组成；理事会成员的人数、任命条件、提名、选举方式、程序与任期等；理事会理事长的产生方式、职权、职责、成员的权利与职责、理事会会议与决议程序等；博物馆管理层的组成、馆长的任免方式与任期、馆长的权限与职责、员工的权益与职责等；明确要求博物馆要在党委领导下实现馆长分工负责制，按照民主集中制原则，统一领导全体员工的政治思想工作、业务工作和后勤工作。要切实贯彻执行党的路线、方针、政策，发扬实事求是和群众路线等优良作风等合规管理要求。

（二）人事合规管理规章制度

博物馆的人事合规管理规章制度，实际就是涉及员工的聘用、考勤、培训、考核、评价、业绩评估、福利待遇、职务职责、奖惩办法、晋升办法等内容的管理制度，目的在于明晰员工的各项权利、职责与义务，保障员工的合法权益，形成合法有效的激励机制、奖惩机制、竞争机制，以充分调动员工的积极性与创造性，使员工的行为得以规范，让员工的管理得以规范，保证员工明确自己的工作内容、职责范围与权利边界，以圆满地完成各自承担的岗位任务。

（三）行政合规管理规章制度

博物馆的行政合规管理规章制度，是指包含博物馆档案管理办法、博物馆财务管理办法、博物馆固定资产管理办法、博物馆办公设备使用管理办法、博物馆工程设备设施管理办法、博物馆消防安全管理办法、博物馆物业管理办法等多种管理办法在内的博物馆行政工作和后勤事务的制度。

（四）业务活动合规管理规章制度

博物馆业务活动合规管理规章制度是指为保证博物馆各项业务活动顺利进行而对博物馆从藏品征集、保护、研究、陈列展览再到社会教育各个业务活动环节而制定的操作规程，包括博物馆藏品征集管理办法、藏品管理制度、博物馆著作权管理办法、博物馆展览管理办法、博物馆社会教育管理办法、博物馆志愿者管理办法等。

二、博物馆工作人员的合规管理

（一）博物馆馆长的合规管理

博物馆馆长对于博物馆来说至关重要，他是博物馆的第一责任人，在一馆的管理中处于主导地位，可以说馆长的选拔对于博物馆的营运与发展非常关键。虽然对于博物馆的战略规划和筹资等重大事项是由理事会负责，但博物馆的业务、学术、人事、财务、行政等日常运作是由馆长负责，一馆馆长的执行能力高低决定着理事会的决策能否在博物馆的发展中得到有力的贯彻落实。对于博物馆而言，馆长是否道德素质高、业务水平好、组织能力强对博物馆的发展好坏举足轻重。

根据2001年国家文物局颁发的《博物馆馆长专业资格条件（试行）》中规定的博物馆馆长任职条件，对博物馆馆长的合规管理要求在于政治思想、职业道德、领导管理能力、从业经历、专业知识、专业研究能力和学历等。

第一，作为一馆之长，应当具有较高的思想觉悟和职业道德，具备较高的理论素养和思想水平，能够严格贯彻、执行国家的方针、政策，作风正派，廉洁自律，知人善任，密切联系群众，对博物馆的各项工作保持高度的责任感和使命感，处理问题公平、公正，以最大的热忱投入到工作中。

第二，作为一馆之长，应当具备良好的专业素质、丰富的从业经历、深厚的专业知识和较高的专业研究能力和学历。鉴于博物馆工作的专业性和复杂性，要求馆长必须具备较高的专业知识储备，不断地学习以胜任专业化、系统化强的各项工作，至少要在博物馆这个专业领域中有一席之地，有一定的威信与影响力，从而扩大博物馆的影响力，为建立更广泛的社会联系奠定基础。

第三，作为一馆之长，应当具有较高的组织管理、领导能力和社会活动能力。当今时代博物馆事业发展迅猛，竞争激烈，机遇与挑战并存，只有具备开拓创新能力、组织管理能力、人本管理意识、制度管理意识的馆长，才能把握机遇，使博物馆立于不败之地，带领博物馆走向未来、取得成功。

第四，作为一馆之长，应当具备较高的文化业务素质和身体素质。博物馆馆长若没有广博的文化知识、精深的专业知识、充沛的体力精力，就不可能胜任专业性强、任务繁重的博物馆工作。

（二）博物馆普通职员的合规管理

1. 博物馆专业技术人员合规管理

博物馆专业技术人员一般是指从事藏品征集、整理、鉴定、研究、修复、复制、保护、实验室技术工作、博物馆内各种设施设备操作与维护等工作的人，主要指藏品管理人员、藏品登录人员、藏品修复人员、宣传教育和科学研究人员等。

对博物馆专业技术人员合规管理要求在于：第一，在思想道德方面，专业技术人员应当严格遵守博物馆专业技术人员的职业操守，树立为公众服务的理念。对于藏品的征集人员，应当高度重视职业道德，保持客观公正，既不偏袒捐赠者，也不损害捐赠者；对于管理人员，也应当严格遵守管理人员的职业操守，绝不能利用工作之便，将藏品占为己有，监守自盗。第二，在业务素质方面，要求博物馆专业技术人员不但应当精通所从事的专业知识和技能，还应当熟悉博物馆学相关知识和技能，能够了解并掌握国内外本专业的最新研究动态，能利用现有的设备、技术和方法进行科学研究。

2.博物馆行政人员合规管理

博物馆的行政人员，亦即行政管理服务人员，主要负责博物馆内日常行政事务、安全保卫、提供后勤服务的工作人员，主要包括办公人员、财务人员、技术人员、保安人员、人事和图书资料服务等职能部门的工作人员，他们属于博物馆行政管理与服务系统，是人、财、物管理的主干力量。

对于博物馆行政人员合规管理的要求在于：第一，应当具备热心为社会大众服务的精神，力争为博物馆各个部门和社会大众提供高效、优质的服务；第二，应当具备高度的工作责任心，能够严格遵照、执行岗位责任制，做好本职工作；第三，应当具备较高的业务能力和持续学习的能力，积极学习、研究相关专业知识，不断提高自身能力与水平；第四，应当具备高尚的品质，克己奉公，廉洁作风，为博物馆和谐、可持续、合规化运营创造条件、贡献力量。

第二节　博物馆员工合规培训与合规宣传

博物馆工作人员的素质、专业技能的高与低等诸多方面均影响着博物馆的质量以及参观者的观赏体验感，伴随着博物馆的高质量发展、参观者的多元化，博物馆则必须加强对博物馆工作人员的专业技能、职业技能、职业道德等多方面的培训，通过培训建立一支专业技能卓越、高素质、业务能力过硬的工作人员队伍，通过对博物馆工作人员培训，规范工作人员的工作行为，通过内外兼修的形式提高博物馆整体规格与质量。

一、博物馆员工合规培训

培训是博物馆员工合规管理的重要手段。博物馆作为社会文化教育机构，对于员工的业务能力、职业道德和素质都有着较高的要求，只有经过专业的培训，他们才能胜任自己的工作，即使是正式在职的博物馆员工，为做好本职工作，也必须积极、不断地学习，以更好地适应社会发展的需要。

博物馆对员工合规培训的目标和宗旨是培养出德才兼备、一专多能人才。所谓德才兼备，就是要求博物馆员工不但应当具备良好的职业道德，而且应当具备过硬的业务素质。对博物馆员工合规管理，就是必须培养员工树立坚定的责任感和使命感，强化职业道德修养，自觉抵制各种利益诱惑，坚守岗位，乐于奉献，以及热心为大众服务的精神。所谓一专多能，就是要求博物馆员工应当精通一门专业理论和职业技能，同时掌握博物馆工作所需要的一般理论和多种技能。因为博物馆工作是集学术性、专业性和娱乐性于一体的综合性工作，所以就必然需求能够立足本职、熟悉博物馆相关工作，并掌握多种知识技能的工作人员。通过培训，不仅可以满足博物馆工作的需要，而且有利于博物馆对员工的合规管理，以更好地发挥博物馆的各项职能。

我国博物馆对员工培训的层次多样，主要包括国家文物局举办的培训，省、自治区、市文博主管部门举办的培训，还有各地博物馆自己举办的培训；对员工培训的形式也是灵活多变，主要包括通过大学培养和训练博物馆工作人员、参加国内外组织的各种培训班以及博物馆内部的交流学习等。培训的种类主要分为岗前培训、在职进修、脱产学习等。岗前培训主要针对新入馆的员工，主要内容是为其讲解岗位职责和博物馆的基本知识；在职进修主要指利用业余时间参加高等学校举办的函授、线下课程或远程教育等；脱产学习主要指离开工作岗位，利用几年时间参加高等学校的学历教育，以充实自己的知识。博物馆业务培训方法各种各样，例如：

（一）加强对外交流与联系

随着时代的发展，博物馆日渐成为人们生活中必不可少的一部分，博物馆已逐步走向社会、面向公众。对外沟通与交流日渐频繁，与外界的联系及交流已不再仅仅是博物馆领导或某些业务能力强的人的事，而是所有博物馆员工的事情。对外的交流与联系，也是博物馆业务培训方法之一，可以潜移默化地提高全体员工的业务素质。具体方法为：（1）组织馆内所有员工到其他博物馆、文物景点中参观，并与其他博物馆、文物景点中的工作人员相互探讨、相互沟通，从中学习知识、增强技能。尽量为馆内员工创造与其他同行接触的机会，这种培训方法也可以提高馆内员工交流沟通的能力。（2）多为员工提供走向社会、参与外界交流活动的机会，如多鼓励员工参加学术研讨会、各级收藏家协会等，这也是对员工进行合规培训好方法之一。

（二）加强培训课程的举办

博物馆应该有目的地举办培训课，培训决不能走过场，对授课人员及授课内容都应精心选定。培训的制度必须严格遵章执行，绝不能纸上谈兵。

（三）研究课题、撰写专业文章

博物馆对员工的合规培训方法也可以是多鼓励员工研究课题、撰写专业文章，这也是经实践证明过的行之有效的业务培训方式之一。

博物馆员工合规培训工作是一项长期的任务，任重而道远，应合理规划，结合本职工作，理论联系实际地进行培训，保质保量，注重实效，不搞形式主义，并将此项合规管理的工作持之以恒地做下去。

二、博物馆合规宣传

博物馆合规宣传是指博物馆依法依规，通过各种合规的宣传手段，如：新闻、广告、宣传片、报刊、召开记者发布会等方式，将博物馆各类信息向公众传播，使公众了解并参观博物馆。

对于博物馆员工的合规招募，通常是博物馆在媒体、专业期刊、公众号及网站上刊登招聘信息，该信息通常包含博物馆名称、职位描述、薪水、福利待遇、工作时间、工作地点、工作条件、任职要求、了解详细信息途径、应聘的方式、时间和地点等内容。

第三节　博物馆员工合规考核与评价

合理合规的考核与评价机制是激发员工潜力的重要动力，是一个单位良性发展的永动力。博物馆的良性运转亦需要建立合理合规的考核评价制度，一方面用以约束员工、便于博物馆的日常管理，另一方面通过建立合理合规的考核与评价机制进一步激励员工。实行合规的考核与评价体系，对员工的工作、学习、效率、培训、发展等进行全方位的定量和定性的考核与评价，建立合规的考核与评价制度，博物馆通过内化的形式进一步提高博物馆质量，促进博物馆与时俱进的发展。

一、制定合规考核与评价制度

博物馆可以从自身实际情况出发，制定适合自身员工的考核与评价制度。博物馆顶层设计的员工考评制度，不论是考核、晋升还是评价、奖惩，都应当依法合规，遵照以科学教育服务、科学教育活动开发以及教育水平为核心的实际效果和业绩进行综合考量，既要着眼当下，又要兼顾未来。

对于一馆之长，应当制定馆长目标责任制。博物馆的展教部门应先自行对博物馆岗位工作进行分解和细化，之后上报馆长办公室审议，再由馆长办公室对展教部门确定展教工作目标责任，明确管理内容量化的考核标准，从而建立顶层设计的员工工作目标与工作任务考核制度。

二、建立健全员工全方位岗位绩效考评体系

全方位岗位绩效考评体系，即建立上级考评（外部考评）、中介机构考评（外部考评）与自评（内部考评）相结合的绩效考评体系。

上级考评（外部考评）是指博物馆的归口管理部门，在本部门博物馆按照

绩效考核指标开展自评的基础上，对本部门博物馆展教部门、公共服务进行年度考评。委托中介考评（外部考评）是指可以通过委托中介机构对博物馆展览教育服务情况进行周期性测评，将展品陈列保护情况、员工展厅讲解服务以及社会宣传教育功能发挥情况作为评估的重点。公众考评（外部考评）是指引进公众参与的评价机制，让大众对博物馆员工接待态度、服务质量进行考核与评价。自评（内部考评）是指博物馆领导对展教部门和展教部门内部进行自我测评。

博物馆应建立健全博物馆考评体系，制定年度、定期评估机制，将上级考评、中介考评、自评等内、外考评制度结合起来，及时发现问题，对考评优秀的员工应给予奖励，对连续考评不合格的员工进行惩罚，甚至淘汰，努力通过考评实现建立一支充满活力与勃勃生机的员工队伍。在引进公众考评机制时，应让观众对博物馆展教服务水平、员工接待态度、服务水平行使发言权、表决权和监督权，对员工的表现进行打分、投票和评价。在对员工进行绩效考核自评时，应以"绩效优先、公平公正"为原则，对馆内员工的出勤率、服务满意度、工作表现进行全面、客观、公正的考评。

三、细化考核标准，明确奖惩规则

博物馆对员工的考核一般是对员工的出勤情况、加班情况、成绩业绩、工作作风等方面进行全面考察与评价。对能够按时到岗、接受加班，尤其接受在节假日重要科普宣传活动的加班情况进行考核、记录、细化和评价，并以年为时间节点，对员工是否开发出新的科学教育活动、讲解是否达到一定等级进行考察。另外，对于员工的工作表现，例如：是否主动、积极、热情、周到地服务观众以及观众的满意度等情况进行考评。对于上述考评内容表现突出、成绩优秀的员工给予额外奖励和优厚福利待遇；反之，则给予警告、批评、惩罚甚至是开除的处罚，改变以往"既提倡无私奉献，又讲究公平原则"的传统分配平均主义，将"优劳优得，多劳多得"的新分配原则贯彻到底。

第四节　博物馆志愿者合规管理

2013年11月修订的《中国注册志愿者管理办法》将志愿者定义为不以物质报酬为目的，利用自己的时间、技能等资源，自愿为国家、社会和他人提供服务的人。虽然对于志愿者的界定，学界尚未形成一致意见，但在查阅各类文献后，发现无论如何定义志愿者，志愿者都具有自愿性、主动性及不以获取报酬为目的的共性。博物馆志愿者大多是由在校学生、退休干部和社会有志之士组成，他们不以获取报酬为目的，是真正"不拿工资的员工"，他们的存在弥补了博物馆人员缺乏的问题。仅凭有限的正式讲解员来满足观众需求已是杯水车薪，若是有志愿者的加入，能为走进博物馆却对博物馆的宝贝一片茫然的观众进行一番精彩的讲解，会使他们的茫然顿消，流露出会心的微笑和意犹未尽的渴望，将会促使走进博物馆的观众越来越多，博物馆能更好地发展。鉴于志愿者对于博物馆的重要性，对于博物馆志愿者的合规管理也就更势在必行。

一、我国博物馆志愿者队伍现状及存在的问题

近年来，随着博物馆事业的蓬勃发展，我国博物馆志愿者队伍也随之高速发展。越来越多的志愿者不仅承担着博物馆导览和基本讲解工作，还承担着宣传、幕后等工作。志愿者的存在弥补了专职人力的不足，也为博物馆节省了许多支出，可以说，志愿者数量的多少也反映出博物馆的合规管理理念以及博物馆的综合效益与品质。但是，由于博物馆对于志愿者管理的不合规，机械式地让志愿者执行或完成志愿讲解的工作使许多志愿讲解员疲劳感加深，再加上时间安排不合理，慢慢地就会使志愿者将志愿工作搁置一边。为了避免这种情况，有些博物馆会采取多招收志愿者的情形，但无奈实质问题并未解决，对志愿者的管理并未合规，真正的支援人才依然不足。

对志愿者工作中存在的最突出的问题表现在，由于博物馆对招募志愿者的标准比较宽泛，对志愿者的专业并未做出严格限制，这就使得志愿者在志愿讲解工作中存在一定隐患，受自身专业能力及自身素质所限，在讲解过程中难免说错知识、答错问题，大大降低讲解质量和观众满意度；或者志愿者在讲解工作中，认为只要死记硬背讲解稿就行，而不对所做工作进行深入准备、研究，讲解中很少能够深入浅出地讲解，也很少结合自身真实感受，致使讲解效果不理想。关于志愿讲解水平的问题，笔者认为有如下几点原因：

（一）不重视对志愿者的合规管理与合规培训

当前，我国博物馆只会在重大活动或工作任务繁重期间招募大批志愿者，志愿者队伍流动性大，容易忽略对志愿者队伍的合规规划，不重视对志愿者的合规管理与合规培训工作。另外，由于志愿者缺乏系统、专业培训，且受自身专业所限，缺乏相关的理论、知识、技能和方法，终不能使观众满意，没能实现博物馆活动的初衷。当然，也有的博物馆出于经费有限的客观原因，不能对志愿者展开系统的培训工作，但更多博物馆是出于培训风险考虑而不对志愿者进行合规培训管理工作，认为志愿者流动性强，如果将有限的资金和大量的时间投入到志愿者身上可能得不到任何回报，达不到预期效果，因而宁可将资金投入到增加正式员工数量上，也不愿在志愿者身上投入，对他们进行合规管理与培训。此外，还有少部分博物馆是由于对志愿者不够尊重，认为他们是廉价劳动力，因而不想对他们投入时间、精力及金钱进行合规管理及培训。

（二）对志愿者激励不足

由于对志愿者的共识是不以获取工资、报酬为目的，是公益性的，很多博物馆就因此而忽略了对志愿者的精神激励，更有甚者，对志愿者连最基本的关心都做不到。对志愿者的激励不足主要表现在：

1. 博物馆强势的一言堂做法

博物馆对志愿者的管理多采用强势指令模式，主要由博物馆单方面指派志愿者工作，志愿者很少有自主处理权，更谈不上提出任何建议了。博物馆的这种做派，使众多志愿者失去积极性和主动性，久而久之就完全丧失对志愿工作的兴趣和热爱，以致完全脱离志愿服务岗位。

2.不认可志愿者的工作

对于志愿者的工作，博物馆没有给予适当、合理的精神奖励，使志愿者的工作得不到认可，渐渐就会失去对志愿工作的热情。一般的企业，鼓励员工工作积极性的措施一般是升职、加薪、股权激励、各种福利待遇等物质激励手段，博物馆志愿者虽不以物质奖励为目的，但并不是没有任何费用，如志愿服务中产生的电话费、交通费、餐费等，这些基本费用博物馆应予以保障，不能让志愿者既出力又出钱。另外，志愿者之所以愿意承担志愿工作在于其的精神追求，他们的精神需求虽给博物馆的激励政策提高了难度，但若博物馆忽视志愿者这一精神需求和对他们的精神关怀，只一味地强势指令，不与志愿者好好沟通，只会使志愿者心灵得不到满足，打击其工作积极性。

二、我国博物馆志愿者的合规管理与合规培训

针对我国博物馆志愿者队伍存在的问题，为防止志愿者的流失，博物馆应该充分认识到自身的不足，积极完善和改进，加强对志愿者队伍的合规管理与培训，促使志愿服务工作向成熟推进。

（一）合规开展志愿者招募工作

博物馆应根据自身志愿服务领域需求严格甄选志愿者。具体而言，首先博物馆应对自身要提供的服务项目和服务方式设计志愿者岗位，然后分析所设计的志愿者岗位需要志愿者拥有何种技能、提供何种帮助，再将工作要求、工作内容、招聘条件等一系列内容通过媒体、网络、公告等方式公之于众，并以此为依据招募志愿者。另外，博物馆应改变传统强势指令的做法，尊重、认可志愿者的志愿工作，让志愿者也获得管理的权力。再利用趋势分析法和比率法对过去几年招募的志愿者数量进行分析，得到最合适的预测结果，并以此为依据预测志愿者的需求。

（二）加强对志愿者的合规培训

博物馆可通过对志愿者进行上岗培训、职业培训等方式对志愿者进行合规

培训。上岗培训，就是岗前引导培训，给志愿者提供博物馆的背景信息，介绍他们即将要负责的志愿工作，帮助其更好地理解所负责的工作，以消除他们对博物馆的陌生感、恐惧感，增强他们对博物馆的熟悉度。待志愿者进入岗位进行工作后，还有很多工作内容需要对志愿者进行职业培训，培训他们更好地了解博物馆的现状、服务领域、工作理念、宗旨、未来愿景等，并深入地对其说明他们的工作环境、工作性质、工作内容等，让志愿者对志愿工作有系统的认识。还可以通过定期召开讨论会的方式对志愿者进行培训，以及时地为他们答疑解惑。

（三）建立有效的内外激励机制

1. 内在激励机制

首先，博物馆要给志愿者一些自主处理工作，提出建议、要求的权利，这是对志愿者的尊重、认可和信任。自主权会增强志愿者的责任感和使命感，会激励其努力工作的欲望以及好好工作的动力。

其次，博物馆应制定一些奖项，并为获得奖项的志愿者们颁发奖章，这些荣誉不仅是对他们志愿服务工作的高度肯定，还能通过对他们工作的表彰，为其他志愿者们树立工作榜样，激发他们对工作的热爱和渴望。

最后，为志愿者们创造良好的工作环境。良好的工作环境也会激发志愿者的工作热情，提高工作效率，为公众提供更为周到、细致的服务。

2. 外在激励机制

博物馆志愿者的激励机制，除了博物馆自身应制定内在激励机制外，政府也应制定外部激励机制，积极支持、配合博物馆的内部激励政策，如：政府可以出台优惠政策让满足服务年限的志愿者在升学、医疗、乘坐交通工具出行上获得更多的优惠，以激励志愿者们更加积极地工作。

总之，随着博物馆的高速发展，志愿者对博物馆而言就越来越重要，将逐步成为现代博物馆的基本标志之一。伴随着志愿服务管理的进一步成熟与合规，志愿者们也必将在博物馆的教育宣传中做出更大贡献。

第八章

博物馆合规管理定级与评估

【 本章内容概览 】

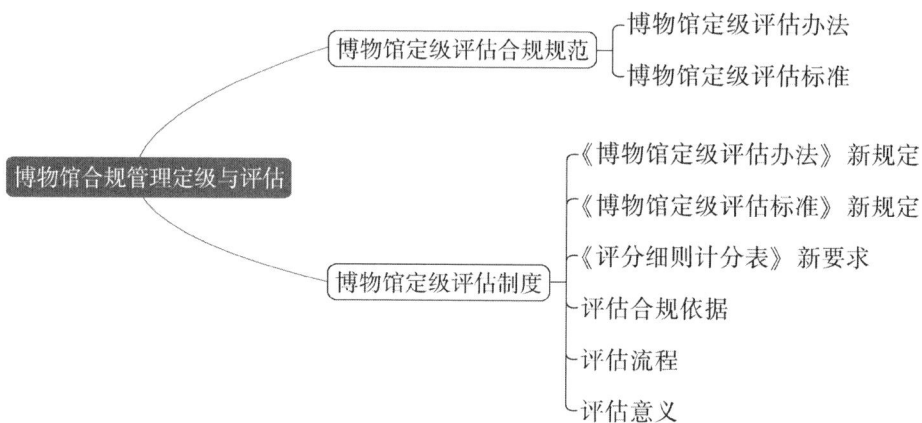

博物馆合规管理定级与评估

- 博物馆定级评估合规规范
  - 博物馆定级评估办法
  - 博物馆定级评估标准

- 博物馆定级评估制度
  - 《博物馆定级评估办法》新规定
  - 《博物馆定级评估标准》新规定
  - 《评分细则计分表》新要求
  - 评估合规依据
  - 评估流程
  - 评估意义

第一节　博物馆定级评估合规规范

为规范我国各级、各类别、不同性质的博物馆的管理，促进博物馆事业的健康、有序发展，我国采用依申请定级评估制度，以促博物馆高质量发展。国家文物局通过制定定级评估标准用于指导并监督检查具体的定级与评估工作，而具体的定级评估工作则授权中国博物馆协会。博物馆亦是通过定级、评估标准以规范博物馆的管理，充分发挥博物馆的社会价值。

一、博物馆定级评估办法

建立博物馆定级评估评价管理制度，开展博物馆定级评估工作，是引导博物馆明确职责定位和发展方向的重要方法。我国关于博物馆定级评估合规规范主要是2020年1月国家文物局印发《关于公布施行〈博物馆定级评估办法〉（2019年12月）等文件的决定》（文物博发〔2020〕2号）所颁布的《博物馆定级评估办法》和《博物馆定级评估标准》，这为改进完善博物馆定级评估工作提供了遵循。

第一条　为加强博物馆行业管理，提高博物馆质量，充分发挥博物馆的社会服务功能，促进博物馆事业发展，依据《中华人民共和国文物保护法》《中华人民共和国公共文化服务保障法》《博物馆条例》《博物馆管理办法》，制定本办法。

第二条　凡在中华人民共和国境内，正式登记、经所在地省级文物行政部门备案，具有文物、标本和其他藏品的收藏保管、科学研究、陈列展览、教育传播功能，向社会开放、正常运行36个月以上的各类博物馆，均可申请参加定级评估。

第三条　国家文物局负责制定博物馆定级评估办法、博物馆定级评估标准等，并对办法、标准等的实施进行监督检查。中国博物馆协会具体负责博物馆定级评估工作，可以委托地方省级博物馆行业组织协助开展相关工作。

第四条 博物馆定级评估工作遵循自愿申报、行业评估、动态管理、分级指导和公平、公正、公开的原则。

第五条 博物馆经定级评估确定相应等级，从高到低依次为国家一级博物馆、国家二级博物馆、国家三级博物馆。

第六条 申请参加评估的博物馆应依照博物馆评估标准开展自评，填写《博物馆定级评估申请书》，向中国博物馆协会提出申请。参评博物馆应确保数据信息真实可靠；填报的相关数据信息，应与全国第一次可移动文物普查数据库、全国博物馆信息年报系统、非国有博物馆藏品备案数据库等相关数据保持一致。

第七条 中国博物馆协会对博物馆的申请材料进行书面审查，还可根据需要组织专家小组进行现场评估。专家小组在审查材料、实地考察、咨询评议的基础上，提出现场评估报告。

第八条 中国博物馆协会根据申请单位的《博物馆定级评估申请书》和专家小组现场评估报告，进行综合评定并打分产生评定意见。

第九条 如评定意见与申请书存在重大差异，且申请单位或相关专家等对评定意见提出重大异议的，中国博物馆协会应对相关评定意见给予复核。复核工作由中国博物馆协会具体组织，并形成进一步评定意见。

第十条 中国博物馆协会可委托地方省级博物馆行业组织对所属行政区域申请参评的博物馆进行审核、提出评定建议。

第十一条 中国博物馆协会将评定意见报国家文物局备案后，以发布公告形式向社会公布。

第十二条 一个博物馆机构只能获得一个质量等级。

博物馆如因机构变化出现合并重组等情形，与现有国家一二三级博物馆存在隶属、包含关系的，合并重组前的博物馆等级一致的，合并重组后等级维持不变；合并重组前的博物馆等级不一致的，合并重组后，在下一次运行评估前，等级可暂维持在原先较高的等级。

已获得等级的博物馆如因机构变化出现拆分的，只能由一个机构保留原有质量等级。

博物馆质量等级变化信息，应于1个月内报中国博物馆协会备案。

已获质量等级博物馆发生终止的，其质量等级在依法完成注销登记后不再保留。

第十三条　博物馆等级标牌、证书由中国博物馆协会统一制作、颁发。

第十四条　被评定为相应等级的博物馆，须将等级标牌置于其主入口处的显著位置，接受社会监督。

第十五条　博物馆定级工作原则上每三年集中开展一次，也可根据实际需要临时组织，具体时间由中国博物馆协会决定。

第十六条　中国博物馆协会应对所评博物馆进行监督检查和运行评估。运行评估至少每三年进行一次。运行评估规则由国家文物局另行制定。

第十七条　经运行评估达不到已获等级标准的博物馆，中国博物馆协会根据具体情况，作出发出警告通知书、通报批评、降低或取消等级的处理，报国家文物局备案后对外公告。

博物馆接到警告通知书、通报批评、降低或取消等级的通知后，须认真整改，并在规定期限内将整改情况报中国博物馆协会。

凡被降低、取消等级的博物馆，自降低或取消等级之日起三年内，不得重新申请参加定级评估。相应等级标牌、证书由中国博物馆协会收回。

第十八条　中国博物馆协会应当将博物馆定级评估情况及相关资料，在其网站上公布，接受社会监督。

第十九条　中国博物馆协会及其委托、组织的地方省级博物馆行业组织、专家小组须严格遵守相关评估工作程序、规则和纪律，接受有关管理部门、博物馆行业、社会各界和公证机构的监督。参与博物馆评估工作的专家和工作人员如有违纪、违规行为，一经查实，由国家文物局依法根据相关规定给予相应处理。

第二十条　申请参加评估的博物馆，一经查实有弄虚作假、行贿舞弊等违法违规行为的，由中国博物馆协会报国家文物局备案后，取消其评估资格、撤销所获质量等级、收回等级标牌及证书。

第二十一条　本办法自公布之日起实施。

二、博物馆定级评估标准

1. 前言

本标准的制定旨在加强博物馆质量管理，促进博物馆履行保护、诠释和推广人类的文化和自然遗产的职责，培育和弘扬社会主义核心价值观，繁荣中国特色社会主义文化，提高博物馆社会教育和公共文化服务水平，更好地满足人民美好生活需要。

本标准在制定过程中，总结了国内博物馆的管理经验，借鉴了国内外有关资料和技术规程，并直接引用了部分国家标准或标准条文。同时，根据自《博物馆评估暂行标准》2008年启用、2016年7月修订沿用至今的实施情况，在原标准基础上对一些内容进行了修订，使其更加符合博物馆的发展实际和发展方向。

本标准从实施之日起，代替《博物馆定级评估标准（2016年7月修订）》。

本标准由国家文物局提出。

本标准由国家文物局归口并负责解释。

本标准起草单位：国家文物局博物馆与社会文物司（科技司）。

2. 范围

2.1 本标准规定了博物馆等级划分的依据、条件及评定的原则性要求。

2.2 本标准适用于全国范围内所有经登记管理机关依法正式登记，并经所在地省级文物行政部门备案，具有作为人类活动和自然环境见证物的文物、标本、资料、模型等藏品收藏保管、科学研究、陈列展览、教育传播功能的，向公众开放的各类博物馆。

3. 依据的法律法规和文件

《中华人民共和国文物保护法》

《中华人民共和国教育法》

《中华人民共和国科学技术普及法》

《中华人民共和国公共文化服务保障法》

《中共中央国务院关于印发〈新时代爱国主义教育实施纲要〉的通知》

《中共中央国务院关于印发〈新时代公民道德建设实施纲要〉的通知》

《中共中央办公厅国务院办公厅关于实施中华优秀传统文化传承发展工程的意见》

《中共中央办公厅国务院办公厅关于加强文物保护利用改革的若干意见》

《中共中央办公厅国务院办公厅〈关于实施革命文物保护利用工程（2018—2022年）的意见〉》

《博物馆条例》

《国务院关于进一步加强文物工作的指导意见》

《博物馆管理办法》

《博物馆藏品管理办法》

《中共中央宣传部文化部、国家文物局关于进一步加强博物馆宣传展示和社会服务工作的通知》

《文化部、国家文物局关于公共文化设施向未成年人等社会群体免费开放的通知》

《中共中央宣传部、财政部、文化部、国家文物局关于全国博物馆、纪念馆免费开放的通知》

《中共中央宣传部、财政部、文化部、国家文物局关于进一步做好公共博物馆纪念馆免费开放工作的意见》

《中共中央宣传部、文化部、中央编办、财政部、人力资源和社会保障部、国家文物局、中国科协关于深入推进公共文化机构法人治理结构改革的实施方案》

《文化部、国家发展改革委、财政部、国家文物局关于推动文化文物单位文化创意产品开发的若干意见》

《人力资源社会保障部　国家文物局关于进一步加强文博事业单位人事管理工作的指导意见》

《人力资源社会保障部　国家文物局关于深化文物博物馆专业人员职称制度改革的指导意见》

《国家文物局　应急管理部关于进一步加强文物消防安全工作的指导意见》

《中国文物、博物馆工作者职业道德准则》

《博物馆馆长专业资格条件（试行）》

《国际博物馆协会章程》

《国际博物馆协会博物馆职业道德准则》

4. 引用的标准和规范

下列文件中的条款，通过本标准的引用而自然成为本标准的条款。凡是注日期的引用文件，其随后所有的修改版（不包括勘误的内容）或修订版均不适用于本标准。凡是不注日期的引用文件，其最新版本适用于本标准。

GA27-2002《文物系统博物馆风险等级和安全防护级别的规定》

GB/T 23863-2009《博物馆照明设计规范》

GB/T 36721-2018《博物馆开放服务规范》

JGJ66-2015《博物馆建筑设计规范》

WW/T 0017-2013《馆藏文物登录规范》

WW/T 0020-2008《文物藏品档案规范》

WW/T0088-2018《博物馆展览内容设计规范》

WW/T0089-2018《博物馆陈列展览形式设计与施工规范》

GB50016-2014《建筑设计防火规范》

GB50222-2017《建筑内部装修设计防火规范》

GB50263-2007《气体灭火系统施工及验收规范》

GB50261-2017《自动喷水灭火系统施工及验收规范》

GB3095-2012《环境空气质量标准》

GB 3096-2008《城市区域环境噪声标准》

GB 3838-2002《地表水环境质量标准》

GB50325-2010《民用建筑工程室内环境污染控制规范》

GB/T10001.1-2000《标志用公共信息图形符号 第1部分：通用符号》

GB/T24001-2016《环境管理体系 要求及使用指南》

GB/T28001-2011《职业健康安全管理体系 要求及使用指南》

GB/T 18883-2002《室内空气质量标准》

GB/T17775-2003《旅游景区质量等级的划分与评定》

GB 9664-1996《文化娱乐场所卫生标准》

GB 16153-1996《饭馆（餐厅）卫生标准》

5. 术语

本标准采用下列定义：

博物馆：是指以教育、研究和欣赏为目的，收藏、保护并向公众展示人类活动和自然环境的见证物，经登记管理机关依法登记的非营利组织。

藏品：是指由博物馆永久收藏，具有历史、艺术、科学等价值的，用以收藏、研究、展示、教育、传播目的的文物、标本、资料、模型等的总称。

藏品库房：是指藏品集中保存的特定建筑物。

藏品保护修复场所：是指博物馆运用传统修复工艺和现代科学技术手段对藏品进行科学分析、检测和保护、修复的特定建筑物。

展厅：是指博物馆用作向公众展示藏品、举办陈列展览的特定建筑物。

6. 博物馆等级及标志

6.1 博物馆等级划分为三级，从高到低依次为国家一级博物馆、国家二级博物馆、国家三级博物馆。

6.2 博物馆的等级证书、标牌由中国博物馆协会统一制作和颁发。

7. 博物馆等级划分条件

7.1 一级

7.1.1 综合管理与基础设施

7.1.1.1 法人治理结构

法人治理结构完善，理事会（董事会）和监事会或其他形式的决策、监督机构健全，运行机制有效。

7.1.1.2 章程与发展规划

有正式批准和发布的博物馆章程和博物馆发展规划，发展规划符合自身定位、宗旨，体现高品质、特色化、差异化方向，服务国家和地区重大发展战略。年度工作计划符合发展规划要求。

7.1.1.3 建筑与环境

a. 建筑功能区块布局合理，自成系统。

b. 环境整洁、美观、舒适，绿化率高；室内空气质量好。

7.1.1.4 人力资源

a. 岗位结构优化、梯次合理。高、中层管理人员一般应具备大学以上文化程度。

b. 员工考核、培训制度健全，人员、经费落实，业务培训全面，效果良好，强化上岗人员岗前培训管理，博物馆机构主要管理人员应具有文物行政管理部门委托或认可的干部培训经历并取得结业证书。

7.1.1.5 财务管理

a. 财务管理制度完善并有效实施，有充足的事业经费来源和保证。

b. 有多渠道、来源稳定的社会资助。

7.1.1.6 安全保障

a. 一、二、三级风险单位按要求落实完善的安全防范系统，一、二、三级风险部位按要求落实完善的安全防范措施。

b. 有与博物馆规模相适应的管理规范、人员配置齐全的保卫工作机构；保卫工作规章制度健全，措施得当，有处置各类突发事件的应急预案；保卫人员受过专业培训，素质高、业务精，工作程序规范、准确；档案齐全，交接班制度完善、记录齐全；定期组织安全演练。

c. 消防组织健全，责任明确，管理制度完善，有处置各类火灾的应急预案；有与单位规模相适应的完善的消防设施、设备及安全、有效的防雷装置，并由专人管理，定期进行检查、维修、更新；定期组织消防演练，消防人员设备操作熟练、规范。

d. 公共安全制度完善，应急预案科学、规范；安全出口、疏散通道通畅，标志醒目；应急照明、救生等设施、设备完好；节日期间有应急医护人员。

7.1.1.7 信息化建设

a. 信息化基础设施（包括网络接入、网络安全、终端和配套设备等）建设完备，适应智慧博物馆建设的基本要求；

b. 有一整套适用于智慧保护、智慧管理、智慧服务的业务系统，能够通过信息化手段支撑博物馆业务流程。

7.1.2 藏品管理与科学研究

7.1.2.1 藏品管理

a. 藏品资源与本馆的宗旨、使命相符，形成完整的体系。

b. 藏品总量300件/套以上、藏品总体价值特别珍贵，具有极高的历史、艺术、科学价值，其中一类价值具世界意义。

c. 有适应本馆藏品状况、功能完善的藏品数据库。

d. 有与本馆宗旨、使命相符的藏品征集政策和收藏范围；有规范的藏品征集组织与制度，对征集的藏品进行鉴定；有接受捐赠等多种征集渠道，征集经费充足，使用合理、效果好。

e. 藏品管理制度完善；藏品入藏手续齐全、资料完整；藏品总登记账清晰，账物相符；分类账准确合理，编目科学翔实；藏品档案记录规范，新入藏的藏品及时建档备案，并及时登记入藏品总账。

f. 库房面积满足收藏需要；库房管理制度完善；库房设施、设备齐全，藏品存放环境达标；藏品提用手续齐全，进、出库记录完整；藏品存放科学、合理、规范；三级以上藏品均配备有符合要求的装具，一级文物和其他易损易坏的珍贵文物有专柜或专库存放，并由专人负责保管；根据藏品质地控制温湿度，照明符合设计规范要求；库房整洁，空气质量好。

g. 藏品保护修复场所规模较大、设备齐全，并能有效运转；文物藏品修复资质和具备文物藏品修复资格的人员多；藏品修复、保养程序科学、规范，效果好。

7.1.2.2 学术研究与科技

a. 学术机构健全，学术带头人为有全国性学术影响的专家；定期举办国际、国内学术活动；定期出版高质量的学术刊物；馆内人员经常在核心期刊发表专业论文、出版学术专著；系统收藏相关中外文学术期刊。

b. 有素质高、结构合理的科技队伍，有较大规模的实验室及相应科研仪器设备，能独立承担国际合作项目和国家级、省部级科研课题；取得重大科技成果或引进新技术，并运用到工作中，取得显著效果。

c. 有与高等学校、科研院所开展学术交流、联合研究、人才培养、双向兼职、科研成果共享和成果转化推广的协作机制。

7.1.3 陈列展览与社会服务

7.1.3.1 影响力

a. 有博物馆品牌标志，并全面、恰当地运用；有完善的博物馆宣传计划，全国性媒体经常报道博物馆动态。

b. 在国内外有很高的知名度和很好的声誉；公众影响力很强，年观众20万人次以上；经常举办出境展览或引进外展。

c. 主动融入博物馆所在地城乡人民文化生活，年均开展社区活动不少于20次。

d. 积极参与各类博物馆行业组织、区域博物馆联盟、馆际交流平台，并发挥一定的引领作用。

e. 与地域相邻、主题相近、藏品相关的博物馆之间建立密切关系，与相关博物馆加强在藏品、展览、教育、人才资源方面的交流与合作。

f. 为中小博物馆、非国有博物馆提供长效化、机制化对口帮扶，有健全完善的联展、巡展、互换展览和人员互派等长效协同发展机制。

7.1.3.2 展示、教育和传播

a. 展厅环境优美、空气质量好，照明符合设计规范要求，展柜内微环境适宜展品保存。

b. 基本陈列主题明确，鲜明体现本馆特色；策划方案科学，经过专家论证；内容研究深入，展品组织得当，文字说明准确、生动、有文采；展览设计准确表达陈列主题，艺术感染力强；具有基本陈列动态调整机制，及时进行内容和展品更新；社会美誉度高。

c. 采取多种合作模式，经常举办原创性、有全国性影响力的临时展览；临时展览主题注重观众调查，筛选过程引入观众需求因素，有完善的前期策划和营销计划，展览的社会、经济效益好。

d. 能根据自身特点、条件，运用现代信息技术，开展形式多样、生动活泼的社会教育和服务活动，参与社区文化建设和对外文化交流与合作。

有社会教育机构和专门从事社会教育工作的人员，馆内设有专门的教育服务区；有完善的社会教育工作方案和针对不同观众群体的社会教育计划；经常与教育部门以及其他单位联系或建立共建单位，开展有针对性的教育活动，积极推动博物馆进校园进课堂进教材，举办不同形式的讲座等活动，服务学校、工厂、社区和农村等不同观众群体；为省级（含）以上爱国主义教育、科普教育基地。

e. 有高素质、稳定的讲解员队伍；有两种（含）以上语言的、适合不同观众群体的科学、准确、生动的讲解词；定期进行义务讲解；有针对特殊观众群体的讲解服务；有两种（含）以上语言的现代化自助语音讲解设备。

7.1.3.3 公众服务

a. 有"博物馆之友"等群众组织，人员结构合理，依照章程定期开展活动；博物馆志愿者队伍稳定、具有相当规模，全部实施上岗培训，每名志愿者每年为博物馆或观众服务48小时以上。

b. 博物馆每年开放时长240天以上；基本陈列在特定时间段定期免费开放，或向教师、军人、老年人、未成年人等免费开放；日常免费、优惠开放制度和措施向社会公示；年免费接待青少年观众人数占观众总人数的30%以上；科学测定、管理观众承载量。在具备条件和安全保障前提下，探索通过举办夜场延长开放时间；探索错时开放。

c. 交通便捷，可进入性好；博物馆出入口处道路通畅，有无障碍通道；外部引导标识设置科学、合理，清楚、美观。

d. 设室内售票点，或实施互联网售票、二维码验票；参观游览线路合理、顺畅；观众服务中心位置合理，规模适度，设施齐全，功能体现充分，咨询服务人员配备齐全，业务熟练，服务热情；博物馆导览等基本信息资料特色突出，品种齐全，内容丰富，文字优美，制作精美，适时更新，并免费为观众提供；基本陈列的标牌、展品等有文字说明；设有免费物品寄存处、特殊人群服务设施和设备、餐饮服务设施和纪念品、文创产品销售服务设施等；展厅内有观众休息设施；厕所等卫生设施、设备布局合理，数量满足需要、维护清洁及时，并与环境相协调；各种设施、设备中、外文标识清楚。

e. 有专门网站，设计简洁大方，界面友好，互动性强，内容丰富，信息更新及时，支持两种（含）以上语言；馆内建立有多种形式的互动式或参与式的多媒体文化、科普、教育服务设施，服务有特色、质量高。

f. 文化产品本馆特色突出，种类丰富，制作精美，销售情况好，有较完善的博物馆馆藏资源知识产权授权制度规范，为文化、科技企业开发利用博物馆数字资源提供便利。

g. 提供藏品代为保管、鉴定、养护、修复及咨询等公众服务项目，公众满意度高。

h. 观众调查制度健全，调查方法多样，调查成果充分运用。

博物馆能依托自身资源，发挥特色和优势，在法人治理结构、藏品管理、学术研究、展示教育、观众服务等领域，大胆创新、勇于实践，引领行业发展方向，作出卓越贡献。

7.2 二级

7.2.1 综合管理与基础设施

7.2.1.1 法人治理结构

法人治理结构完善，理事会（董事会）和监事会或其他形式的决策、监督机构健全，运行机制有效。

7.2.1.2 章程与发展规划

有正式批准和发布的博物馆章程和博物馆发展规划，体现高品质、特色化、差异化方向，服务国家和地区重大发展战略。年度工作计划符合发展规划要求。

7.2.1.3 建筑与环境

a. 建筑功能区块布局合理。

b. 环境整洁，绿化率高；室内空气质量较好。

7.2.1.4 人力资源

a. 岗位结构优化、梯次比较合理。高、中级管理人员一般应具备大学以上文化程度。

b. 员工考核、培训制度健全，人员、经费落实，业务培训全面，效果良好，强化上岗人员岗前培训管理，博物馆机构领导人员应具有文物行政管理部门委托或认可的干部培训经历并取得结业证书。

7.2.1.5 财务管理

a. 财务管理制度完善并有效实施，有基本满足需要的事业经费来源和保证。

b. 有稳定的社会资助。

7.2.1.6 安全保障

a. 一、二、三级风险单位按要求落实完备的安全防范系统，一、二、三级风险部位按要求落实完备的安全防范措施。

b. 有与博物馆规模相适应的管理规范、人员配置齐全的保卫工作机构；保卫工作规章制度健全，措施得当，有处置一般突发事件的应急预案；保卫人员受过专业培训，工作程序规范；档案齐全，交接班制度完善、记录齐全；定期组织安全演练。

c. 消防组织健全，责任明确，管理制度完善，有处置特定火灾的应急预案；消防设施、设备配备合理，有安全、有效的防雷装置，并定期进行检查、维修、更新；定期组织消防演练，保卫人员熟练、规范操作消防设备。

d. 公共安全制度健全，应急预案科学、规范；安全出口、疏散通道通畅，标志醒目；应急照明设备完好。

7.2.1.7 信息化建设

a. 信息化基础设施（包括网络接入、网络安全、终端和配套设备等）基本完备，适应博物馆数据管理和业务处理的基本要求；

b. 有适用于智慧保护、智慧管理、智慧服务的部分业务系统，能够在一定层面上支撑博物馆业务流程。

7.2.2 藏品管理与科学研究

7.2.2.1 藏品管理

a. 藏品资源与本馆的宗旨、使命相符，形成相对完整的体系。

b. 藏品总量300件/套以上、藏品总体价值珍贵，具有很高的历史、艺术、科学价值，其中一类价值具全国意义。

c. 有基本适应本馆藏品状况、功能相对完善的藏品数据库。

d. 有与本馆宗旨、使命相符的藏品征集政策和收藏范围；有规范的藏品征集组织与制度，对征集的藏品进行鉴定；有接受捐赠等多种征集渠道，征集经费基本满足需要，使用合理、效果好。

e. 藏品管理制度完善；藏品入藏手续齐全、资料完整；藏品总登记账清晰，账物相符；分类账准确合理，编目科学翔实；藏品档案记录规范，新入藏的藏品及时建档备案，并及时登记入藏品总账。

f. 库房面积满足收藏需要；库房管理制度健全；库房设施、设备基本符合藏品存放环境标准；藏品提用手续齐全，进、出库记录完整；藏品存放合理、规范；二级以上藏品均配备有符合要求的装具，一级文物和其他易损易坏的珍贵文物有专柜或专库存放并由专人负责保管；库房重点部位能控制温湿度，采光照明基本符合规范要求；库房整洁、空气无异味。

g. 有藏品保护修复场所和基本的设备；有文物藏品修复资质和具备文物藏品修复资格的人员；藏品修复、保养程序科学、规范，效果好。

7.2.2.2 学术研究与科技

a. 学术机构健全，学术带头人为有省级学术影响的专家；定期举办省级学术活动；定期出版较高质量的学术刊物；馆内人员经常在省级刊物发表专业论文、出版学术专著。

b. 有专门科技人员和必要的设施设备，能独立承担省部级科研课题，能借助或引进专业科技力量开展相关科学技术研究工作，并将有关成果运用到实际工作中。

c. 有与高等学校、科研院所开展学术交流、联合研究、科研成果共享和成果转化推广的协作机制。

7.2.3 陈列展览与社会服务

7.2.3.1 影响力

a. 有博物馆品牌标志并有效运用；有系统的博物馆宣传计划，省级媒体经常报道博物馆动态。

b. 在省内外有较高的知名度和较好的声誉；公众影响力较强，年观众5万人次以上，经常举办国内巡展和引进展览。

c. 主动融入博物馆所在地城乡人民社会文化生活，年均开展社区活动不少于10次。

d. 积极参与各类博物馆行业组织、区域博物馆联盟、馆际交流平台，并发挥作用。

e. 与地域相邻、主题相近、藏品相关的博物馆之间建立密切关系，与相关博物馆加强在藏品、展览、教育、人才资源方面的交流与合作。

f. 经常为中小博物馆、非国有博物馆提供对口帮扶，有较为健全的联展、巡展、互换展览和人员互派等长效协同发展机制。

7.2.3.2 展示、教育和传播

a. 展厅环境整洁，照明符合设计规范要求，珍贵文物展品的保存环境达标。

b. 基本陈列主题明确，较好体现本馆特色；策划方案合理，经过省级专家论证；内容研究较深入，展品组织较得当，文字说明准确、生动；展览设计较准确地表达陈列主题，艺术感染力较强；具有基本陈列动态调整机制，定期进行内容和展品更新；社会美誉度较高。

c. 采取多种合作模式，经常举办原创性、有省级影响力的临时展览；临时展览主题注重观众调查，筛选过程引入观众需求因素，有周密的前期策划和营销计划，展览的社会、经济效益较好。

d. 能根据自身特点、条件，运用现代信息技术，开展形式多样、生动活泼的社会教育和服务活动，参与社区文化建设和对外文化交流与合作。

有社会教育机构和专门从事社会教育工作的人员，馆内设有专门的未成年人教育服务区；有周密的社会教育工作方案和针对不同观众群体的社会教育计划；经常与教育部门以及其他单位联系或建立共建单位，开展有针对性的教育活动，积极推动博物馆进校园进课堂进教材，举办不同形式的讲座等活动，服务学校、工厂、社区和农村等不同观众群体；为省级爱国主义教育、科普教育基地。

e. 有较高素质、稳定的讲解员队伍；有适合不同观众群体的科学、准确、生动的讲解词；定期进行义务讲解；有针对特殊观众群体的讲解服务；有现代化自助语音讲解设备。

7.2.3.3 公众服务

a. 有"博物馆之友"等群众组织，依照章程定期开展活动。博物馆志愿者队伍稳定、有一定规模，全部实施上岗培训，每名志愿者每年为博物馆或观众服务48小时以上。

b. 博物馆每年开放时长240天以上；基本陈列在特定时间段定期免费开放，或向教师、军人、老年人、未成年人等免费开放；日常免费、优惠开放制度和措施向社会公示；年免费接待青少年观众人数占观众总人数的25%以上；科学测定、管理观众承载量。

c. 交通方便，可进入性良好；博物馆出入口处道路通畅，一般有无障碍通道；外部中、外文引导标识设置合理，清楚、美观。

d. 设室内售票点，或实施互联网售票、二维码验票；参观游览线路合理、顺畅；设有观众服务中心或相应场所，咨询服务人员业务熟悉，服务热情；中、外文的博物馆导览等基本信息资料品种多，内容丰富，制作较好，并免费为观众提供；基本陈列的标牌有中、外文说明；设有免费物品寄存处、特殊人群服务设施和设备和纪念品、文创产品销售服务设施等；展厅内有观众休息设施；厕所等卫生设施、设备布局合理，数量满足需要、维护清洁及时，并与环境相协调；各种设施、设备中、外文标识清楚。

e. 有专门网站，网站内容有特色，定期更新；馆内有互动式或参与式的多媒体文化、科普、教育服务设施，服务有特色、质量较高。

f. 文化产品本馆特色突出，种类较丰富，制作较精美，销售情况较好，有博物馆馆藏资源知识产权授权制度规范，为文化、科技企业开发利用博物馆数字资源提供便利。

g. 提供藏品代为保管、鉴定、养护及咨询等公众服务项目，公众满意度较高。

h. 观众调查制度比较健全，调查方式较多，调查成果有效运用。

博物馆能依托自身资源，发挥特色和优势，在法人治理结构、藏品管理、学术研究、展示教育、观众服务等领域，大胆创新、勇于实践，引领行业发展方向，作出重要贡献。

7.3 三级

7.3.1 综合管理与基础设施

7.3.1.1 法人治理结构

法人治理结构完善，理事会（董事会）和监事会或其他形式的决策、监督机构健全，运行机制有效。

7.3.1.2 章程与发展规划

有正式批准和发布的博物馆章程和博物馆发展规划，体现高品质、特色化、差异化方向，服务国家和地区重大发展战略。年度工作计划符合发展规划要求。

7.3.1.3 建筑与环境

a. 建筑功能区块布局基本合理。

b. 环境整洁，室内空气质量较好。

7.3.1.4 人力资源

a. 岗位结构、梯次基本合理。高、中级管理人员一般应具备大学以上文化程度。

b. 员工考核、培训制度健全，人员、经费落实，业务培训全面，效果良好，强化上岗人员岗前培训管理，博物馆机构主要负责人员应具有文物行政管理部门委托或认可的干部培训经历并取得结业证书。

7.3.1.5 财务管理

a. 财务管理制度完善并有效实施，有基本的事业经费来源和保证。

b. 有社会资助。

7.3.1.6 安全保障

a. 一、二、三级风险单位按要求落实相应的安全防范系统，一、二、三级风险部位按要求落实相应的安全防范措施。

b. 有与博物馆规模相适应的专职保卫人员；保卫工作规章制度健全，措施得当，有处置一般突发事件的应急预案；保卫人员受过专业培训，工作程序规范；档案齐全，交接班制度完善、记录齐全；定期组织安全演练。

c. 消防责任明确，管理制度完善；有针对一般火灾的消防应急预案；消防设施、设备按要求配备，有安全、有效的防雷装置，并定期进行检查、维修、更新；定期组织消防演练，保卫人员能够熟练、规范操作消防设备。

d. 公共安全制度健全，应急预案规范；安全出口、疏散通道通畅，标志醒目，应急照明设备完好。

7.3.1.7 信息化建设

a. 能够接入国际互联网，在编人员人均电脑配备率100%。

b. 有功能完善、运行可靠的局域网办公信息系统。

7.3.2 藏品管理与科学研究

7.3.2.1 藏品管理

a. 藏品资源与本馆的性质、任务相符，形成基本的体系。

b. 藏品总量300件/套以上、藏品总体价值比较珍贵，具有较高的历史、艺术、科学价值，其中一类价值具省级意义。

c. 有藏品数据库。

d. 有与本馆宗旨、使命相符的藏品征集政策和收藏范围；有规范的藏品征集组织与制度，对征集的藏品进行鉴定；有接受捐赠等多种征集渠道，征集经费使用合理、效果好。

e. 藏品管理制度健全；藏品入藏手续齐全、资料完整；藏品总登记账清晰，账物相符；藏品档案记录规范；新入藏的藏品及时建档备案，并及时登记入藏品总账。

f. 库房面积基本满足收藏需要；库房管理制度健全；库房设施、设备基本适应藏品存放环境要求；藏品提用手续齐全，进、出库记录完整；藏品存放规范；一级藏品均配备有符合要求的装具，一级文物和其他易损易坏的珍贵文物有专柜或专库存放并由专人负责保管；库房重点部位能控制温湿度，采光照明基本符合规范要求；库房整洁，空气无异味。

g. 藏品保养制度和措施健全，效果较好。

7.3.2.2 学术研究与科技

a. 有学术机构，学术带头人为有地区性学术影响的专家；定期举办区域内学术活动；定期出版学术刊物；馆内人员每年在省级（含）以上刊物发表专业论文。

b. 有一定科研能力，能借助或引进高等学校、科研院所的专业科技力量开展相关科学技术研究和学术交流工作，并将有关成果运用到实际工作中。

7.3.3 陈列展览与社会服务

7.3.3.1 影响力

a. 有博物馆品牌标志；有较为系统的博物馆宣传计划，地区级媒体经常报道博物馆动态。

b. 在省内有较高的知名度和较好的声誉；公众影响力较强，年观众3万人次以上；定期举办省内巡展和引进展览。

c. 主动融入博物馆所在地城乡人民社会文化生活，年均开展社区活动不少于5次。

d. 积极参与各类博物馆行业组织、区域博物馆联盟、馆际交流平台。

e. 与地域相邻、主题相近、藏品相关的博物馆之间建立密切关系，与相关博物馆加强在藏品、展览、教育、人才资源方面的交流与合作。

f. 为其他中小博物馆、非国有博物馆提供对口帮扶，积极融入相关形式的联展、巡展、互换展览和人员互派等长效协同发展机制。

7.3.3.2 展示、教育和传播

a. 展厅环境整洁，照明符合设计规范要求，珍贵文物展品的保存环境基本达标。

b. 基本陈列主题明确，体现本馆特色；策划方案比较合理，省级专家参加论证；内容研究具有一定深度，展品组织较合理，文字说明准确；展览设计较好表达陈列主题；具有基本陈列动态调整机制，及时进行内容和展品更新；有一定社会美誉度。

c. 采取多种合作模式，定期举办原创性、有地区性影响力的临时展览；临时展览主题注重观众调查，筛选过程引入观众需求因素，有前期策划和营销计划，展览的社会效益较好。

d. 能根据自身特点、条件，运用现代信息技术，开展形式多样、生动活泼的社会教育和服务活动，参与社区文化建设和对外文化交流与合作。

有社会教育机构和专门从事社会教育工作的人员；有具体可行的社会教育工作方案和针对不同观众群体的社会教育计划；经常与教育部门以及其他单位

联系或建立共建单位，开展有针对性的教育活动，积极推动博物馆进校园进课堂进教材，举办不同形式的讲座等活动，服务学校、工厂、社区和农村等不同观众群体；为地市级爱国主义教育、科普教育基地。

e. 有较高素质、稳定的讲解员队伍；有适合不同观众群体的科学、准确、生动的讲解词；定期进行义务讲解；有针对未成年观众群体的讲解服务。

7.3.3.3 公众服务

a. 博物馆志愿者队伍稳定、有一定规模，全部实施上岗培训，每名志愿者每年为博物馆或观众服务48小时以上。

b. 博物馆每年开放时长240天以上；基本陈列在特定时间段定期免费开放，或向教师、军人、老年人、未成年人等免费开放；日常免费、优惠开放制度和措施向社会公示；年免费接待青少年观众人数占观众总人数的20%以上；科学测定、管理观众承载量。

c. 交通方便，可进入性较好；博物馆出入口处道路通畅；外部引导标识设置比较合理，清楚、美观。

d. 设室内售票点，或实施互联网售票、二维码验票；参观游览线路基本合理、顺畅；设有观众咨询服务场所，服务人员业务熟悉，服务热情；博物馆导览等基本信息资料内容丰富，制作较好，并免费为观众提供；设有免费物品寄存处和纪念品、文创产品销售服务设施等；厕所等卫生设施、设备布局合理，数量满足需要、维护清洁及时，并与环境相协调；各种设施、设备中、外文标识清楚。

e. 文化产品开发体现本馆特色。

f. 提供藏品代为保管、养护及咨询等公众服务项目。

g. 定期进行观众调查，并尽可能运用调查成果。

博物馆能依托自身资源特色，发挥各自的特点和擅长优势，在法人治理结构、藏品管理、学术研究、影响力、展示教育、观众服务等领域，勇于创新、积极实践。

8. 评分细则

8.1 本细则共计1000分，共分为三个大项，各大项分值为：综合管理与基础设施200分；藏品管理与科学研究300分；陈列展览与社会服务500分。评估时，综合管理与基础设施项最低分值应在80分（含）以上；藏品管理与科学研究项最低分值应在120分（含）以上；陈列展览与社会服务项最低分值应在200分（含）以上。

8.2 一级博物馆需达到800分，二级博物馆需达到600分，三级博物馆需达到400分。

8.3 评分细则计分表。

评分细则计分表（2019 年 12 月）

说明：10栏为打分点，所有10分值总和为1000分（加分项除外）

序号	评定项目	检查评定方法与说明	大项分值栏	分项分值栏	次分项分值栏	小项分值栏	次小项分值栏	自评计分栏	评定计分栏
1	综合管理与基础设施	本大分项满分 200 分，下设次分项内含有共 3 个加分项，经加分后，本大分项总分最多不超过 200 分	200						
1.1	法人治理结构			14					
1.1.1	决策机构				9				
	决策机构形式					2			
1.1.1.1	有理事会（董事会）	理事会（董事会）由博物馆举办者或其代表、馆长、职工代表、社会人士组成。附件 1001：博物馆法人登记证书或主管部门批准博物馆成立的其他文件 附件 1002：主管部门批准成立理事会的文件					2		

序号	评定项目	检查评定方法与说明	大项分值栏	分项分值栏	次分项分值栏	小项分值栏	次小项分值栏	自评计分栏	评定计分栏
1.1.1.1	有其他形式决策机构					1			
1.1.1.1.X	专属加分项：行业博物馆、非国有博物馆理事会（董事会）	本项为行业博物馆、非国有博物馆专属加分项，满分1分。行业博物馆、非国有博物馆设有由博物馆举办者或其代表、馆长、职工代表、社会人士组成的理事会（董事会）的可予加分				1			
1.1.1.2	决策机构组织规则	附件1003：理事会（董事会）章程或其他组织规则文件				2			
	有理事会（董事会）章程					2			
	有其他形式的组织规则					1			
1.1.1.3	决策机构人员结构	附件1004：决策机构组成人员名录（应包含决策机构组成人员单位、职务、学历等信息）				2			
	决策机构由博物馆举办者或其代表、馆长、职工代表、社会人士组成					1			
	理事会（董事会）组成人员的名单、个人证件照、简历等信息在网站向社会公布	附件1005：公布网站页面链接、截图				1			

序号	评定项目	检查评定方法与说明	大项分值栏	分项分值栏	次分项分值栏	小项分值栏	次小项分值栏	自评计分栏	评定计分栏
1.1.1.3.1	一般加分项：吸纳教育界人士进入决策机构	本项为一般加分项，满分4分。附件1006：吸纳博物馆所在地中小学教师加入理事会（董事会）的情况说明			4				
1.1.1.4	依照理事会（董事会）章程或其他组织规则有效开展决策活动	附件1007：决策机构活动记录 附件1008：决策机构年度工作报告				3			
1.1.2	监督机构				5				
	监督机构形式					2			
1.1.2.1	有监事会或监事	监事会由博物馆举办者代表、职工代表组成。附件1009：主管部门批准成立监事会和任命监事文件					2		
	有其他形式监督机构						1		
1.1.2.2	有监督机构组织规则	附件1010：监事会等组织规则					1		
1.1.2.3	监督机构依据组织规则有效运行	附件1011：监事会等人员名单 附件1012：监事会等活动记录 附件1013：监事会等年度工作报告					1		

序号	评定项目	检查评定方法与说明	大项分值栏	分项分值栏	次分项分值栏	小项分值栏	次小项分值栏	自评计分栏	评定计分栏
1.1.2.4	监督机构组成人员的名单、个人证件照、简历等信息在网站向社会公布					1			
1.2	博物馆章程与发展规划			20					
1.2.1	博物馆章程				5				
1.2.1.1	内容全面，系统申明博物馆的法律地位、使命、永久性、非营利性质以及管理运行原则与机制等重大事项	附件1014：经主管部门批准的博物馆"三定"方案或其他由主管部门发布的申明博物馆机构职能的文件 附件1015：博物馆章程文本				2			
1.2.1.2	经过主管部门批准	附件1016：主管部门批准博物馆章程的文件，网站发布页面链接、截图				2			
1.2.1.3	在博物馆网站向社会公布	附件1017：网站公布页面链接及截图				1			
1.2.2	发展规划				8				
1.2.2.1	博物馆中长期发展规划符合本馆宗旨和使命定位，体例完备，思路清晰，目标明确，重点突出，保障措施具体，体现高品质、特色化、差异化发展，能因地制宜地为国家和地区重大发展战略的实施提供有效配合	附件1018：博物馆中长期发展规划文本				3			

序号	评定项目	检查评定方法与说明	大项分值栏	分项分值栏	次分项分值栏	小项分值栏	次小项分值栏	自评计分栏	评定计分栏
1.2.2.2	规划经过专家论证	附件1019：带有专家签名的论证意见或论证会议纪要				3			
1.2.2.3	经过上级主管部门批准	附件1020：主管部门批准或发布博物馆中长期规划的文件				1			
	在博物馆网站向社会发布	附件1021：网站发布页面链接、截图				1			
1.2.3	年度工作计划与中长期规划有效衔接，思路清楚、任务明确、操作性强	附件1022：博物馆年度工作计划文本				1			
	在博物馆网站向社会发布	附件1023：网站公布页面链接及截图				2			
1.2.4	博物馆年度报告	附件1024：博物馆自行向社会发布的近三年的年度报告				4			
	向社会发布博物馆近三年的年度报告，内容完整翔实，图文并茂，在博物馆官网提供电子版全文网络下载					4			
	向社会发布了博物馆部分年度的报告，内容基本完整，在博物馆官网提供电子版网络下载					2			

序号	评定项目	检查评定方法与说明	大项分值栏	分项分值栏	次分项分值栏	小项分值栏	次小项分值栏	自评计分栏	评定计分栏
	专属加分项：行业博物馆、非国有博物馆年度报告	本项为行业博物馆、非国有博物馆专属加分项，满分2分。行业博物馆、非国有博物馆自行向社会发布的近三年的年度报告的可予加1—2分			2				
1.2.4.X	行业博物馆、非国有博物馆向社会发布近三年的年度报告，内容完整翔实，图文并茂，在博物馆官网提供电子版全文网络下载				2				
	行业博物馆、非国有博物馆向社会发布部分年度的报告，内容基本完整，在博物馆官网提供电子版网络下载				1				
1.3	建筑与环境			16					
1.3.1	建筑功能区块布局	根据《博物馆建筑设计规范 JGJ66-91》"3.1 一般规定"中的条款酌情给分附件1025：博物馆建筑功能分区示意图及附带说明（说明应以定量形式清晰描述博物馆功能区块布局）			4				

序号	评定项目	检查评定方法与说明	大项分值栏	分项分值栏	次分项分值栏	小项分值栏	次小项分值栏	自评计分栏	评定计分栏
1.3.1	建筑功能区块布局合理，自成系统					4			
	建筑功能区块布局较合理，相对自成系统					2			
	建筑功能区块布局基本合理					1			
1.3.2	环境卫生	附件1026：博物馆环境卫生说明（以定量形式清晰描述）				7			
1.3.2.1	室外卫生	无乱堆、乱放、乱建现象，施工场地维护完好；无污水、污物；酌情给分					2		
1.3.2.2	室内卫生	整洁、美观、舒适；酌情给分					2		
1.3.2.3	室内空气质量	清新，无异味；酌情给分					2		
1.3.2.4	绿化	根据室外植被覆盖、室内绿化情况酌情给分					1		
1.3.3	建筑节能降耗					5			
	年平均单位面积建筑能耗低于30千瓦时/平方米						5		
	年平均单位面积建筑能耗低于40千瓦时/平方米						2		

序号	评定项目	检查评定方法与说明	大项分值栏	分项分值栏	次分项分值栏	小项分值栏	次小项分值栏	自评计分栏	评定计分栏
1.3.3	年平均单位面积建筑能耗低于50千瓦时/平方米					1			
1.4	人力资源	附件1027：博物馆人力资源情况说明（需应以定量形式清晰描述博物馆人力资源基本情况）		30					
1.4.1	人员资质与比例	"人员资质"指从事专业技术岗位的业务人员。根据人事部《〈事业单位岗位设置管理试行办法〉实施意见》（国人部发〔2006〕87号）的规定，主要以专业技术提供社会公益服务的事业单位，应保证专业技术岗位占主体，一般不低于单位岗位总量的70%。附件1028：由人事、编制部门出具的博物馆编制、岗位核定文件附件1029：博物馆专业技术人员名录（应包含专业技术人员职称、学历、学位等信息）			5				
		专业技术人员达到在编人数的85%以上				5			
		专业技术人员达到在编人数的70%以上				3			
		专业技术人员不低于在编人数的50%				1			

序号	评定项目	检查评定方法与说明	大项分值栏	分项分值栏	次分项分值栏	小项分值栏	次小项分值栏	自评计分栏	评定计分栏
1.4.2	人才梯次结构				10				
1.4.2.1	优化岗位结构，专业技术人员中高、中、初级职称人员比例适当	根据人力资源社会保障部、国家文物局《关于进一步加强文博事业单位人事管理工作的指导意见》（人社部发〔2019〕120号），一、二、三级博物馆的专业技术岗级岗位比例分别按不超过40%、35%、30%控制。酌情给分				4			
1.4.2.2	高、中级管理人员	高级管理人员指博物馆负责人，中级管理人员指各部门负责人。附件1030：博物馆管理人员清单（应包含博物馆管理人员职称、学历、学位等信息）				5			
	高、中级管理人员都具备大学以上文化程度					5			
	高、中级管理人员都具有大专以上文化程度					2			
1.4.2.3	高级管理人员（博物馆负责人）的名单、个人证件照、简历等信息在网站向社会公布	附件1031：网站公布页面链接及截图				1			

序号	评定项目	检查评定方法与说明	大项分值栏	分项分值栏	次分项分值栏	小项分值栏	次小项分值栏	自评计分栏	评定计分栏
1.4.3	人员培训	指参加市（地）级（含）以上文物行政部门、相关行业协会等组织的专业培训			12				
1.4.3.1	有切实可行的人员培训制度	附件1032：博物馆人员培训办法等制度性文件				3			
1.4.3.2	有相应的培训经费	附件1033：博物馆近三年人员培训经费情况说明				2			
1.4.3.3	人员培训工作有计划、有秩序地开展	附件1034：博物馆近三年人员培训计划及实施情况				3			
1.4.3.4	上岗人员培训合格率达到100%，有相应证书	合格率未达到100%的，酌情给分；合格率低于80%不得分 附件1035：博物馆上岗人员培训情况				4			
1.4.4	有科学的员工考核、奖励制度并有效实施	附件1036：博物馆员工考核奖励办法等制度性文件及实施情况				3			
1.5	财务管理			30					
1.5.1	财务管理制度完善	附件1037：博物馆财务管理办法（含财务内部控制）等制度性文件				5			
1.5.2	财务管理制度有效实施	附件1038：由审计机构为博物馆出具的审计报告（报告期限应为近三年以内的）或博物馆财务制度执行情况说明				5			

序号	评定项目	检查评定方法与说明	大项分值栏	分项分值栏	次分项分值栏	小项分值栏	次小项分值栏	自评计分栏	评定计分栏
1.5.3	经费来源与保证	附件1039：博物馆上年度财务决算报告			10				
	人均事业经费在10万元（含）以上	事业经费指纳入本级财政预算，除职工工资福利、设施设备维护、行政办公费以外的业务工作经费			10				
	人均事业经费在5万（含）—10万元				8				
	人均事业经费在2万（含）—5万元				6				
	人均事业经费在1万（含）—2万元				4				
1.5.4	社会资助	近三年内实际接受资助的项目，包括无偿赠送的物资（含文物）及赠款，额度不限，以捐赠协议等书面证据为依据 附件1040：博物馆近三年内接受社会捐赠的捐赠协议或情况说明（应以表格形式逐笔记录捐赠情况）			10				
1.5.4.1	渠道					3			
	多渠道					2			
	单一渠道					1			

序号	评定项目	检查评定方法与说明	大项分值栏	分项分值栏	次分项分值栏	小项分值栏	次小项分值栏	自评计分栏	评定计分栏
1.5.4.2	稳定性					3			
	有定期的社会资助					2			
	有不定期的社会资助					1			
1.5.4.3	制定接受社会捐赠管理制度，具有清晰的操作规程，并在博物馆网站向社会公开					4			
1.6	安全保障		80						
1.6.1	风险与防护	参照《文物系统博物馆风险等级和安全防护级别的规定》（GA27-2002）要求评分 附件1041：由公安部门出具的博物馆风险等级达标证明 附件1042：博物馆安防设备配置清单			40				
1.6.1.1	有中心控制室					2			
1.6.1.2	中心控制室能随时掌握报警现场位置					1			
1.6.1.3	报警资料保存完整、能随时提用					1			
1.6.1.4	有与公安部门联动的装置					1			
1.6.1.5	有室外周界报警系统					3			

序号	评定项目	检查评定方法与说明	大项分值栏	分项分值栏	次分项分值栏	小项分值栏	次小项分值栏	自评计分栏	评定计分栏
1.6.1.6	室外设置电视监控装置					3			
1.6.1.7	室外周界出入口设置出入口控制装置					3			
1.6.1.8	室外有实体防护装置					2			
1.6.1.9	有巡更系统					1			
1.6.1.10	展厅出入口有出入口控制装置					3			
1.6.1.11	藏品库房出入口、通道处有出入口控制装置					3			
1.6.1.12	修复场所出入口、通道处有出入口控制装置					3			
1.6.1.13	内部重要出入口有电视监控装置					3			
1.6.1.14	内部重要部位有实体防护装置					2			
1.6.1.15	展厅内有周界报警系统					2			
1.6.1.16	展厅内有振动报警设备					1			
1.6.1.17	库房内有周界报警系统					2			
1.6.1.18	库房内有振动报警设备					1			

序号	评定项目	检查评定方法与说明	大项分值栏	分项分值栏	次分项分值栏	小项分值栏	次小项分值栏	自评计分栏	评定计分栏
1.6.1.19	重要展柜安装防弹玻璃或设置报警装置					3			
1.6.2	安全保卫	参照《博物馆安全保卫工作规定》评分 附件1043：博物馆安全保卫工作情况说明 附件1044：博物馆安全保卫部门近三年的工作总结			15				
1.6.2.1	有专门安全保卫工作机构	附件1045：博物馆安全保卫部门设置情况及职能说明				1			
1.6.2.2	安全保卫人员配置合理	附件1046：博物馆安全保卫人员名录（应包含保卫人员职称、学历等信息）				3			
1.6.2.3	安全保卫规章制度操作规程健全完善	附件1047：博物馆安全保卫制度 附件1048：博物馆安全保卫工作规程				2			
1.6.2.4	安全保卫工作档案齐全规范	附件1049：近三年任意一份博物馆安全保卫巡查记录 附件1050：近三年任意一份博物馆安全保卫交接班记录				3			
1.6.2.5	安全防范应急预案科学规范	附件1051：博物馆安全防范应急预案				3			
1.6.2.6	安全保卫演练	附件1052：最近1至2次博物馆安全保卫演练记录				3			

序号	评定项目	检查评定方法与说明	大项分值栏	分项分值栏	次分项分值栏	小项分值栏	次小项分值栏	自评计分栏	评定计分栏
1.6.2.6	每年举行 2 次（含）以上						3		
	每年举行 1 次						1		
1.6.3	消防安全	参照《机关、团体、企业、事业单位消防安全管理规定》评分 附件 1053：博物馆消防安全情况报告 附件 1054：消防部门给博物馆出具的消防达标证明				12			
1.6.3.1	消防组织健全，消防安全责任明确						2		
1.6.3.2	消防安全管理规章操作规程健全完善	附件 1055：博物馆消防管理制度 附件 1056：博物馆消防工作规程等					2		
1.6.3.3	消防设施齐全、完好有效	附件 1057：近三年内消防部门到博物馆进行消防检查的检查记录或博物馆消防设施运行情况说明					2		
1.6.3.4	防雷装置安全、有效	附件 1058：防雷设施运行情况说明					2		
1.6.3.5	消防应急预案科学规范	附件 1059：博物馆消防应急预案					2		
1.6.3.6	消防演练	附件 1060：最近 1 至 2 次博物馆消防演练记录					2		
	每年举行 2 次（含）以上						2		

序号	评定项目	检查评定方法与说明	大项分值栏	分项分值栏	次分项分值栏	小项分值栏	次小项分值栏	自评计分栏	评定计分栏
1.6.3.6	每年举行 1 次					1			
1.6.4	公共安全				13				
1.6.4.1	参观游览等公共安全制度健全、有效实施	附件 1061：博物馆参观游览安全管理办法等制度文件及实施情况说明				4			
1.6.4.2	进出口、安全疏散路线设置合理畅通，标志醒目、美观	附件 1062：进出口、安全疏散路线设置情况说明及疏散路线图				3			
1.6.4.3	应急照明、救生设施设备配置合理、完好	附件 1063：应急设施设备配置清单及运行情况说明				3			
1.6.4.4	公共安全应急预案科学规范、有效实施	附件 1064：博物馆公共安全应急预案及实施情况说明				3			
1.7	信息化建设			10					
1.7.1	信息化基础设施	附件 1065：博物馆信息化基础设施相关情况说明			6				
	信息化基础设施（包括网络接入、网络安全、终端和配套设备等）建设完备，适应智慧博物馆建设的基本要求				6				
	信息化基础设施（包括网络接入、网络安全、终端和配套设备等）基本完备，适应博物馆数据管理和业务处理的基本要求				4				

序号	评定项目	检查评定方法与说明	大项分值栏	分项分值栏	次分项分值栏	小项分值栏	次小项分值栏	自评计分栏	评定计分栏
1.7.1	能够接入国际互联网，在编人员人均电脑配备率100%				2				
1.7.2	业务系统建设	附件1066：博物馆信息化建设情况说明			4				
	有一整套适用于智慧保护、智慧管理、智慧服务的业务系统，能够通过信息化手段支撑博物馆业务流程				4				
1.7.2	有适用于智慧保护、智慧管理、智慧服务的部分业务系统，能够在一定层面上支撑博物馆业务流程				3				
	能够接入国际互联网，在编人员人均电脑配备率100%				2				
2	藏品管理与科学研究	本大分项满分300分，下设次分项内另设共5个加分项，经加分后，本分项总分最多不超过300分	300						
2.1	藏品管理			150					
2.1.1	藏品情况	附件2001：博物馆藏品情况综述（应包含博物馆藏品数量、体系、特点、历史文化科学艺术价值等方面情况）			33				

序号	评定项目	检查评定方法与说明	大项分值栏	分项分值栏	次分项分值栏	小项分值栏	次小项分值栏	自评计分栏	评定计分栏
2.1.1.1	藏品体系					5			
	与本馆宗旨、使命相符，形成完整体系					5			
	与本馆宗旨、使命相符，形成相对完整体系					3			
	与本馆宗旨、使命相符，形成基本体系					1			
2.1.1.2	藏品规模	依据《博物馆藏品管理办法》第八条第三款"藏品计件"、第四款"藏品计量单位"				20			
	藏品数量10万件以上					20			
	藏品数量5万件以上					19			
	藏品数量4万件以上					18			
	藏品数量3.5万件以上					17			
	藏品数量3万件以上					16			
	藏品数量2.5万件以上					15			
	藏品数量2万件以上					14			
	藏品数量1.5万件以上					13			
	藏品数量1万件以上					12			
	藏品数量8000件以上					11			

序号	评定项目	检查评定方法与说明	大项分值栏	分项分值栏	次分项分值栏	小项分值栏	次小项分值栏	自评计分栏	评定计分栏
2.1.1.2	藏品数量 6000 件以上					10			
	藏品数量 5000 件以上					9			
	藏品数量 4000 件以上					8			
	藏品数量 3000 件以上					7			
	藏品数量 2000 件以上					6			
	藏品数量 1500 件以上					5			
	藏品数量 1000 件以上					4			
	藏品数量 800 件以上					3			
	藏品数量 600 件以上					2			
	藏品数量 400 件以上					1			
2.1.1.3	藏品的历史、艺术、科学价值					8			
	藏品总体价值特别珍贵，具有极高的历史、艺术、科学价值，其中至少一类价值具有世界意义					8			
	藏品总体价值珍贵，具有很高历史、艺术、科学价值，其中至少一类价值具有全国意义					6			

序号	评定项目	检查评定方法与说明	大项分值栏	分项分值栏	次分项分值栏	小项分值栏	次小项分值栏	自评计分栏	评定计分栏
2.1.1.3	藏品总体价值比较珍贵，具有较高的历史、艺术、科学价值，其中至少一类价值具有省级意义					4			
2.1.2	藏品数据库	附件2002：藏品管理信息系统开发及运行情况说明（应包含系统功能、使用情况、藏品信息采集比例、珍贵文物信息采集比例等内容）			5				
	藏品信息采集比例达到100%				5				
	藏品信息采集比例达到80%				3				
	藏品信息采集比例达到60%				1				
2.1.3	藏品数据库公开	附件2003：通过博物馆官方网站公开藏品数据库，可供普通观众提供包括藏品高清晰度照片、翔实文字信息等在内的藏品数据在线查阅、搜索服务的情况说明			5				
	藏品数据库公开比例达到藏品总量100%				5				
	藏品数据库公开比例达到藏品总量80%				4				

序号	评定项目	检查评定方法与说明	大项分值栏	分项分值栏	次分项分值栏	小项分值栏	次小项分值栏	自评计分栏	评定计分栏
2.1.3	藏品数据库公开比例达到藏品总量60%				3				
	藏品数据库公开比例达到藏品总量40%				2				
	藏品数据库公开比例达到藏品总量20%				1				
2.1.3.X	专属加分项：行业博物馆、非国有博物馆藏品数据库公开	本项为行业博物馆、非国有博物馆专属加分项，满分2分。行业博物馆、非国有博物馆通过博物馆官方网站公开藏品数据库的可予加1—2分			2				
	行业博物馆、非国有博物馆藏品数据库公开比例达到藏品总量100%				2				
	行业博物馆、非国有博物馆藏品数据库公开比例达到藏品总量50%				1				
2.1.3.1	一般加分项：通过博物馆官方网站等向社会公众免费提供藏品完整高清图片等信息下载，图片完整清晰，藏品档案信息完备	本项为一般加分项，满分10分。附件2004：通过博物馆官方网站免费提供藏品完整高清晰度照片等信息下载服务的链接、截图			10				

序号	评定项目	检查评定方法与说明	大项分值栏	分项分值栏	次分项分值栏	小项分值栏	次小项分值栏	自评计分栏	评定计分栏
2.1.3.1	可供下载图片等信息的藏品比例达到藏品总量的 90% 以上				10				
	可供下载图片等信息的藏品比例达到藏品总量的 75% 以上				6				
	可供下载图片等信息的藏品比例达到藏品总量的 50% 以上				4				
2.1.4	藏品征集				14				
2.1.4.1	明确藏品征集政策和征集范围	与本馆性质、任务相符 附件 2005：藏品征集办法等制度文件				1			
	藏品征集政策等制度文件信息在网站向社会公布	附件 2006：网站公布页面链接及截图				1			
2.1.4.2	明确入藏标准和程序	附件 2007：藏品入藏标准和征集工作流程等				1			
	入藏标准和程序等信息在网站向社会公布	附件 2008：网站公布页面链接及截图				1			
2.1.4.2.X	专属加分项：行业博物馆、非国有博物馆明确藏品征集政策、征集范围、明确入藏标准和程序	本项为行业博物馆、非国有博物馆专属加分项，满分 1 分。行业博物馆、非国有博物馆制定清晰的藏品征集政策、征集范围、明确入藏标准的可予加分				1			
2.1.4.3	有藏品征集机构					1			

序号	评定项目	检查评定方法与说明	大项分值栏	分项分值栏	次分项分值栏	小项分值栏	次小项分值栏	自评计分栏	评定计分栏
2.1.4.4	有专门负责征集的人员					1			
2.1.4.5	有具备文物鉴定资质的人员	具备其中之一：1. 本馆设有文物进出境鉴定站或省级文物鉴定委员会；2. 本馆至少有1名在编人员有文物进出境责任鉴定员资格；3. 本馆至少有1名在编人员是国家或省级文物鉴定委员会委员；4. 本馆至少有1名在编人员是省级文物保护专家库成员。附件2009：博物馆文物鉴定人员名录（应包含职务、职称、学历、鉴定专业资格等信息）				1			
2.1.4.6	有藏品征集经费	纳入本级财政预算的支出科目附件2010：博物馆近三年年度财务决算报告				1			
2.1.4.7	藏品征集经费使用合理、效果好	所征集的藏品与本馆宗旨使命相符，并与现有藏品构成互补，有利于充实藏品体系附件2011：近三年藏品征集清单				1			
2.1.4.8	藏品来源渠道	附件2012：近三年藏品征集途径说明				5			
	接受社会机构或个人捐赠						2		

序号	评定项目	检查评定方法与说明	大项分值栏	分项分值栏	次分项分值栏	小项分值栏	次小项分值栏	自评计分栏	评定计分栏
	考古发掘品移交						1		
2.1.4.8	海关、公安、工商等执法部门罚没移交						1		
	其他渠道						1		
2.1.5	藏品接收与入账	检查藏品账卡、档案记录情况，重点查是否及时补充新增内容 附件2013：藏品接收、鉴定、入藏、登账、编目、建档办法等制度及实施情况			13				
2.1.5.1	入藏的藏品有完整、清晰的原始档案资料					1			
2.1.5.2	入藏手续齐全					2			
2.1.5.3	藏品登记					4			
	藏品总账清晰、账物相符						2		
	分类账科学合理，编目详明，查用方便						2		
2.1.5.4	藏品档案完备，记录规范					4			
	藏品全部建立档案并依法备案					4			

序号	评定项目	检查评定方法与说明	大项分值栏	分项分值栏	次分项分值栏	小项分值栏	次小项分值栏	自评计分栏	评定计分栏
2.1.5.4	90%藏品且珍贵文物、重点保护古生物化石标本藏品建立档案并依法备案						3		
	75%藏品且珍贵文物、重点保护古生物化石标本藏品建立档案并依法备案						2		
	珍贵文物、重点保护古生物化石标本藏品建立档案并依法备案						1		
2.1.5.4.X	专属加分项：行业博物馆、非国有博物馆落实法人财产权，及时完成与办馆宗旨、业务范围和馆舍规模相适应的藏品登记，依法确认为博物馆法人财产，并建立藏品档案、依法完成备案	本项为行业博物馆、非国有博物馆专属加分项，满分2分。行业博物馆、非国有博物馆落实法人财产权，及时完成与办馆宗旨、业务范围和馆舍规模相适应的藏品登记，依法确认为博物馆法人财产，并建立藏品档案、依法完成备案的可予加1—2分					2		
	行业博物馆、非国有博物馆完成所有的藏品登记，依法确认为博物馆法人财产，并建立完整藏品档案、依法完成所有的藏品备案						2		

序号	评定项目	检查评定方法与说明	大项分值栏	分项分值栏	次分项分值栏	小项分值栏	次小项分值栏	自评计分栏	评定计分栏
2.1.5.4.X	行业博物馆、非国有博物馆完成80%以上的博物馆藏品登记，依法确认为博物馆法人财产，建立藏品档案、依法完成80%以上的藏品备案					1			
2.1.5.5	新入藏的藏品及时建档备案					2			
2.1.6	藏品存放	附件2014：藏品保存状况说明（应包含藏品分类保存、分库保存、放置及保管装备装具配置情况等方面内容）			15				
2.1.6.1	藏品分类保存						3		
	全部藏品按质地分类存放						3		
	90%藏品且珍贵文物、重点保护古生物化石标本藏品按质地分类存放						2		
	珍贵文物藏品按质地分类存放						1		
2.1.6.2	藏品分库保存						3		
	全部藏品科学分库保存						3		

序号	评定项目	检查评定方法与说明	大项分值栏	分项分值栏	次分项分值栏	小项分值栏	次小项分值栏	自评计分栏	评定计分栏
2.1.6.2	90%藏品且珍贵文物、重点保护古生物化石标本藏品科学分库保存					2			
	珍贵文物、重点保护古生物化石标本藏品分库保存					1			
2.1.6.3	重要的珍贵文物、重点保护古生物化石标本藏品有专用柜					3			
	珍贵文物、重点保护古生物化石标本藏品有专柜存放,并由专人负责保管					3			
	一、二级文物和其他易损易坏的珍贵文物,以及一、二级重点保护古生物化石标本藏品有专柜存放,并由专人负责保管					2			
	一级文物和其他易损易坏的珍贵文物、一级重点保护古生物化石标本藏品有专柜存放,并由专人负责保管					1			
2.1.6.4	藏品放置	按科学方法分类上架、归置				3			
	科学、合理、规范					3			

序号	评定项目	检查评定方法与说明	大项分值栏	分项分值栏	次分项分值栏	小项分值栏	次小项分值栏	自评计分栏	评定计分栏
2.1.6.4	合理、规范					2			
	基本合理					1			
2.1.6.5	藏品装具（载具、护具）					3			
	全部藏品均有符合要求的装具（载具、护具）					3			
	90%藏品且珍贵文物、标本藏品均有符合要求的装具（载具、护具）					2			
	珍贵文物、标本藏品均有符合要求的装具（载具、护具）					1			
2.1.7	藏品提用	参考《博物馆藏品管理办法》评分 附件2015：藏品提用制度及实施情况说明			5				
2.1.7.1	提用手续齐全					3			
2.1.7.2	进出库记录完备					2			
2.1.8	库房面积					5			
	满足藏品收藏需要					5			
	基本满足藏品收藏需要					2			
2.1.9	库房管理	附件2016：藏品库房管理制度及实施情况说明				8			

序号	评定项目	检查评定方法与说明	大项分值栏	分项分值栏	次分项分值栏	小项分值栏	次小项分值栏	自评计分栏	评定计分栏
2.1.9.1	库房管理制度健全有效	检查库房管理制度和库房日记登记情况，酌情给分				3			
2.1.9.2	库房管理人员配置合理	藏品库房应有专人管理				3			
2.1.9.3	库房环境整洁	堆放违禁物品的不得分				2			
2.1.10	库房设施	参考《馆藏文物保存环境达标试行规范》评分 附件2017：藏品保存环境达标情况说明			17				
2.1.10.1	库房建筑和保管设备应安全、坚固、适用					2			
2.1.10.2	温湿度控制设施					5			
	温湿度设施完善、设备齐全，按藏品质地控制温湿度					5			
	温湿度设施基本完善、设备基本齐全，能控制温湿度					3			
	有简单的温湿度控制设备					1			
2.1.10.3	库房照明设施符合设计规范要求	参考《博物馆照明设计规范》评分 附件2018：库房照明设施达标情况说明（应当对照《博物馆照明设计规范》有关要求逐项说明库房内照明设施的种类、数量、配置安排情况、使用情况等内容）				2			

序号	评定项目	检查评定方法与说明	大项分值栏	分项分值栏	次分项分值栏	小项分值栏	次小项分值栏	自评计分栏	评定计分栏
2.1.10.4	通风设施完善、设备运转正常					2			
2.1.10.5	有防腐蚀措施					2			
2.1.10.6	有防霉变措施					2			
2.1.10.7	防虫、防鼠等防有害生物入侵					2			
2.1.11	藏品保护与修复				30				
2.1.11.1	藏品保护修复场所	本馆独立拥有 附件2019：藏品保护修复场所设施情况说明				7			
	有较大规模、设备齐全的藏品保护修复场所					7			
	有一定规模和设备的藏品保护修复场所					4			
	有藏品保护修复室并配备简单设备					2			
2.1.11.2	文物藏品保护修复资质	附件2020：省级以上文物行政部门颁发的可移动文物保护设计、修复资质证明				6			
	单位具备20种以上文物藏品的修复资质					6			
	单位具备15种以上文物藏品的修复资质					5			

序号	评定项目	检查评定方法与说明	大项分值栏	分项分值栏	次分项分值栏	小项分值栏	次小项分值栏	自评计分栏	评定计分栏
2.1.11.2	单位具备10种以上文物藏品的修复资质					4			
	单位具备5种以上文物藏品的修复资质					3			
	单位具备1种以上文物藏品的修复资质					1			
2.1.11.3	文物藏品保护修复的人员规模	指从事修复工作的人员具备可移动文物修复能力，或具有中级以上文物博物等相关专业技术职称。附件2021：文物藏品保护修复人员名录（应包含修复人员职称、学历、学位等信息）				7			
	有15名以上具备文物修复能力的人员					7			
	有10名以上具备文物修复能力的人员					6			
	有5名以上具备文物修复能力的人员					4			
	有1名以上具备文物修复能力的人员					2			
2.1.11.4	藏品修复程序科学、规范，效果好	附件2022：近三年藏品修复、保护工作情况说明				8			
	藏品检测报告全面科学，具有典型示范意义						2		

序号	评定项目	检查评定方法与说明	大项分值栏	分项分值栏	次分项分值栏	小项分值栏	次小项分值栏	自评计分栏	评定计分栏
2.1.11.4	藏品分析报告全面科学，具有实践指导意义						2		
	藏品修复方案依法报批后实施						2		
	藏品修复报告科学规范						2		
2.1.11.5	藏品日常养护程序科学、规范，效果好	附件2023：藏品养护办法 附件2024：近期藏品养护记录（记录时间应为24个月以内）				2			
2.2	学术研究与科技			150					
2.2.1	学术组织				10				
2.2.1.1	有学术委员会	本馆独立设立 附件2025：学术委员会成立文件				1			
2.2.1.2	学术委员会组织制度健全规范	附件2026：学术委员会章程、工作规程等制度性文件				1			
	学术委员会组织制度等信息在网站向社会公布	附件2027：网站公布页面链接及截图				1			

序号	评定项目	检查评定方法与说明	大项分值栏	分项分值栏	次分项分值栏	小项分值栏	次小项分值栏	自评计分栏	评定计分栏
2.2.1.3	人员结构合理	应体现出学科的专业性和多样性 附件2028：学术委员会成员名录（应包含成员年龄、单位、职务、学历、学位等信息）				7			
	学术委员会成员都具备高级职称，且外聘专家占20%以上，本馆在编学术带头人为有全国性学术影响的专家					7			
	学术委员会成员都具备高级职称，且外聘专家占学术委员会成员10%以上，本馆在编学术带头人为有全国性学术影响的专家					5			
	学术委员会成员都具备高级职称，且有外聘专家，本馆在编学术带头人为有省级学术影响的专家					4			
	学术委员会成员都具备高级职称，本馆在编学术带头人为有省级学术影响的专家					3			

序号	评定项目	检查评定方法与说明	大项分值栏	分项分值栏	次分项分值栏	小项分值栏	次小项分值栏	自评计分栏	评定计分栏
2.2.1.3	学术委员会成员80%以上具备高级职称，本馆在编学术带头人为有地区性学术影响的专家					2			
2.2.1.3.1	一般加分项：学术委员会学术影响力巨大。学术委员会组成成员中有诺贝尔奖、图灵奖、菲尔兹奖等国际学术大奖获得者，或中国科学院院士、中国工程院院士、中国社会科学院学部委员、中央文史馆馆员，或国家科学技术奖获奖个人或获奖项目主要完成人	本项为一般加分项，满分3分。附件2029：高水平学术委员会组成成员名单、聘任证书等证明文件，通过博物馆官方网站向社会公众发布的学术委员会组成成员信息的链接、截图				3			
2.2.2	学术活动					10			
2.2.2.1	定期举办国际学术会议	附件2030：近三年本馆独立或牵头主办的国际会议情况（以表格形式逐次记录）					3		
	年均1个以上						3		
	两年1个以上						2		
	三年1个以上						1		

序号	评定项目	检查评定方法与说明	大项分值栏	分项分值栏	次分项分值栏	小项分值栏	次小项分值栏	自评计分栏	评定计分栏
2.2.2.2	定期举办国内学术会议	附件2031：近三年本馆独立或牵头主办的国内会议情况（以表格形式逐次记录）				3			
	年均1个以上全国性学术会议					3			
	年均1个以上省级学术会议					2			
	年均1个以上地区级学术会议					1			
2.2.2.3	参加国际学术会议并发表论文	附件2032：近三年本馆在编职工到境外参加国际学术会议情况（以表格形式逐次记录）				2			
	年均1人次以上					2			
	两年1人次以上					1			
2.2.2.4	参加国内省级以上学术会议并发表论文	附件2033：近三年本馆在编职工参加非本馆主办的国内省级以上学术会议情况（以表格形式逐次记录）				1			
2.2.2.5	派出访问学者	附件2034：近三年本馆在编职工境外讲学、研习活动（一次三个月以上）情况（以表格形式逐次记录）				1			
2.2.3	学术刊物				14				

序号	评定项目	检查评定方法与说明	大项分值栏	分项分值栏	次分项分值栏	小项分值栏	次小项分值栏	自评计分栏	评定计分栏
2.2.3.1	期刊	具有正式刊号，公开发行 附件2035：本馆主办的期刊情况（如有期刊应扫描提交期刊封面及版权页）				5			
	列入核心期刊					5			
	普通期刊					3			
2.2.3.2	定期公开出版学术刊物	公开发行 附件2036：近三年学术刊物公开出版情况（以表格形式逐册记录并提交刊物封面及版权页）				3			
	年均1期以上					3			
	两年1期以上					2			
	三年1期以上					1			
2.2.3.3	编辑出版论文集	公开发行 附件2037：近三年出版论文集情况（以表格形式逐册记录并提交刊物封面及版权页）				3			
	年均1种以上					3			
	两年1种以上					2			
	三年1种以上					1			

序号	评定项目	检查评定方法与说明	大项分值栏	分项分值栏	次分项分值栏	小项分值栏	次小项分值栏	自评计分栏	评定计分栏
2.2.3.4	馆内人员出版学术专著、科普读物	公开发行。署名为第一作者。 附件2038：近三年学术专著、科普读物出版情况（以表格形式逐册记录并提交刊物封面及版权页）				3			
	年均20种以上						3		
	年均10种以上						2		
	年均5种以上						1		
2.2.4	学术论文	署名为第一作者			7				
2.2.4.1	馆内人员在《自然》《科学》《历史研究》《近代史研究》《中国史研究》《世界历史》《史学月刊》《文物》《考古》《考古学报》《中国博物馆》等国内外知名期刊上发表学术论文	每发表一篇1分，最多3分。 附件2039：近三年国际期刊发表学术论文情况（以表格形式逐篇记录）				3			
	年均1篇以上						3		
	每两年1篇以上						2		
	每三年1篇以上						1		
2.2.4.2	馆内人员在省级以上（含）刊物发表论文	附件2040：近三年国内省级以上期刊发表学术论文情况（以表格形式逐篇记录）				4			

序号	评定项目	检查评定方法与说明	大项分值栏	分项分值栏	次分项分值栏	小项分值栏	次小项分值栏	自评计分栏	评定计分栏
	中级以上专业技术人员人均每年发表论文2篇以上					4			
2.2.4.2	高级专业技术人员人均每年发表论文2篇以上，中级专业技术人员人均每年发表论文1篇以上					3			
	中级以上专业技术人员人均每年发表论文1篇以上					2			
	高级专业技术人员人均每年发表论文1篇以上					1			
2.2.5	学术期刊收藏	附件2041：近三年中外文学术期刊收藏情况（以定量形式清晰描述）			4				
2.2.5.1	有外文学术期刊					2			
	5种（含）以上					2			
	3种以上					1			
2.2.5.2	有中文学术期刊					2			
	20种（含）以上					2			
	20种以下					1			

序号	评定项目	检查评定方法与说明	大项分值栏	分项分值栏	次分项分值栏	小项分值栏	次小项分值栏	自评计分栏	评定计分栏
2.2.6	单位内部设置有独立的科技部门	开展与文物保护科学与技术相关的科技活动的部门 附件2042：博物馆科研部门设置情况及职能说明			5				
2.2.7	科技人员学历结构	从事与文物保护相关的科学与技术活动的人员 附件2043：科技人员配置情况说明及人员名录（应包含科技人员专业、学历、学位、职称等信息）			10				
	全部学士以上，其中硕士比例不低于80%，博士比例不低于30%				10				
	全部学士以上，其中硕士比例不低于50%，博士比例不低于20%				8				
	全部学士以上，其中硕士比例不低于30%				6				
	全部大专以上，其中学士比例不低于80%				4				
2.2.8	科技人员知识结构				10				
	有精通专业，并熟练掌握一门外语的人员					4			

序号	评定项目	检查评定方法与说明	大项分值栏	分项分值栏	次分项分值栏	小项分值栏	次小项分值栏	自评计分栏	评定计分栏
2.2.8	有从事文物、博物馆学、教育学等学科研究的人员，与博物馆宗旨、定位相符合					4			
	有从事其他学科研究的人员					2			
2.2.9	科研经费	附件2044：近三年内科研经费情况（以定量形式清晰描述近三年博物馆科研经费的金额、来源及使用情况）				10			
	有国际援助					2			
	有财政支持的专项科研经费					4			
	自筹科研经费					4			
2.2.10	科研仪器设备	附件2045：本馆独立拥有的、列入博物馆资产管理账目的科技仪器设备清单（以表格形式逐件记录）				10			
	总价在1000万元（含）以上					10			
	总价在500万（含）—1000万元之间					8			
	总价在100万—500万元之间					4			
	总价在1万—100万元之间					2			

序号	评定项目	检查评定方法与说明	大项分值栏	分项分值栏	次分项分值栏	小项分值栏	次小项分值栏	自评计分栏	评定计分栏
2.2.11	科研实验室	区别于文物修复室 附件2046：本馆独立拥有的科研实验室情况			10				
	有常规实验室					2			
	有仪器室					2			
	其他实验室					2			
	科研实验室向科研院所、企业等开放共享					2			
	科研实验室接受普通公众预约参观					2			
2.2.12	科研基地	附件2047：上级主管部门批准设立基地文件			10				
	国家文物局重点科研基地				10				
	省级科研基地				5				
2.2.13	科研课题	附件2048：近三年本馆独立或牵头承担的科研项目情况（以表格形式逐项记录，应包含批准立项单位、批准立项文号、研究经费等信息）			15				
	年均承担省部级以上（含）课题10个以上				15				
	年均承担省部级以上（含）课题5个以上				10				

序号	评定项目	检查评定方法与说明	大项分值栏	分项分值栏	次分项分值栏	小项分值栏	次小项分值栏	自评计分栏	评定计分栏
2.2.13	年均承担省部级以上（含）课题1个以上				5				
	承担其他科研课题				2				
2.2.14	专利与奖励				15				
	科研项目获得国家专利	附件2049：近三年获得的国家专利证书及专利说明书				5			
2.2.14.1	年均1项以上					5			
	两年1项以上					4			
	三年1项以上					2			
2.2.14.2	科研项目获奖	附件2050：近三年科研项目获奖情况（以表格形式逐项记录）附件2051：获得省部级以上奖励的获奖证书				10			
	获得国家级奖项					10			
	获得省部级奖项					8			
	获得其他奖项					5			
2.2.15	与高等学校、科研院所开展学术交流、联合研究、人才培养、双向兼职、专业技术职务互认、科研成果共享和成果转化推广的协作机制	附件2052：近三年引进与藏品保护、研究、展示、教育、传播等相关的技术手段，与高校、科研机构等有合作协议，借助社会力量完成相关工作，利用"外脑"取得科研成果的情况			10				

序号	评定项目	检查评定方法与说明	大项分值栏	分项分值栏	次分项分值栏	小项分值栏	次小项分值栏	自评计分栏	评定计分栏
2.2.15	协作机制健全有效，已建立制度化合作框架，已签署书面协议，并取得积极、显著成果					10			
	有一定的协作机制，取得一定效果					5			
3	陈列展览与社会服务	本大项满分500分，下设分项内另设共7个加分项，经加分后，本大项总分最多不超过500分	500						
3.1	影响力			75					
3.1.1	博物馆品牌标志				17				
3.1.1.1	具有馆标等品牌标志	附件3001：博物馆品牌标志及设计说明文本				5			
3.1.1.2	品牌标志注册	附件3002：博物馆品牌标志注册商标或著作权证明文件				5			
3.1.1.3	品牌标志运用	附件3003：博物馆品牌标志使用说明情况				7			
	建筑显著位置上有品牌标志						2		
	宣传品上有品牌标志						1		
	文化产品上有品牌标志						2		

序号	评定项目	检查评定方法与说明	大项分值栏	分项分值栏	次分项分值栏	小项分值栏	次小项分值栏	自评计分栏	评定计分栏
3.1.1.3	纸质门票、电子门票上有品牌标志					1			
	工作服上有品牌标志					1			
3.1.2	博物馆宣传				18				
3.1.2.1	有系统的宣传计划和措施	附件3004：近三年博物馆宣传推广计划及实施情况				4			
	广播电视宣传	附件3005：地市级以上广播电视媒体播放博物馆宣传片、专题片或制作专题广播电视节目的清单（不含领导人参观报道）				5			
3.1.2.2	全国性电视台、电台播出博物馆及活动专题片、专题节目，平均每年8次以上					5			
	地市级（含）以上电视台、电台播放博物馆及活动专题片、专题节目，平均每年5次以上					3			
	地市级（含）以上电视台、电台播放博物馆及活动专题片、专题节目，平均每年2次以上					1			

序号	评定项目	检查评定方法与说明	大项分值栏	分项分值栏	次分项分值栏	小项分值栏	次小项分值栏	自评计分栏	评定计分栏
3.1.2.3	报刊宣传	附件3006：地市级以上报刊媒体刊登博物馆专题报道文章清单（不含领导人参观报道）				5			
	全国性报刊专题介绍博物馆及活动，平均每年5次以上					5			
	省级（含）以上报刊专题介绍博物馆及活动，平均每年8次以上					4			
	地市级（含）以上报刊专题介绍博物馆及活动，平均每年4次以上					2			
	地市级（含）以上报刊专题介绍博物馆及活动，平均每年2次以上					1			
3.1.2.4	新媒体传播	以适应时代发展，充分利用互联网技术，大力通过网站、微博、微信等途径，开展新媒体传播				4			
	博物馆官方网站、微博、微信具有很高的点击率，具有较强的传播力、服务力、互动力、认同度					2			

序号	评定项目	检查评定方法与说明	大项分值栏	分项分值栏	次分项分值栏	小项分值栏	次小项分值栏	自评计分栏	评定计分栏
3.1.2.4	进入人民日报舆情数据中心、新华社、新浪、腾讯（微信公众号）等互联网新媒体平台发布的相关排行榜，并进入全国前10名					2			
3.1.3	博物馆公众影响力	附件3007：近三年博物馆观众调查报告或观众构成情况说明			10				
	境外观众1万人次以上				10				
	境外观众1千人次以上				4				
	国内异地观众占年观众量30%以上	指与本馆所属级别相符的行政区划以外的观众，如省级博物馆的异地观众指本省以外的观众，县级博物馆异地观众指本县以外的观众			6				
	国内异地观众占年观众量10%以上				3				
3.1.4	博物馆声誉	可参考游客意见评分 附件3008：近期博物馆观众满意度调查报告或观众调查报告中的观众评价部分			10				
	有极好的声誉	受到95%以上游客和绝大多数专业人员的普遍赞誉			10				

序号	评定项目	检查评定方法与说明	大项分值栏	分项分值栏	次分项分值栏	小项分值栏	次小项分值栏	自评计分栏	评定计分栏
3.1.4	有很好的声誉	受到85%以上游客和大多数专业人员的普遍赞誉			6				
	有一定的声誉	受到80%以上游客和多数专业人员的赞誉			3				
3.1.5	旅游影响力	参考三年内国内外大型知名旅行社、网络旅游产品供应商、电商平台等推出的固定旅游线路上是否将该博物馆作为区域内重要推荐景点来确定 附件3009：近三年博物馆旅游推广计划及实施情况说明			10				
	国际旅游推荐景点				10				
	国内旅游推荐景点				6				
	省内旅游推荐景点				3				
3.1.6	进出境展览	附件3010：近三年本馆独立或牵头举办文物进出境展览情况（以表格形式逐项记录，不包含单纯出借展品占该展全部展品20%以下的参展活动）			10				
	每年举办进出境展览5个（含）以上				10				
	每年举办进出境展览2个（含）以上				6				
	每年举办进出境展览1个（含）以上				3				

序号	评定项目	检查评定方法与说明	大项分值栏	分项分值栏	次分项分值栏	小项分值栏	次小项分值栏	自评计分栏	评定计分栏
3.1.7	一般加分项：博物馆素材"进校园"：博物馆展览、藏品等素材被写入"校本课程""乡土教材"等当地中小学通行教材、考试试卷中	本项为一般加分项，满分3分 附件3011：写入博物馆展览、藏品等素材的"校本课程""乡土教材"等当地中小学通行教材、考试试卷				3			
3.1.8	一般加分项：加强交流协作：为中小博物馆、非国有博物馆提供长效化、机制化对口帮扶机制。积极参与各类博物馆行业组织、区域博物馆联盟、馆际交流平台。与地域相邻、主题相近、藏品相关的博物馆之间建立密切关系，与相关博物馆加强在藏品、展览、教育、人才资源方面的交流与合作。积极融入相关联展、巡展、互换展览和人员互派等协同发展机制	本项为一般加分项，满分3分 附件3012：为中小博物馆、非国有博物馆提供长效化、机制化对口帮扶机制；参与相关博物馆行业组织、区域博物馆联盟、馆际交流平台的具体做法，及在藏品、展览、教育、人才资源方面开展交流与合作的具体措施				3			
3.2	展示和教育			250					
3.2.1	展厅空间				17				

序号	评定项目	检查评定方法与说明	大项分值栏	分项分值栏	次分项分值栏	小项分值栏	次小项分值栏	自评计分栏	评定计分栏
3.2.1.1	展厅环境优美、空气质量好	附件3013：展厅环境卫生情况说明 附件3014：展厅室内空气检测报告				4			
3.2.1.2	室内外展示区域布局合理，室内展厅空间体量适当，区块划分疏密有致，功能完备					2			
3.2.1.3	展厅照明符合设计规范要求	参照《博物馆照明设计规范》给分 附件3015：展厅照明设施达标情况说明（应当对照《博物馆照明设计规范》有关要求逐项说明展厅内照明设施的种类、数量、配置安排情况、使用情况及利用自然光的情况等内容）				5			
	照明完全符合设计规范要求，并合理使用自然光						5		
	照明基本符合设计规范要求，并有效使用自然光						3		
	照明符合设计规范基本要求						1		

序号	评定项目	检查评定方法与说明	大项分值栏	分项分值栏	次分项分值栏	小项分值栏	次小项分值栏	自评计分栏	评定计分栏
3.2.1.4	展柜微环境适宜展品保护	参照《馆藏文物保存环境达标试行规范》给分 附件3016：展品保存环境达标情况说明				6			
	所有文物、标本展柜					6			
	珍贵文物、标本展柜					4			
	一级文物、标本展柜					2			
3.2.2	基本陈列	附件3017：基本陈列概况			80				
	内容设计	附件3018：基本陈列大纲			25				
3.2.2.1	陈列主题鲜明，体现本馆收藏和文化特色，符合博物馆使命定位						5		
	陈列内容研究深入，学术性、思想性强						10		
	展品组织得当						5		
	内容研究设计中引入中小学教育工作者参与其中						5		
3.2.2.2	陈列大纲经专家论证	附件3019：带有专家签名的论证意见或论证会议纪要				8			
	省级文物行政部门组织国内知名专家论证					8			
	省级文物行政部门组织省内知名专家论证					5			

序号	评定项目	检查评定方法与说明	大项分值栏	分项分值栏	次分项分值栏	小项分值栏	次小项分值栏	自评计分栏	评定计分栏
3.2.2.2	省级文物行政部门组织省内专家论证					2			
3.2.2.3	形式设计	附件3020：基本陈列艺术设计方案				15			
	准确表达陈列主题和思想内容						4		
	艺术风格突出						3		
	展线流畅、无堵塞、反复						2		
	辅助性展品运用恰当						2		
	声光电等科技手段运用适度						2		
	说明牌精致美观						2		
3.2.2.4	制作精良，经济合理	附件3021：陈列制作说明				5			
3.2.2.5	陈列互动性、趣味性强	现场察看并随机访问观众 附件3022：陈列参与性说明				5			
3.2.2.6	文字说明	附件3023：布展方案或陈列大纲				10			
	准确、恰当						2		
	通俗、易懂						2		
	信息量大、可读性强	文字说明能让一般观众了解展品、展览的丰富信息					2		
	说明牌有两种（含）以上文字						2		

序号	评定项目	检查评定方法与说明	大项分值栏	分项分值栏	次分项分值栏	小项分值栏	次小项分值栏	自评计分栏	评定计分栏
3.2.2.6	专门区域设置残障人士适用的盲文等辅助手段						2		
3.2.2.7	陈列维护、动态调整	附件3024：近三年基本陈列维护情况说明				12			
	及时进行内容和展品更新					8			
	展具展品整洁					2			
	辅助设施运行正常					2			
3.2.3	临时展览	附件3025：近三年举办临时展览情况（以表格形式逐项说明，不包含进出境展览、巡展）				53			
3.2.3.1	数量和影响力						18		
	每年举办原创展览10个以上，其中跨省联合举办全国性展览2个（含）以上						18		
	每年举办原创展览10个以上，其中跨省联合举办全国性展览1个（含）以上						15		
	每年举办原创展览10个以上，其中省级展览3个（含）以上						10		

序号	评定项目	检查评定方法与说明	大项分值栏	分项分值栏	次分项分值栏	小项分值栏	次小项分值栏	自评计分栏	评定计分栏
3.2.3.1	每年举办原创展览8个以上，其中省级展览1个（含）以上					8			
	每年举办原创展览5个以上，其中地区级展览1个（含）以上					5			
	每年举办原创展览5个（含）以上					2			
3.2.3.2	举办模式					5			
	全部展览由本馆独立或牵头举办					5			
	80%展览且代表性展览由本馆独立或牵头举办					4			
	60%展览且代表性展览由本馆独立或牵头举办					2			
3.2.3.3	展览前期策划依据充分，选题和内容设计符合博物馆使命定位与观众需求	附件3026：代表性展览策划方案和内容设计大纲				10			
3.2.3.4	宣传推介	附件3027：代表性展览宣传方案及实施情况				10			
	代表性展览在全国性电视台、电台、报刊报道和网络宣传、新媒体推介					10			

序号	评定项目	检查评定方法与说明	大项分值栏	分项分值栏	次分项分值栏	小项分值栏	次小项分值栏	自评计分栏	评定计分栏
3.2.3.4	代表性展览在省级电视台、电台、报刊报道和网络宣传、新媒体推介						8		
	代表性展览在地区级电视台、电台、报刊报道和网络宣传、新媒体推介						4		
3.2.3.5	临时展览观众量	按三年内所有临时展览观众总量除以展出时间的平均数计算。 附件3028：近三年临时展览观众情况					10		
	日均2000人以上						10		
	日均1000—1999人						8		
	日均500—999人						5		
	日均500人以下						2		
3.2.4	陈列展览履行验收评估程序	附件3029：近三年陈列展览项目管理、绩效评估情况					5		
3.2.5	陈列展览资料保存完整	附件3030：近三年陈列展览建档情况					5		
3.2.6	陈列展览获奖或推介情况	附件3031：近三年陈列展览获奖或推介情况（以表格形式逐项说明）					8		

序号	评定项目	检查评定方法与说明	大项分值栏	分项分值栏	次分项分值栏	小项分值栏	次小项分值栏	自评计分栏	评定计分栏
3.2.6	入选全国博物馆陈列展览十大精品推介名单，或入选国家"弘扬优秀传统文化、培育社会主义核心价值观主题展览"重点推介项目				8				
	入选全国博物馆陈列展览十大精品推介单项、提名名单，或入选国家"弘扬优秀传统文化、培育社会主义核心价值观主题展览"推介项目				6				
	获省级奖励，入选省级"弘扬优秀传统文化、培育社会主义核心价值观主题展览"推介项目				4				
	获地（市）级奖励或推介				2				
3.2.6.X	专属加分项：行业博物馆、非国有博物馆陈列展览获奖或推介情况	本项为行业博物馆、非国有博物馆专属加分项，满分4分。行业博物馆、非国有博物馆陈列展览有以上获奖或推介情形的可予加1—4分			4				

序号	评定项目	检查评定方法与说明	大项分值栏	分项分值栏	次分项分值栏	小项分值栏	次小项分值栏	自评计分栏	评定计分栏
3.2.6.X	入选全国博物馆陈列展览十大精品推介名单，或入选国家"弘扬优秀传统文化、培育社会主义核心价值观主题展览"重点推介项目					4			
	入选全国博物馆陈列展览十大精品推介单项、提名名单，或入选国家"弘扬优秀传统文化、培育社会主义核心价值观主题展览"推介项目					3			
	获省级奖励，入选省级"弘扬优秀传统文化、培育社会主义核心价值观主题展览"推介项目					2			
	获地（市）级奖励或推介					1			
3.2.7	社会教育				50				
	社会教育机构	附件3032：社会教育机构及人员、场所情况				8			
3.2.7.1	有专门的教育机构，有专门的未成年人教育活动场所，教育人员配置合理，满足教育工作需求					8			

序号	评定项目	检查评定方法与说明	大项分值栏	分项分值栏	次分项分值栏	小项分值栏	次小项分值栏	自评计分栏	评定计分栏
3.2.7.1	有专门的教育机构，有专门的未成年人教育活动场所，教育人员配置基本合理，基本满足教育工作需求					6			
	有专门的教育机构，教育人员配置基本合理，基本满足教育工作需求					4			
	有教育机构，有专门从事教育工作的人员，基本满足教育工作需求					2			
3.2.7.2	社会教育工作策划	附件3033：近三年社会教育工作计划及实施方案				10			
	有针对不同社会群体观众的社会教育工作方案						4		
	与教育管理部门沟通助教						3		
	与相关单位进行教育共建						3		
3.2.7.3	参与、构建博物馆间协作交流机制，服务所在地城乡人民文化生活	附件3034：近三年积极参与、构建博物馆间协作交流机制，主动融入所在地城乡人民社会文化生活相关情况（以表格形式逐项说明）				15			

序号	评定项目	检查评定方法与说明	大项分值栏	分项分值栏	次分项分值栏	小项分值栏	次小项分值栏	自评计分栏	评定计分栏
3.2.7.3	积极参与各类博物馆行业组织、区域博物馆联盟、馆际交流平台，并发挥一定的引领作用						3		
	与主题相近、藏品相关的博物馆之间加强在藏品、展览、教育、人才资源方面的交流与合作						3		
	有较为健全的联展、巡展、互换展览等长效协同发展机制，为有需要的中小博物馆提供对口帮扶						3		
	每年进入所在地校园、社区、乡村、企业厂矿、社会福利机构、其他公共文化场所举办3个（含）以上巡展						3		
	每年在其他城市举办2个（含）以上巡展						3		
3.2.7.4	讲座、论坛或社会教育活动	附件3035：近三年讲座、论坛或社会教育活动举办情况（以表格形式逐项说明）				12			

序号	评定项目	检查评定方法与说明	大项分值栏	分项分值栏	次分项分值栏	小项分值栏	次小项分值栏	自评计分栏	评定计分栏
3.2.7.4	每年举办讲座、论坛或社会教育活动70场次（含）以上					12			
	每年举办讲座、论坛或社会教育活动30场次（含）以上					8			
	每年举办讲座、论坛或社会教育活动10场次（含）以上					4			
	每年举办讲座、论坛或社会教育活动5场次（含）以上					1			
3.2.7.5	教育基地、国防基地、科研基地等称号	附件3036：主管部门批准文件或证书、牌匾				5			
	国家级					5			
	省级					3			
	地（市）级					2			
	县级					1			
3.2.7.5.X	专属加分项：行业博物馆、非国有博物馆获得教育基地、国防基地、科研基地等称号	本项为行业博物馆、非国有博物馆专属加分项，满分3分。行业博物馆、非国有博物馆获得教育基地、国防基地、科研基地等称号的，国家级、省级、地（市）级和县级的可予加1—3分				3			

序号	评定项目	检查评定方法与说明	大项分值栏	分项分值栏	次分项分值栏	小项分值栏	次小项分值栏	自评计分栏	评定计分栏
3.2.7.5.X	获得国家级或省级教育基地、国防基地、科研基地等称号					3			
	获得地（市）级教育基地、国防基地、科研基地等称号					2			
	获得县级教育基地、国防基地、科研基地等称号					1			
3.2.7.6	一般加分项：博物馆结合中华传统节日文化、重要纪念日开展专题活动	本项为一般加分项，满分10分 附件3037：博物馆结合春节、元宵、清明、端午、中秋、重阳等重要传统节日，文化和自然遗产日、国际博物馆日以及烈士纪念日、国庆节、中国人民抗日战争胜利纪念日等国家重大纪念日，精心设计、深入开展形式多样、健康向上的专题活动，结合馆藏和展览优势，带领观众体验节日习俗、传承革命传统、展现中国精神、增进文化自信的情况说明				10			
3.2.8	讲解导览服务	附件3038：讲解服务制度及实施情况说明				32			
3.2.8.1	讲解人员数量					3			

序号	评定项目	检查评定方法与说明	大项分值栏	分项分值栏	次分项分值栏	小项分值栏	次小项分值栏	自评计分栏	评定计分栏
3.2.8.1	与接待规模相适应，完全满足需要					3			
	基本满足需要					2			
	有一定数量的讲解员					1			
3.2.8.2	讲解员基本条件					5			
	全部具有大学以上文化程度，普通话标准					5			
	全部具有大专以上文化程度，且大学以上人员比例不低于90%，普通话标准					4			
	全部具有中专以上文化程度，且大专以上人员比例不低于80%，普通话标准					3			
	全部具有中专以上文化程度，普通话标准					1			
3.2.8.3	讲解语种					4			
	汉语、英语等2种以上外语以及少数民族语种、手语					4			
	汉语、英语或少数民族语种					2			
	仅汉语					1			

序号	评定项目	检查评定方法与说明	大项分值栏	分项分值栏	次分项分值栏	小项分值栏	次小项分值栏	自评计分栏	评定计分栏
3.2.8.4	免费讲解					2			
	所有陈列展览免费讲解					2			
	部分陈列展览、面向部分特定群体定时免费讲解					1			
3.2.8.5	讲解词	附件3039：基本陈列讲解词				5			
	科学、准确、生动、有文采						3		
	有针对不同群体观众的讲解词						2		
3.2.8.6	自助语音导览	附件3040：自助语音导览设备配置情况				3			
	设备配置满足需求并免费使用，涵盖汉语以及英语等外语语种					3			
	设备配置满足需求并免费使用，仅汉语					2			
	设备配置基本满足需求并有偿使用					1			

序号	评定项目	检查评定方法与说明	大项分值栏	分项分值栏	次分项分值栏	小项分值栏	次小项分值栏	自评计分栏	评定计分栏
3.2.8.7	专家导览、馆长导赏特色服务	附件3041：博物馆通过定期组织高级职称以上专家、馆领导亲自示范科学、规范的高水平陈列展览专业导览活动，吸引广大观众尤其是青少年观众积极参与，丰富文物背后故事的讲述方式、拓展传播水平。其中，专家定期导览每年不少于30次，馆长定期导赏每年不少于10次				10			
3.3	公众服务		175						
3.3.1	群众组织			10					
3.3.1.1	成立"博物馆之友"	附件3042：主管部门批准成立文件				2			
	经主管部门批准					2			
	未经主管部门批准					1			
3.3.1.2	制订规范的组织章程	附件3043：博物馆之友章程 附件3044：主管部门批准文件				2			
3.3.1.2	经主管部门批准					2			
	未经主管部门批准					1			
3.3.1.3	组织章程公开					2			
	"博物馆之友"组织章程等信息在网站向社会公布	附件2045：网站公布页面链接及截图				2			

序号	评定项目	检查评定方法与说明	大项分值栏	分项分值栏	次分项分值栏	小项分值栏	次小项分值栏	自评计分栏	评定计分栏
	活动开展	附件 3046：近三年博物馆之友活动情况说明				4			
	博物馆会员稳步增长、结构合理，有系统的年度活动计划，每年活动 4 次（含）以上					4			
3.3.1.4	博物馆会员稳步增长、结构合理，有系统的年度活动计划，每年活动 3 次（含）以上					3			
	博物馆会员稳步增长、结构基本合理，有系统的年度活动计划，每年活动 2 次（含）以上					2			
	博物馆会员稳步增长，有年度活动计划，每年活动 1 次（含）以上					1			
3.3.2	志愿者	附件 3047：志愿者招募及使用情况说明			10				
	志愿者队伍					2			
3.3.2.1	志愿者与本馆在编人员人数比达 2：1					2			
	本馆在编人员与志愿者人数比达 1：1					1			

序号	评定项目	检查评定方法与说明	大项分值栏	分项分值栏	次分项分值栏	小项分值栏	次小项分值栏	自评计分栏	评定计分栏
3.3.2.2	志愿者队伍影响力					1			
	在职或已离退休地方党政领导同志、知名企业家、社会公众人物加入志愿者队伍					1			
3.3.2.3	志愿者培训					3			
	实施上岗培训						1		
	每年1次（含）以上定期培训						2		
3.3.2.4	志愿者服务					4			
	平均每名志愿者每年服务时间不低于48小时					4			
	平均每名志愿者每年服务时间不低于36小时					3			
	平均每名志愿者每年服务时间不低于24小时					2			
	平均每名志愿者每年服务时间不低于12小时					1			
3.3.3	开放	附件3048：开放管理制度及实施情况说明			25				
3.3.3.1	开放时间					5			

序号	评定项目	检查评定方法与说明	大项分值栏	分项分值栏	次分项分值栏	小项分值栏	次小项分值栏	自评计分栏	评定计分栏
3.3.3.1	全年开放时间300天以上					5			
	全年开放时间240天以上					2			
3.3.3.1.X	专属加分项：行业博物馆、非国有博物馆开放时间	本项为行业博物馆、非国有博物馆专属加分项，满分3分。行业博物馆、非国有博物馆全年开放时间达标的可予加2—3分				3			
	全年开放时间300天以上					3			
	全年开放时间240天以上					2			
3.3.3.2	免费开放					10			
	对公众全面免费开放					10			
	对公众定期免费开放，同时对未成年人等特定人群常年免费开放					6			
	基本陈列在特定时间段定期免费开放，或向教师、军人、未成年人等免费开放					4			
3.3.3.3	免费开放观众比例					5			
	为总观众量的80%以上					5			

序号	评定项目	检查评定方法与说明	大项分值栏	分项分值栏	次分项分值栏	小项分值栏	次小项分值栏	自评计分栏	评定计分栏
3.3.3.3	为总观众量的 40% 以上					3			
	为总观众量的 10% 以上					1			
3.3.3.4	观众投诉处理	附件 3049：观众投诉处理制度及执行情况说明				5			
	投诉处理制度健全						1		
	有投诉服务设施						1		
	投诉处理及时、效果好						3		
3.3.4	交通	附件 3050：博物馆交通情况说明			10				
3.3.4.1	有城市轨道交通、公共汽车等公交线路通达					5			
	距离地铁站、公交站台 100 米以内					5			
	距离地铁站、公交站台 100—300 米					4			
	距离地铁站、公交站台 300—500 米					2			
	距离地铁站、公交站台 500 米之外					1			
3.3.4.2	有停车场或其他停车措施					5			

序号	评定项目	检查评定方法与说明	大项分值栏	分项分值栏	次分项分值栏	小项分值栏	次小项分值栏	自评计分栏	评定计分栏
3.3.4.2	有专门免费停车场并满足需求					5			
	有专门停车场并基本满足需求					3			
	借助社会停车场					1			
3.3.5	参观游览服务	附件3051：参观游览服务说明（应包括票务，导览材料，参观流线，寄存、购物、餐饮、特殊人群服务、休息、卫生设施等情况）			25				
3.3.5.1	售领票处或身份查验					2			
	实施网络预约售票、现场二维码查验入场					2			
	现场购、领票、查验入场					1			
3.3.5.2	有导览图					2			
	中英文等多语种纸质或电子导览图					2			
	仅中文版或无电子版导览图					1			
3.3.5.3	内部参观游览线路合理、顺畅，标识清楚					3			
3.3.5.4	免费提供博物馆及展览介绍等基本信息资料					3			

序号	评定项目	检查评定方法与说明	大项分值栏	分项分值栏	次分项分值栏	小项分值栏	次小项分值栏	自评计分栏	评定计分栏
3.3.5.5	提供物品免费存放服务，并满足需要					2			
3.3.5.6	纪念品、书籍出售服务设施布局合理，环境优美					2			
3.3.5.7	有餐饮服务设施					2			
3.3.5.8	老年人、残障人士、婴幼儿等特殊人群服务设施满足需要					3			
3.3.5.9	展厅内有观众休息设施，满足需要					2			
3.3.5.10	厕所等卫生设施、设备布局合理，运行正常，维护清洁及时有效，满足需要					4			
3.3.6	网站、信息资料、融媒体服务				20				
3.3.6.1	网站内容	附件3052：网站建设情况说明及网站页面截图				5			
	内容丰富					5			
	内容一般					2			
3.3.6.2	支持语言					2			
	支持多语种					2			
	仅有汉语					1			

序号	评定项目	检查评定方法与说明	大项分值栏	分项分值栏	次分项分值栏	小项分值栏	次小项分值栏	自评计分栏	评定计分栏
3.3.6.3	网站设计简洁大方，界面友好，互动性强					3			
3.3.6.4	网站内容及时更新					2			
	每日更新1次以上					2			
	每周更新1次以上					1			
3.3.6.5	信息资料服务	附件3053：信息资料服务情况说明				2			
	有设施完善的信息资料中心，资料存储量大					2			
	有图书资料室，资料存储量一般					1			
3.3.6.6	融媒体服务（微博、手机App、微信公众号、客户端等）	通过积极应用大数据、云计算、人工智能技术，建立与公众的"超级链接"，通过门户网站、手机App、公众号等多种渠道，集中展示藏品，创新展示服务方式。附件3054：融媒体（微博、手机App、微信公众号、客户端等）服务情况说明及相关服务页面截图				3			
	内容丰富					3			
	内容基本满足观众需要					1			

序号	评定项目	检查评定方法与说明	大项分值栏	分项分值栏	次分项分值栏	小项分值栏	次小项分值栏	自评计分栏	评定计分栏
3.3.6.7	影视系统服务	附件3055：影视厅设置情况说明				3			
	有专门的影视厅					3			
	仅有影视播放系统					1			
3.3.7	文化创意产品研发和经营	附件3056：博物馆文化创意产品开发综述（应包含开发文化创意产品的种类、数量、经营模式、知识产权保护、年销售额等内容）			40				
3.3.7.1	产品充分体现本馆藏品和陈列展览特色，能够深入持久传播博物馆文化					4			
3.3.7.2	产品制作精美，具有稳定的、高水平的产品质量，具有较好的实用性，与现代日常生活具有较高的贴合度					4			
3.3.7.3	产品品位高，具有丰富的文化内涵．产品品牌具有较高的社会美誉度					4			
3.3.7.4	产品种类丰富，具有稳定的、一定规模的、高水平产品设计、研发团队					4			

序号	评定项目	检查评定方法与说明	大项分值栏	分项分值栏	次分项分值栏	小项分值栏	次小项分值栏	自评计分栏	评定计分栏
3.3.7.5	具有完备的知识产品保护利用措施保障，能够向社会提供便捷的搜集、整理、利用博物馆藏品的数字化信息的窗口渠道，便于社会商业等机构设计开发博物馆文化创意产品					4			
3.3.7.6	产品经营销售					20			
	有针对不同消费群体不同价格的营销政策，有销售计划和具有完善、稳定的销售渠道与网络						4		
	有专门的营销团队						4		
	一种以上的"明星产品"深受群众欢迎，且销量较高						4		
	在人流量集中的机场、车站、商场等地运营专门的实体销售商店						4		
	运营专门的电子网络销售平台，或在主流网络电商平台上开设有专门的网络商店或专柜						4		

序号	评定项目	检查评定方法与说明	大项分值栏	分项分值栏	次分项分值栏	小项分值栏	次小项分值栏	自评计分栏	评定计分栏
3.3.8	便利社会的服务项目	附件3057：提供藏品代为保管、鉴定、养护、修复及咨询等公众服务的制度及实施情况说明			5				
3.3.8.1	有服务制度并公示					1			
3.3.8.2	为公众提供收藏品寄存、代保管服务					2			
3.3.8.3	为公众提供资料查询、藏品养护、修复的咨询和帮助					2			
3.3.9	观众调查	附件3058：观众调查表、观众调查报告及观众调查工作开展情况说明			10				
	观众调查方式					4			
3.3.9.1	定期开展或委托专业调查机构开展实地观众调查						2		
	采用网站调查、融媒体、书面调查表、馆内留言本等多种方式						1		
	采用馆内留言本单一方式						1		
3.3.9.2	观众调查人数					3			
	年均1500人次以上					3			
	年均1000—1500人次					2			
	年均1000人次以下					1			

序号	评定项目	检查评定方法与说明	大项分值栏	分项分值栏	次分项分值栏	小项分值栏	次小项分值栏	自评计分栏	评定计分栏
3.3.9.3	观众调查报告					3			
	年度观众调查报告公开发布					3			
	有年度观众调查报告					1			
3.3.10	观众量统计	附件 3059：近三年观众量统计表				20			
	年均 300 万（含）人次以上						20		
	年均 200 万（含）—300 万人次						19		
	年均 100 万（含）—200 万人次						18		
	年均 50 万（含）—100 万人次						17		
	年均 40 万（含）—50 万人次						16		
	年均 30 万（含）—40 万人次						15		
	年均 25 万（含）—30 万人次						14		
	年均 20 万（含）—25 万人次						13		
	年均 18 万（含）—20 万人次						12		

序号	评定项目	检查评定方法与说明	大项分值栏	分项分值栏	次分项分值栏	小项分值栏	次小项分值栏	自评计分栏	评定计分栏
3.3.10	年均16万（含）—18万人次					11			
	年均14万（含）—16万人次					10			
	年均12万（含）—14万人次					9			
	年均10万（含）—12万人次					8			
	年均9万（含）—10万人次					7			
	年均8万（含）—9万人次					6			
	年均7万（含）—8万人次					5			
	年均6万（含）—7万人次					4			
	年均5万（含）—6万人次					3			
	年均4万（含）—5万人次					2			
	年均3万（含）—4万人次					1			
3.4	一般加分项：在确保藏品安全和运行稳定的前提下，拓展博物馆开放时间	本项为一般加分项，满分4分。附件3060：拓展博物馆开放时间的各类具体做法	4						

序号	评定项目	检查评定方法与说明	大项分值栏	分项分值栏	次分项分值栏	小项分值栏	次小项分值栏	自评计分栏	评定计分栏
3.4	定期举办参观夜场				2				
	在正常工作时间外，延长开放时间；或闭馆时间与所在城市其他博物馆错开				2				
总分值	自评分值：	评定分值：							

第二节　博物馆定级评估制度

　　近年来，博物馆在经济社会发展中的作用持续显现，社会功能也在不断拓展。我国的博物馆定级评估体系始于2008年，从博物馆综合管理与基础设施、藏品保护与科学研究、陈列展览与社会服务三个层面，对博物馆质量水平和工作绩效进行综合评价，确定等级。为什么要进行这项工作？因为定级评估的工作能促使博物馆加强其质量管理，促进其履行保护、诠释和推广人类的文化和自然遗产的职责，培育和弘扬社会主义核心价值观，繁荣中国特色社会主义文化，提高博物馆社会教育和公共文化服务水平，以更好地满足人民美好生活需要。但是，由于博物馆发展的不平衡、不充分与人民日益增长的美好生活需要之间的矛盾仍然突出，之前博物馆定级评估制度已经不能完全适应博物馆事业的发展现状和发展趋势，在这样的情况下，国家文物局决定修订《博物馆定级评估办法》和《博物馆定级评估标准》，并于2020年1月颁布。

一、《博物馆评估定级办法》新规定

新《博物馆评估定级办法》共21条，对博物馆定级评估的对象范围、组织架构、方式方法和监督管理等进行了详细规定。相比于过去的规定，新《博物馆评估定级办法》主要有如下方面的变化。

（一）扩大评估覆盖范围

关于评估对象，新版《办法》规定，凡经省级文物行政部门备案、正常运行36个月以上的各类博物馆，均可申请参加定级评估。对比旧版《办法》，取消了关于"一、二、三级博物馆占全国博物馆数量比例分别控制在3%、6%、9%"的限定，放开了"初次申请定级评估的博物馆，可申请不高于二级的博物馆等级"的限制，有利于扩大评估覆盖范围，鼓励不同资源属性、不同举办者性质、不同地理区域的博物馆平等参与评估，也有利于真正优秀的博物馆快速脱颖而出，激发更大发展动力和潜力。

（二）明确评估组织

关于评估组织，新《办法》减少了评估工作层级和环节设置，并明确评估工作由中国博物馆协会统一组织，同时可以委托地方省级博物馆行业组织协助开展相关工作。

（三）要求强化自律

关于评估管理，新版《办法》要求中国博物馆协会强化自律，将博物馆定级评估情况及相关资料在网站上公布，主动接受社会监督。同时对经查实有弄虚作假、行贿舞弊等违法违规行为的参评博物馆，将视情节轻重，给予取消评估资格、撤销所获质量等级、收回等级标牌及证书等处分，并由中国博物馆协会报国家文物局备案。

二、《博物馆定级评估标准》新规定

新版《博物馆定级评估标准》的指标体系充分继承了旧版《标准》的合理设置，并按照提升精细化管理和服务水平、实现高质量发展的要求，对评估指标设置、权重等进行了优化完善。新《标准》是博物馆发展的风向标，共分为八个目次，分别对博物馆定级评估范围、法律依据、引用的标准和规范、术语、博物馆等级及标志、博物馆等级划分条件、评分细则等内容进行详细规定。

新《标准》共设有综合管理与基础设施、藏品管理与科学研究、影响力与社会服务3个一级评估指标，其下分设13个二级指标、78个三级指标，以及15个加分项。与旧《标准》相比，主要有如下几方面的变化：

首先，降低"硬件"限制，同时提高"软件"要求。考虑到广大市县级基层博物馆，以及数量众多的行业博物馆、革命纪念馆、考古遗址和古建类博物馆的客观实际及其在博物馆体系中的重要作用，适当降低藏品总量、开放时长和年观众量等硬性指标要求，取消不符合实际的"一票否决"设计，不以藏品多寡等作为衡量博物馆质量高低的核心标准，把更多的博物馆纳入定级评估体系，引导促进全国博物馆同步发展。同时完善了学术研究、青少年教育、志愿者服务、社区活动等"软件"指标要求，推动博物馆更好地实现为社会及社会发展服务的职能。

其次，鼓励互相帮扶，推动协同融合发展。增加对中小博物馆、非国有博物馆提供长效化、机制化对口帮扶的要求。支持博物馆积极参与各类博物馆行业组织、区域博物馆联盟、馆际交流平台的联展、巡展、互换展览、人员互派等长效协同发展机制，鼓励藏品、展览、教育、人才资源交流合作。

再次，支持创新，激发特色发展。要着力避免"千馆一面"，增设学术研究、高清资源开放共享、博物馆资源进校园、馆际交流合作等方面的加分项目，鼓励优秀博物馆发挥各自的特点和优势，通过改革创新，实现高品质、特色化、差异化发展。此外还要与时俱进，体现国家政策导向。

最后，与时俱进，体现国家政策导向。增加对新颁行相关政策和标准规范的援引，如《新时代爱国主义教育实施纲要》《新时代公民道德建设实施纲要》等，更加强调传承弘扬中华优秀传统文化、革命文化、社会主义先进文化。细化了信息化基础设施、智慧博物馆建设，以及通过信息化手段支撑博物馆业务的内容，推动提高智慧管理、智慧保护、智慧服务水平。增加实施互联网售票、二维码验票、设置文创产品销售服务设施的要求，多层次满足观众需求。

三、《评分细则计分表》新要求

《评分细则计分表》的修订幅度较大，一是实行"低槛高值"。细化赋分规则，适当拉开得分档次，鼓励博物馆精细化管理、高质量发展、精益求精。二是增加加分项。包括一般加分项和专属加分项。一般加分项，着重鼓励优秀博物馆改革创新，争创一流，如"吸纳教育界人士进入决策机构""免费提供藏品完整高清图片下载""拓展博物馆开放时间"等7处内容。专属加分项，专为行业博物馆、非国有博物馆量身定制，涉及建立理事会制度、规范征藏活动、落实法人财产权等8处内容。此外，还大幅调整、细化了130余处得分点及分值，明确一批体现新时代要求的指标，如博物馆章程、中长期发展规划、年度报告、接受捐赠、藏品征集政策、入藏标准和程序等均应向社会公布；增设建筑节能降耗、实验室开放共享、新媒体传播、导览导赏服务、无障碍设施等相关内容。

博物馆定级评估工作不只是意味获得一个质量等级、一项荣誉称号，更重要的是通过参加评估，进一步强基础、补短板、提质量，提高博物馆各项业务能力和为人民服务的水平。

四、评估合规依据

由于2020年1月，国家文物局修订发布了新版《博物馆定级评估办法》和《博物馆定级评估标准》，所以未来博物馆的定级评估工作的主要依据有：

1.2015年国务院颁布的《博物馆条例》（国务院令第659号）；

2. 2020年1月国家文物局发布的《博物馆定级评估办法》（文物博发〔2020〕2号）；

3. 2020年1月国家文物局发布的《博物馆定级评估标准》（文物博发

〔2020〕2号）；

4. 在每次展开全国博物馆定级评估工作前，国家文物局审定的《全国博物馆定级评估工作方案》。以第四批全国博物馆定级评估工作前，国家文物局审定的《定级评估工作方案》为例：2020年3月国家文物局审定的《第四批全国博物馆定级评估工作方案》（办博函〔2020〕178号）；

5. 在每次展开全国博物馆定级评估工作前，中国博物馆协会印发的《关于开展全国博物馆定级评估工作的通知》。以第四批全国博物馆定级评估工作前，中国博物馆协会印发的《定级评估工作的通知》为例：2020年7月中国博物馆协会印发的《关于开展第四批全国博物馆定级评估工作的通知》。

五、评估流程

根据《评估办法》规定：国家文物局负责制定博物馆定级评估办法、博物馆定级评估标准等，并对办法、标准等的实施进行监督检查，中国博物馆协会负责组织开展博物馆定级评估工作，以遵循自愿申报、行业评估、动态管理、分级指导和公平、公正、公开的原则，并按照自评、审核、评定、公布的程序进行。地方省级博物馆行业组织协助中国博物馆协会开展相关工作。以2020年下半年中国博物馆协会组织开展的第四批全国博物馆定级评估流程为例：

本次评估分为评估准备、材料申报、书面审查、现场评估、数据比对和综合评定六个阶段。

在评估准备阶段，中国博协组建了评估工作办公室，研发了"博物馆评估管理系统"，通过多种渠道为参评博物馆提供了及时、有效的咨询服务。

在材料申报阶段，各参评博物馆依照新《评估办法》《评估标准》等规定的要求，在线提交了评估申请和相关附件资料。

在书面审查阶段，中国博协组建的评估工作办公室按照新版《评估标准》确定的一级指标分组，组织45位评估专家，在线对参评博物馆的评估材料进行书面审查，并依据《评估标准》进行评分，形成初步评定意见。

在现场评估阶段，评估工作办公室组织专家小组现场考察了部分具有典型性、代表性的参评博物馆，并提交了考察报告。

在数据比对阶段，评估工作办公室调取了参评博物馆的机构备案信息和藏品备案数据，与各参评博物馆提交数据进行比对。

在综合评定阶段，中国博协组织召开了综合评定专家会，听取了书面审查和现场评估阶段有关工作情况的汇报，对照《评估标准》认真审核了相关博物馆在书面审查和现场评估阶段形成的评估成绩，研究后，形成最终的评估评定意见，并按规定程序报请国家文物局备案。

六、评估意义

博物馆的定级评估在博物馆合规管理工作中意义重大：

其一，博物馆的定级评估工作有利于为博物馆树立良好的社会形象，扩大博物馆的影响力，从而加强各级政府和社会各界对博物馆事业发展的关注，并促使其加大支持和资金的投入力度；

其二，博物馆的定级评估工作有利于规范博物馆的各项工作，使之达到更高的办馆水平和层次，并在统一的标准下，引入博物馆的良性竞争机制，这也有利于促进博物馆事业全面、健康和有序的发展；

其三，博物馆的定级评估工作有利于针对不同性质、不同类别、不同等级的博物馆提出不同的要求，制定不同的管理规范、采取不同的措施，有利于加强科学规范管理，增强博物馆的行业自律，实施有针对性的分类分级管理，从而使博物馆发挥好各自的特点和优势。

其四，博物馆的定级评估工作有利于加强基层博物馆的管理，使各级各类博物馆可以依照统一的评估定级标准找准定位，充分调动博物馆工作者对自身博物馆建设的积极性，使之愿意持续不断地改善服务，并为提高博物馆的管理水平、办馆质量和公众形象而不懈努力。

第九章

博物馆慈善合规

【本章内容概览】

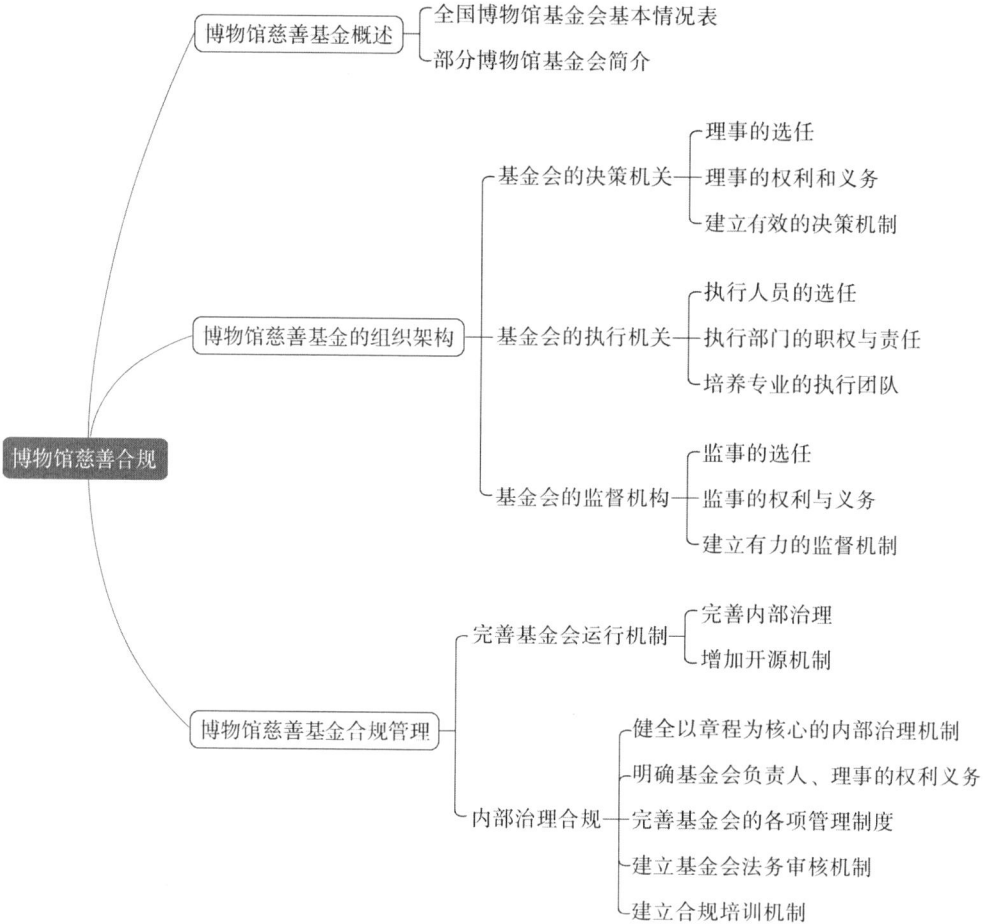

博物馆慈善合规
- 博物馆慈善基金概述
  - 全国博物馆基金会基本情况表
  - 部分博物馆基金会简介
- 博物馆慈善基金的组织架构
  - 基金会的决策机关
    - 理事的选任
    - 理事的权利和义务
    - 建立有效的决策机制
  - 基金会的执行机关
    - 执行人员的选任
    - 执行部门的职权与责任
    - 培养专业的执行团队
  - 基金会的监督机构
    - 监事的选任
    - 监事的权利与义务
    - 建立有力的监督机制
- 博物馆慈善基金合规管理
  - 完善基金会运行机制
    - 完善内部治理
    - 增加开源机制
  - 内部治理合规
    - 健全以章程为核心的内部治理机制
    - 明确基金会负责人、理事的权利义务
    - 完善基金会的各项管理制度
    - 建立基金会法务审核机制
    - 建立合规培训机制

博物馆慈善基金会是博物馆作为非营利性法人在运行中区别于普通营利性法人的一个重要特点和工作内容。因此，博物馆慈善基金会的合规运行牵连着博物馆整体的合规运转。

本章在了解博物馆慈善基金概念、运转的基础上，对国内的博物馆慈善基金进行了调研，从实践的角度统筹分析和阐明博物馆慈善的合规建设内容。

第一节　博物馆慈善基金概述

基金会是西方国家非营利机构广泛采用的融资和管理模式。主要以接受社会捐赠等方式形成公益资产，通过运营公益资产进行资金保值、增值，再以各种方式投入社会公益事业。[①] 但是目前，我国博物馆基金会的产生、运营等多个方面均处于探索的初期阶段。不仅仅是在数量和规模上远远不能与发达国家相比，在项目组织、设置运作、资金募集等方面，也存在许多急需改进和进步的地方。

2004年我国颁布的《基金会管理条例》（以下简称《管理条例》）中对基金会的定义为：利用自然人、法人或者其他组织捐赠的财产，以从事公益事业为目的，按照本条例的规定成立的非营利性法人。虽然非营利法人与营利法人在设立基础、利益分配等方面存在差异，但从基金会的历史渊源及现代发展来看，慈善基金会的内部治理可以借鉴营利法人的内部治理结构，通过设置理事会、监事会和执行机构科学分配决策权、监督权和控制权以实现慈善基金会各部门各负其责、协调运转、有效制衡的治理目标。

我国文博类的基金会现状是：根据中国基金会中心网数据显示，在该平台记录在册的基金会有7300余家（截至2017年底），而专门针对文物保护与

---

① 李斌、马江丽、杨鑫娟、吕伟：《我国文博类基金会发展现状分析》，《中国博物馆》2021年第2期，第92-95页。

博物馆发展的基金会却不到30家，由此可见文博类基金会数量严重不足，与其他类别基金会相比总体发展速度滞后。而且文博类基金会内部发展速度差距甚大，北京故宫文物保护基金会、中国文物保护基金会、广东省博物馆事业发展基金会和中国敦煌石窟保护研究基金会在2013—2017年间的年度收入均在百万甚至千万以上，但其他基金会的年度收入严重偏低。中国文物保护基金会和中国敦煌石窟保护研究基金会从2013—2017年间每年开展项目17—23项，北京故宫文物保护基金会和广东省博物馆事业发展基金会2013—2015年开展项目3—7项，但2016、2017两年增加明显，开展项目10—13项。陕西省西安城墙保护基金会2014、2015年分别开展项目5项和6项，2017年开展11项。除以上基金会外，其他文博类基金会在2013—2017年间开展项目基本在0—4项。杭州皇城根南宋文物保护基金会、杭州东方文物保护基金会、南京古都城墙保护基金会和苏州博物馆发展基金会4家基金会可能是成立时间尚短，信息公开不够，成立两年时间几乎未开展相关文博活动。

一、全国博物馆基金会的基本情况表

序号	名称	性质	注册金额	地区	业务范围
1	北京中国国家博物馆事业发展基金会	非公募	200万	北京	资助国家博物馆建设、藏品的征集、保护、展览、研究、开发、其他文化公益活动
2	广东省博物馆事业发展基金会	公募	400万	广东	支持广东省博物馆事业发展,为开展文物征集、收藏、保护、研究、展示、教育等公益项目提供资助
3	宁波博约博物馆文化发展基金会	非公募	200万	宁波	资助项目研究、人才培养；参与推动博物馆事业发展的活动等

序号	名称	性质	注册金额	地区	业务范围
4	苏州博物馆发展基金会	非公募	200万	苏州	（一）接受境内外企业、机构、个人及其他资金捐助；（二）对本基金会的资金进行投资管理，实现资金保值增值；（三）利用本基金会的资金，进行现当代艺术品、工艺品征集及文物藏品保护；（四）利用本基金会的资金，支持重点原创性展览的策划与推广；（五）利用本基金会的资金，资助博物馆学、考古学和历史学等相关学术研究；（六）利用本基金会的资金，支持苏州博物馆各方面人才培训与培养；（七）利用本基金会的资金，加强与国内外各界的联系与合作，增强苏州博物馆的影响力；（八）利用本基金会的资金，资助有益于苏州博物馆发展的项目；（九）利用本基金会的资金，资助其他社会文化公益活动
5	北京故宫文物保护基金会	非公募	200万	北京	资助故宫博物院建设、藏品保护开发及其他社会文化公益活动；奖励文物、博物馆学等相关领域的教学和研究
6	北京紫檀文化基金会	非公募	200万	北京	资助紫檀文化、工艺研究、民办博物馆、助教助学、扶贫济困及文化宣传等公益活动
7	中国民航科普基金会	非公募	1000万	北京	（一）支持民航科技教育；（二）开展民航行业文化研究与交流；（三）资助空域资源合理开发利用和民航节能减排；（四）支持通用航空的研究、服务与发展；（五）资助民航博物馆发展；（六）开展与民航相关的其他公益活动
8	北京观复文化基金会	非公募	200万	北京	资助、推动文物保护事业，资助、推动传统文化方面的交流、研究、普及、保护、展览、公益性博物馆建设及其他相关公益文化项目
9	陕西省唐大明宫遗址文物保护基金会	公募	400万	西安	资助唐大明宫遗址及文物保护；资助遗址区博物馆的建设、运营；资助有关唐大明宫各项学术活动

序号	名称	性质	注册金额	地区	业务范围
10	内蒙古民族青年文化艺术基金会	非公募	200万	呼和浩特	接受捐赠、抢救整理内蒙古文化遗产、培养民族艺术人才
11	陕西大唐西市历史文化遗址保护基金会	公募	400万	西安	资助大唐西市遗址及博物馆的保护与展示，扶持陕西历史文化遗址的保护与学术研究；开展学术研究与交流
12	福建省博源文献艺术基金会	非公募	300万	福州	资助地方艺术馆的业务活动；资助对文献、艺术的收藏、保护与利用
13	哈尔滨文物保护基金会	公募	400万	哈尔滨	组织宣传《文物保护法》，募集文物保护资金，资助文物保护项目和保护建筑的修缮，开展公益活动、咨询服务等，促进文物保护事业的发展
14	杭州皇城根南宋文物保护基金会	非公募	200万	杭州	通过与国内外各界的联系与合作，增强南宋皇城影响力；接受境内外企业、机构、个人及其他基金捐赠；对本基金会的基金进行投资管理，实现基金保值增值；利用本基金会的基金奖励文物、博物馆等相关教学和研究；利用本基金会的基金完善南宋皇城建设和藏品保护开发
15	南京秦淮河文化旅游基金会	非公募	400万	南京	（一）资助南京文化旅游方面的交流、研究、成果展览展示及其他相关公益活动；（二）资助南京博物馆建设及其他相关公益文化旅游项目；（三）资助南京历史文物保护、修复、研究；（四）资助南京非物质文化遗产保护、研究、展览展示及非遗馆等旅游公益设施建设；（五）资助为文化旅游资源保护做出突出贡献的单位；（六）按照合法、安全、有效的原则实现基金的保值、增值
16	广东省文物保护基金会	非公募	200万	广州	资助文物保护修缮及文博领域相关公益活动；资助海内、外流失文物的征集，加强文博领域国际交流与合作；资助文博领域科研学术成果宣传推广；开展文博领域相关志愿者服务

序号	名称	性质	注册金额	地区	业务范围
17	滨州市黄河文化基金会	非公募	200万	山东滨州	筹集黄河文化发展资金；资助黄河文化的公益建设及黄河文化的宣传、推介与保护；资助具有原创性、探索性、可持续性的黄河文化项目；培训研究黄河文化的对外交流与合作；开展中外各类文化基金会之间的交流；组织有关文化奖励活动等
18	郑州市嵩山文明研究基金会	非公募	200万	郑州	依法接受捐赠，开展嵩山文明研究活动
19	青海省格萨尔文化发展基金会	非公募	200万	西宁	资助与格萨尔文化相关的文物及遗址、博物馆等的保护、征集、建设；资助格萨尔文化的非物质文化遗产的传承、保护和弘扬发展；资助格萨尔文化数据库的建设；资助并促进海内、外格萨尔文化艺术等方面的交流，合作开发有关项目
20	韶关市张九龄文化发展基金会	非公募	200万	广东韶关	一是资助韶关张九龄纪念公园、韶州历史文化博物馆等文化场馆建设以及公园、文化场馆的运营维护；二是资助张九龄文化的挖掘与研究；三是资助张九龄文化的宣传与普及
21	中国敦煌石窟保护研究基金会	公募	1783万	兰州	募集资金 专项资助
22	山西省明道文物保护基金会	非公募	200万	太原	（一）继承、挖掘、整理和应用文物保护资源；（二）重建、维修和保护文物设施；（三）宣传、普及文物保护科普知识；（四）资助文物保护项目
23	杭州东方文物保护基金会	非公募	200万	杭州	资助与东方文物保护相关的宣传、学术讲座和研讨活动
24	陕西秦兵马俑文物保护基金会	非公募	300万	西安	推动秦兵马俑的发掘、保护、陈列、研究等各方面的发展。开展宣传秦始皇帝陵及兵马俑相关的公益活动，进行传统优秀文化公益倡导
25	北京圆明园遗址保护基金会	非公募	200万	北京	圆明园遗址及文物的研究、规划、保护及相关社会文化公益活动

数据及信息均来自于基金会中国网http：//www.foundationcenter.org.cn

第 九 章 博物馆慈善合规

二、部分博物馆基金会简介

（一）广东省博物馆事业发展基金会是地方性公募基金会，于2012年10月23日由广东省民政厅批复成立，是全国公立博物馆界首家公募基金会。

广东省博物馆事业发展基金会以整合社会资源，关注文博事业，为广东省博物馆开展各项公益活动提供资助为宗旨，支持广东省博物馆事业发展，为开展文物征集、收藏、保护、研究、展示、教育等公益项目提供资助。

（二）北京中国国家博物馆事业发展基金会。非公募基金会。

基金会的宗旨：保护民族文化遗产，扩大文博事业国际交流，提升品牌影响力。基金会的原始基金数额为人民币200万元，来源于中国国家博物馆事业基金（下属企业上缴博物馆利润）。基金会的登记管理机关是北京市民政局，业务主管单位是北京市文化局。

（三）北京故宫文物保护基金会，英文译名The Forbidden City Cultural Heritage Conservation Foundation。基金会属于非公募基金会。

基金会的宗旨：维护和扩大故宫博物院藏品和建筑，为故宫博物院学术研究和公众服务提供支持。扩大故宫博物院国际国内影响力。

基金会的原始基金数额为人民币200万元，来源于企业捐助。本基金会的登记管理机关是北京市民政局，业务主管单位是北京市文物局。

（四）韩美林艺术基金会于2013年3月20日正式成立，是由中华人民共和国民政部批准设立的、中华人民共和国文化和旅游部主管的全国性的非公募基金会。基金会宗旨：一、系统研究韩美林艺术，使其发扬光大。缘于天分，又经过多年的研习及辛勤创作，韩美林的作品形成了独树一帜的风格，成为中华民族文化的一大瑰宝。致力于韩美林艺术的研究，已是刻不容缓的课题。二、继续设立韩美林艺术馆。基于韩美林的艺术成就和社会影响力，基于其艺术作品的感染力、雅俗共赏的特性以及其门类丰富、多产的艺术风格，将其数量众多、门类丰富的艺术作品在不同的地理位置，设立不同类型的艺术馆，是韩美林先生的心愿。目前已在北京、杭州、银川设立三座韩美林综合艺术馆；在宜兴设立一座韩美林专题艺术馆。三、系统、规范地从事公益事业。随着时间的推移、公益活动范围的扩大，原由韩美林及夫人周建萍女士个人或公司进行资助项目的策划与实施，已不能满足社会的需求。鉴于此，拟系统、规范、持续地开展与艺术有关的公益事业，从而弘扬民族文化。韩美林艺术基金会的宗旨：研究韩美林艺术和学术思想，探求符合中华文化艺术传承与发展的规律；传扬艺术家韩美林的爱国情怀以及为民族文化的奉献精神，弘扬韩美林艺术所蕴含的文化精华；开展各项学术活动，加强国内外文化交流，致力于推动中国艺术创新发展，为文化繁荣与民族复兴而服务。

第二节　博物馆慈善基金的组织架构

一、基金会的决策机关

捐赠人捐出特定财产成立的基金会，其拥有独立的法人人格，特定财产的所有权属于基金会本身，捐赠人不能取得像公司出资人一样的股权。基金会设立人的意志通常通过章程予以表达，章程成为治理的基本依据。设立人股权利益的缺失，使得基金会中没有如股东大会一般的意思形成机关，其理事会仅是意思表示机关而非意思形成机关。

（一）理事的选任

《管理条例》第二十一条规定理事会是基金会的决策机构。为了进行权力制约，实现慈善目的，许多国家的立法都对理事的任职资格进行了相应限制，主要体现在个人品行能力及利益关联关系上，如对受过刑罚的人进行资格限制，对有亲属关系的人进行人数限制。我国《管理条例》第三章也有类似规定。理事会的组成及其产生程序一般由基金会章程予以规定。我国《基金会章程示范文本》规定基金会的第一届理事会由主要捐助人、业务主管单位和发起人分别提名并共同协商确定。

（二）理事的权利和义务

作为基金会的决策机构，理事会依法行使章程规定的权力，其责任在于控制和监督基金会的运作。在某种程度上可以分为对外的代表权和对内的事务执行权。对外代表整个基金会行使权利，开展相关业务；对内通过组织的评价和控制体系行使权力，确保基金会高效率地完成其公益使命。

理事应该对基金会承担忠实义务和注意义务。所谓忠实义务，是指受到本人的信赖为本人进行工作的人，负有为本人的利益实施行动，而不得牺牲本人利益去谋求自己或第三人利益的义务。忠实义务的最重要表现就是禁止自我交易。我国《管理条例》第23条也有禁止自我交易的规定。判例法上一般采用"公平性测试"方法来判断一个自我交易是否有效。一般认可对基金会有利且符合决策程序的交易行为的效力。注意义务要求理事应当勤勉、谨慎、善意地履行职责。理事应当尽一般谨慎之人的注意义务，以谋求基金会的最佳利益。

（三）建立有效的决策机制

理事会作为慈善基金会的决策机构，其决策能力的强弱直接决定基金会的发展。而实践中，多数理事会并不能很好地实现控制权。基金会内部决策机制失灵。理事会与秘书处权责不清，理事虽多为各界精英，但非营利相关专业知识和实务经验欠缺。

二、基金会的执行机关

（一）执行人员的选任

执行机关是指在秘书长领导之下的负责基金会具体事务执行的各具体职能部门。秘书长由理事会选任，对理事会负责，向理事会报告工作。秘书长聘任工作人员，负责基金会业务的具体执行。这就要求在执行人员的选任上应当注重相关的专业能力和管理经验。基金会需要熟悉税务者以保证基金会在税务上不出问题；金融和投资专家，负责经营投资；以及各专业的"项目管理人员"，同基金会的公益性，使得执行人员的薪酬受合理薪酬标准的限制，在绩效激励上也不如营利法人直接。因而在选任上还应当考虑个人对于公益事业的热衷度。

（二）执行部门的职权与责任

对于执行部门的职责，传统观点认为执行部门受雇于理事会或董事会，只是按照指令完成组织使命，而决策部门是非营利组织的核心，在法律和道德方面承担绝对的责任。新的诠释观点却认为执行部门是理事会聘请而来实现理事会决策之人，乃是组织中行政部门的最高管理者与领导人，应该对组织的经营成败负最终的责任。执行机关的负责人能更直接地了解组织环境的具体情况，新的模式强调执行长需在道德与法律责任之下，协助理事会承担组织责任并完成组织使命。同样，理事会也应当给执行部门充分赋权，促使其以最佳的方式协助理事完成组织使命和任务。

（三）培养专业的执行团队

众所周知，制度是保障事业发展的基石，人才才是保障事业发展的核心动力。当前，众多慈善基金会面临人才缺乏和管理成本不足的矛盾，人员老化、素质偏低是大部分慈善基金会面临的困境。公益工作的职业化和专业化程度不高。对工作人员的从业资格、职责要求、工资福利、晋升等职业发展方面的制度安排还不规范。

培养专业的执行团队需要完善组织的激励机制，使慈善工作人员在践行公益的同时也获得合理的物质报酬。通过合理的绩效考核，结合工作实绩、服务时间、组织规模等确定薪酬标准以实现有效激励。慈善基金会作为提供公益服务的非营利组织，节约运作成本是基金会的责任，也是其取得社会公信力的保障，因此对于人才的激励不能过多地依赖物质报偿，还应注重公益理念的倡导及精神文化的传播。

三、基金会的监督机构

（一）监事的选任

《管理条例》规定基金会必须设监事，但没有对监事人选、人数及其产生程序作出具体规定，但规定了监事不能从基金会领取报酬。由于监事会代表多方利益，对监事的任命，一般由不同利益方选派。实践中主要有捐赠人、业务主管单位和登记管理单位而受益人利益作为监督的重要方面，笔者认为也应吸收服务对象的代表参加监事会。作为内部监督的重要部门，监事除了对公益事业有较高认同感，愿意为公益事业奉献以外还应当具备一定的专业水准，对于项目运作和财务管理等方面要较为熟悉，这样才能实现有效监督。

（二）监事的权利与义务

基金会设置监事或者监事会作为监督机关，代表受益人的利益和社会公益对理事会的决策及管理层的运作进行监督，同时也监督基金会的行为是否符合捐赠人的意志。《管理条例》规定，监事依照章程规定的程序检查基金会的财务和会计资料，监督理事会遵守法律和章程的情况"有权列席理事会"向理事会提出质询和建议，并向政府监管部门反映情况。这些都是监事的权利，也是监事行使监督权的方法和途径。从另一方面来讲，这也是监事应当履行的义务。监事应当谨慎勤勉地履行自身职责，而不能怠于行使职权。我国《管理条例》对监事职权的赋予并不具体明确，如"有权检查基金会的财务和会计资料"但对于这项权利并没有规定具体的途径和方法，在实践中很难落实。对监事的职权也没有赋予相应的救济权，这也不利于监督权的有效行使。因而对于基金会内部监督权的有效实施还需要在内容和程序上进一步探索和规范。

（三）建立有力的监督机制

监事与监事会是监督和约束理事会决策行为的重要存在，与基金会的决策及执行机构是一种监督与被监督的关系，监事应当具备独立性。在健全、合理的监督机制中，监督方与被监督方不应当存在利害关系，否则将影响监督作用的发挥。因此，应当确保监事与监事会的独立性，避免理事会对监事职权范围内的工作进行干预，也应有效避免理事会对监事任免的影响。

第三节 博物馆慈善基金合规管理

一、完善基金会运行机制

（一）完善内部治理

像公司治理一样，基金会的运营同样需要科学的内部治理机制和完善的内部治理体系。基金会的内部治理是有效的自我监管途径，理想的情况是：设立符合监管要求和运营现状的治理机关，比如理事会，实行理事长负责制。同时配备有效的监督体系，决策、执行、监督并重。

（二）增加开源机制

《基金会管理条例》仅对基金会资金的管理进行了原则性规定，操作性不强，对基金投资管理行为规范、管理人的权利和义务等都需要法律作出具体、明确的规定。慈善款的管理和使用模式仍有待突破。在现行法律的框架下，基金会可以自主决定投资行为和投资方式，建议基金会充分利用我国资本市场在今年推出的多种金融股衍生工具，参照可以借鉴的相关各类基金的运营模式，建立专业化的资金运作和流程，实现基金会的可持续发展。

在基金会的运作上，第一，可以项目带动募资，注重与政府机构、社会团体和大企业合作开展项目，通过合作具体项目得到募资，并成效显著；第二，拓宽募资渠道，探索稳定的资金筹募方式，转变募资观念，加强与政府和企业的合作，介入生产和研究领域，开展项目合作探索稳定的募资方式；第三，通过为项目搭建平台、提供服务等方式获得资金。基金会项目运作方式一般有两种：一是直接运作项目，自己既扮演出资者又扮演运作者；二是规划和设计项目之后，委托其他公益机构完成。国内基金会目前比较倾向于自己直接运作，但限于基金会的人力、物力以及项目运作经验，基金会的运作效率普遍不高。

国外大型的非公募基金会一般倾向于只扮演出资者的角色，并与专业的慈善机构进行长期合作。这种合作方式使基金会所提供的资金既实现了社会效益，又大大提高了实现效益过程中的效率。限于国内目前运作机构还不是很成熟，同时我国资本市场也不是很完善，比如风险投资机制的不健全，使得非公募基金会在项目运作方面难有突破。

二、内部治理合规

（一）健全以章程为核心的内部治理机制

基金会首先要健全以章程为核心的独立自主、权责明确、运转协调、制衡有效的法人治理结构，完善理事会、监事（会）制度，完善内部治理是有效实现基金会良好内部治理的必然要求。理事会严格按照章程规定按期换届，理事会会议符合法定人数和程序；规范民主议事、民主决策的范围、程序和方法，基金会人、财、物等重大事项的决策，要经过理事会程序，不得由个人专断。设立监事会或者监事，建立健全内部监督机制；要支持监事会（监事）依照章程规定的程序检查财务和会计资料，列席理事会会议，向理事会提出质询和建议，并向有关部门反映情况。

（二）明确基金会负责人、理事的权利义务

建立基金会负责人任职管理制度，明确负责人资格、产生程序、任职年限等。基金会负责人对重大事项、项目安排、资金使用管理负总责，要严格按照章程履行职责，不得以单位名义从事营利性活动，不得以权谋私。对于基金会的其他理事，应当在其担任基金会理事的时候，将基金会的法律属性、理事权利义务明确告知，让理事们准确理解基金会的性质，并且尽其应尽的义务，享受应有的权利，避免基金会产生内部矛盾。

（三）完善基金会的各项管理制度

基金会在具体工作中，应当完善管理制度，依照章程以及最新的法律法规制定或修改《票据管理制度》《信息公开制度》《财务管理制度》《人事管理制度》《印章管理制度》《党建制度》《重大事项报告制度》《资产管理制

度》《专项基金管理制度》《捐赠管理制度》《志愿者管理制度》《公益项目管理制度》《档案管理制度》等，要求工作人员在具体工作中，根据相关管理制度来开展工作。

（四）建立基金会法务审核机制

基金会在对外活动中面临跟众多相关方的合作，必然要签署各种形式的合同，基金会在内部建立起法务审核机制，就能对上述提到的各个层面的问题进行统一把关。法务审核机制构成如下：项目人员具体了解项目合作需求→提交项目负责人审核，项目负责人审核完毕后→提交法务部门/法律顾问审核（如有）→提交秘书处审核→如果是重大事项的，需提交理事会决策→对外签署。法务审核机制，可以最大限度地避免基金会的法律风险。

（五）建立合规培训机制

为了使基金会的运作合法合规，基金会负责人、理事会成员、工作人员等应当主动学习相关的法律法规政策，积极参加民政部门、行业机构组织的基金会法律政策学习及合规培训。有条件的基金会可以建立定期培训制度，每季度/月组织员工学习，建立学习型组织，学习内容包括法律、财务、传播、募捐、项目、技术等。在法律政策培训方面，邀请行业专家结合机构情况，开展法律政策培训、国际发展研讨交流，学习国内最新的法律政策要求，也可以了解国内国际最新动态，全方面把握基金会发展方向，同时也可以了解最新最前沿的资讯。[①]

---

① 北京致诚社会组织矛盾调处与研究中心：《中国基金会内部治理、管理方面的法律风险及其防范建议》，《中国社会组织》2019 年第 5 期，第 17—20 页。

第十章

数字博物馆合规管理

【本章内容概览】

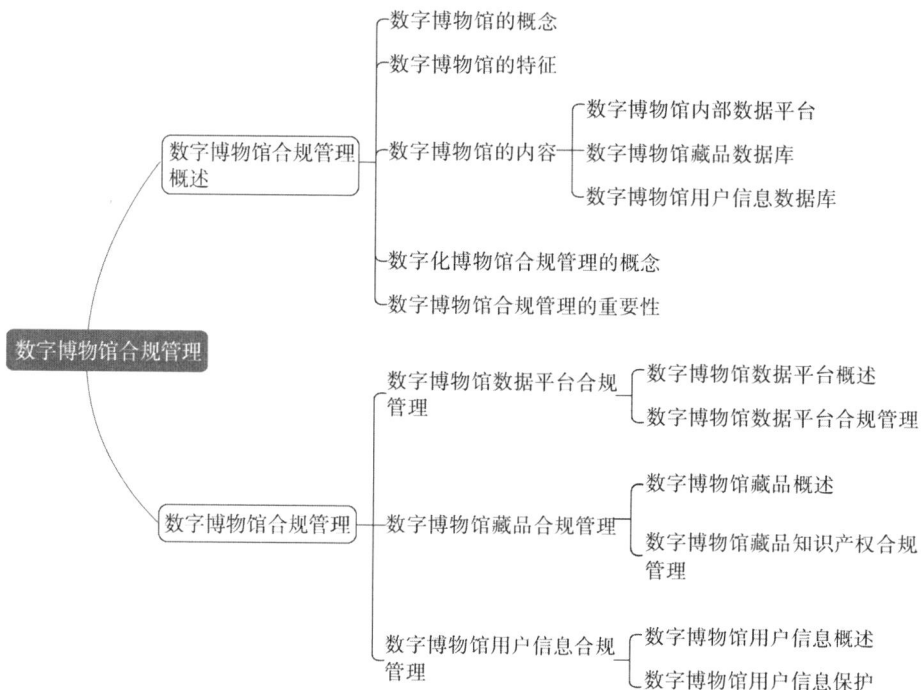

数字博物馆合规管理
- 数字博物馆合规管理概述
  - 数字博物馆的概念
  - 数字博物馆的特征
  - 数字博物馆的内容
    - 数字博物馆内部数据平台
    - 数字博物馆藏品数据库
    - 数字博物馆用户信息数据库
  - 数字化博物馆合规管理的概念
  - 数字博物馆合规管理的重要性
- 数字博物馆合规管理
  - 数字博物馆数据平台合规管理
    - 数字博物馆数据平台概述
    - 数字博物馆数据平台合规管理
  - 数字博物馆藏品合规管理
    - 数字博物馆藏品概述
    - 数字博物馆藏品知识产权合规管理
  - 数字博物馆用户信息合规管理
    - 数字博物馆用户信息概述
    - 数字博物馆用户信息保护

21世纪是信息化的时代，伴随着互联网技术、信息化技术不断地发展，越来越多的行业逐渐开辟互联网市场，互联网市场的开辟是时代发展的必然产物，不仅为相关工作的开展提供了极大的便利，同时也带来了一系列的制度的突破。就目前国内而言，大多数的博物馆也已应用了数字化管理技术，通过应用数字化管理技术能够有效地提升博物馆的规格、藏品的管理质量以及博物馆的推广。

第一节　数字博物馆合规管理概述

一、数字博物馆的概念

所谓的数字化是指在互联网技术、信息化技术迅猛发展的背景下，运用计算机二进制代码在虚拟空间将复杂多变的信息转化为文字、数字、图片、声音、动画等方式进行信息的传播与推送。数字化开拓的是虚拟空间，其对互联网技术、信息化技术的要求较高，并且其具有广泛性的特点，使数字化被广泛地应用于不同的行业、领域中。近些年来，博物馆的管理与发展逐渐与数字化相结合，相继开拓了数字博物馆、数字藏品展播、VR展馆等，改变了传统的博物馆管理模式与运营方式。数字博物馆就是将互联网技术、信息化技术与博物馆相融合，将博物馆的藏品通过3D技术、三维扫描、数字化拍摄等技术，以数据的形式储存，将藏品的文化、艺术等信息以图文讲解、3D动画展示、语音解说等形式进行线上展播。同时，通过数字化技术的应用，构架博物馆数字化管理平台，建立藏品出入库台账、藏品信息登记、藏品状态、藏品放置仓库等信息的记录，不仅提高了工作效率，减轻了工作人员的工作量，更有利于降低在工作中的错误率以及对藏品清点过程中对藏品的损害。

数字博物馆的建立可以为观众提供智能化、全面的服务。数字博物馆借助网络平台可为观众提供交互感知、信息查询、参观欣赏等多样性服务，可提升观众对藏品更直观、更精准的了解，同时为观众提供个性化服务，即在数字平台中开设自主选择模块，观众可根据自己的喜好自由选择观赏的内容，通过此种个性化的服务可以满足不同观众的需求，提升观众的体验感。

二、数字博物馆的特征

（一）便捷性

数字博物馆的管理主要分为内部系统与外部系统，内部系统主要是指搭建博物馆数字管理平台，建立大数据库，对馆藏品的出入库、藏品的基本信息、藏品的状态、展览状态等信息进行数字管理登记，通过搭建数字化管理平台减少了频繁提取对藏品的损害，同时更加便于对藏品的管理，使管理者通过该平台对藏品的信息"尽收眼底"。另外通过数据平台的搭建，详细记载藏品的去向可以对藏品进行实时的跟踪管理。并应用于数字化技术构建博物馆防盗、防火系统，当出现事故时报警系统可以精准定位事故原因、事故地点，使得管理更加高效与便捷。数字博物馆外部系统是面向大众，在互联网平台上设置预约渠道有利于对线下参观人数流量进行把控，这既有利于对馆藏品的保护，同时通过大数据分析，也为博物馆开展展览活动提供数据支撑。通过技术手段将馆藏品以图文、解说等形式在互联网平台上予以展播，实现足不出户即可享受视觉盛宴。可见，数字博物馆的搭建有助于实现管理的高效便捷。

（二）安全性

正如前文所述，通过数字化平台的搭建降低了因对馆藏品频繁搬出、入库等对馆藏品磕碰损害的风险，通过数字化平台完整地记录了藏品的馆藏时间、展出时间、保养修复记录等的台账建立实现一站式的管理模式，使得馆藏品得到更加安全的管理。其次，通过建立数字化展览平台，为大众提供多样化的服务，不仅可以大大降低博物馆对固定资产的日常维护的开支，同时也降低了观众对馆藏品、馆藏设备等的损耗，大大提高了管理的安全性。

（三）高科技性

数字博物馆是通过数字化技术、信息化技术搭建数字平台，对内进行博物馆的信息化管理，通过建立大数据库对馆藏品数据的维护可以高效地完成之前几天甚至几个月的数据维护与数据的更新。另外，通过采用3D技术、三维扫描技术、数字化拍摄等手段对馆藏品进行展出，提高了博物馆的科技含量，同时更有助于博物馆的发展，开拓市场。

（四）平台的多样性

数字化的应用已经不再仅仅局限于网站，目前我国互联网技术的应用使越来越多的信息化平台应运而生。例如辽宁省博物馆开通的微信公众号，为用户提供线上预约、展品信息推送、活动信息推送等服务；同时辽宁省博物馆也开通了抖音账号，通过微视频进行宣传与推广。因此数字化时代的到来，使得虚拟空间的潜力不断地被挖掘，官网的建设、开通抖音账号、微博、微信公众号等形式使得博物馆受众群体不断地扩大的同时，馆藏品的社会效益也在不断地提升。

三、数字博物馆的内容

（一）数字博物馆内部数据平台

数字化博物馆依托于互联网平台的建设，数字化博物馆数据平台的搭建在实践中往往采用内网与外网双网运行机制。所谓的内网主要是用于博物馆数据库的建立，即博物馆数据库记载的数据对象是藏品的基本信息，包括藏品的出土时间、陈列时间、基本信息、出入库信息、保存仓库信息、管理员信息、藏的图片等记载，建立完备的藏品档案制度，使得管理者在整理藏品档案时只要通过数据库管理员的授权即可访问该藏品的所有信息，无论是对藏品数据的录入还是后期对藏品数据的维护，仅仅通过授权访问即可完成，这大大提高了管理的成本，但是却需要管理者针对数字化博物馆建立完备的管理规范。

（二）数字博物馆藏品数据库

数字化博物馆藏品数据库是指将藏品的外形、轮廓、材质等通过3D扫描技术、数字照片等方式形成立体式图片、平面图片的方式所形成数字化产品存储于数字平台上。并将所形成的数字化产品按不同的类别建立数字化档案，并将相应的藏品图片配以语音讲解、文字讲解，这不仅方便管理，也是搭建数字化博物馆展厅必备数据。藏品数据库的建立主要是为了将藏品的图文、解说用于数字化博物馆展厅的建设。通过数字化博物馆展厅的建设可以打破传统博物馆的地域限制，使访问者通过一台电脑、一部手机即可线上参观数字化博物馆，不仅便于公众对文化、对藏品的了解，更是通过数字化博物馆展厅的建立使得某一藏品或者一系列展品在云端长期供展，使得大众不再受线下展览时效的限制。而藏品数据库是实现数字化博物馆的核心，由于藏品数据库采用的图文、解说等形式，相关数据极易复刻、修改甚至篡改，因此针对这一新兴的领域必须加强合规管理，以防止侵权行为甚至犯罪行为的发生。

（三）数字博物馆用户信息数据库

数字化博物馆的开设主要是为公众提供线上预约、线上观展等多样性服务。大多数的线上预约服务均需参观者实名预约，而进行线上观展往往需要参观者现行完成注册登记。我国国家网信办颁发的《互联网信息服务管理办法》中明确规定，提供互联网服务的主体应当实现"后台实名"。因此，用户在参观数字化博物馆之前需完成实名注册登记。而作为数字化博物馆而言，在访问量的增加的同时也掌握了大量的用户个人信息。例如国家博物馆通过开通微信公众号，公众号开设三个板块即"看展览""我要来""读国博"，使公众通过这三个板块实现线上预约线下参观以实现对博物馆线下参观者的流控，并且在三个板块下设了子模块，为公众提供"讲解服务""虚拟展厅""展览视频""国博馆刊""观众之声"等服务，而所有的服务均需建立在公众关注公众号的基础上，当公众关注公众号时，公众号自动读取访问者的个人信息，对于数字化博物馆的管理者而言如何维护用户个人信息、如何加强用户信息的管理是开展数字化博物馆首要解决的问题之一。在信息化时代到来之际，公众对个人信息、个人隐私的保护意识增强，迫使管理者必须建立规章制度以加强对用户信息数据库的管理。

四、数字化博物馆合规管理的概念

合规化管理是一个新兴的概念，合规化管理始用于企业的管理中，主要是指为了加强企业的管理，企业按照法律法规的要求通过制定合规的政策修改内部规范、监督企业内部规范的执行与运作，以提高企业内部的管理，对违规行为进行有效的监管、识别、预警，更好地化解矛盾、防范风险等管理活动。合规化的管理有利于提高企业抗风险的能力、降低损失、提高市值，更有助于企业的活力与竞争力。合规化管理已经打破了适用范围的局限性，越来越多领域不断地提出合规化管理的要求，对于博物馆长效有序的发展，博物馆的合规化建设也是博物馆加强管理的重中之重。因此，在搭建数字化博物馆的同时，必须对数字化博物馆进行合规化管理，只有进行合规化管理才能保障数字化博物馆的良性运行，通过开展一系列的合规化管理实现博物馆现代化的属性。

数字化博物馆合规管理是指博物馆管理者结合博物馆的性质，按照国家的法律法规的要求制定内部各系统的运营管理规范，监督内部的执行，对违规行为进行检测、甄别、预防、化解风险等一系列的管理活动，以保障数字化博物馆内外系统有序运转的管理模式。不同性质的博物馆建立数字化平台的初衷亦不尽相同，例如民办性质的博物馆除了具有传播文化，其更要注重博物馆的维系，管理者在日常管理的过程中需考虑营利的需求，这就使得管理者在管理的过程中降低成本、提高产值。而公办性质的博物馆具有很强的公益性质，其馆藏品较民办性质的博物馆藏品有数量多、价值高、运营成本高等特点，管理者在日常的管理中需更加注重对馆藏品的管理规范化、合理化、有序化，对于博物馆的运营要实现优化管理，才能真正发挥馆藏品以及博物馆的社会作用。因此，无论何种性质的博物馆在搭建数字化博物馆的同时，必须加强对这一领域的合规化管理。

五、数字博物馆合规管理的重要性

（一）有利于完善博物馆的管理体系

传统意义上的博物馆大多仅仅承担着文物收藏、保存、展览的职能，公众往往只有亲自到博物馆才能一窥文物的真容，而数字博物馆的搭建完全解决了这一问题，打破了传统博物馆的地域限制。数字博物馆是博物馆在信息化时代发展的必然产物。合规管理可以完善博物馆的管理体系，既有利于保护文物，又方便公众对文物信息的获取。通过对数字博物馆合规管理，建立完善的管理体系，规范博物馆从业人员，规范对博物馆藏品的日常管理、展览、出入库等行为，更能高效地做好对馆藏品的管理，有利于博物馆的整体管理。

（二）有助于全国文物数字化平台的搭建

博物馆是重要的文物聚集地，肩负着文化文明传承的重要任务，博物馆的每一件藏品都是中华文明的象征，是人类历史伟大瑰宝。因此，数字博物馆的搭建实现了资源共享。加强数字博物馆的合规管理，有助于实现博物馆间资源共享，为各博物馆间合作搭建桥梁，更加有助于藏品全国性数字化平台的搭建与完善。

（三）有助于提升博物馆的科技含量

伴随着互联网时代的发展，数字图书馆、线上展览馆、数字化作品展等层出不穷，对于博物馆管理者而言既要顺应时代发展的趋势，亦要提高对数字博物馆的合规管理。搭建数字博物馆需要借助3D扫描技术、数字照片等技术辅以相应的视频解说、文字解说或者语音解说，甚至配以图文解说，在公众参观数字博物馆时做到图、文、声同步，以及公众可利用数字博物馆搜索功能查询所观赏的藏品，这需要数据的精准以及高效的后台数据维护技术。但是由于此种数字化信息被保存于云端，往往表现出易于下载、保存、修改乃至任意篡改的情况的发生，而加强对数字博物馆的合规管理，可以有利于避免此类事件的发生，更利于规范数字博物馆管理者的行为，降低数字博物馆的风险，提升数字博物馆的社会属性，更有助于博物馆科技水平的提升。

（四）是博物馆合规管理的重要途径

数字博物馆已经成为博物馆的重要组成部分，无论是公办的博物馆还是民办的博物馆，无论是营利性还是非营利性的博物馆，一方面注重对馆藏物品的管理，另一方面则注重对博物馆的管理，而两种管理体系相辅相成、相互影响。所以，博物馆的管理者需采用现代化管理理念、管理手段提升博物馆的整体质量。越来越多的管理者将合规化管理融入博物馆的管理之中，并且开拓数字博物馆领域，甚至数字博物馆已经成为博物馆主流业务，因此，将数字博物馆的管理纳入博物馆合规管理体系中，是提升博物馆合规管理质量的重要途径。

第二节　数字博物馆合规管理

一、数字博物馆数据平台合规管理

（一）数字博物馆数据平台概述

数字博物馆数据平台是博物馆用于记载馆藏品的材质、规格、出土年代、修补记录、出入库等基本信息的载体，可谓是每一件馆藏品的档案。博物馆往往通过与第三方系统研发公司合作，研发公司根据博物馆的实际需求为其设计专门的数据平台并为其提供数据维护、系统更新等一系列的服务。因此，该平台的搭建建立在合同的基础之上。该数据平台的搭建，是管理者日常管理之所需，改变了传统手账记录的模式，大大提高了工作效率，减少了工作人员在工作中的失误率。

博物馆通过运用计算机数字技术、3D立体扫描技术、视频技术将馆藏品的图文、视频资料、语音资料转化成数字存储于平台数据库，通过建立查询、统计、数据维护等功能实现博物馆馆藏品数字化管理，在减轻博物馆工作人员工作量的同时，提升了工作效率。并且降低了管理人员在对于馆藏品的管理过程中频繁出入库对馆藏品的损害，此种信息化管理系统平台的搭建已经成为现代博物馆发展必然选择。

（二）数字博物馆数据平台合规管理

1. 数据平台合规管理

数据平台是博物馆对馆藏品进行管理的系统平台，不仅详细记录了馆藏品的基本信息，同时记录馆藏品出入库信息、展播信息、管理员信息、修缮信息，甚至利用强大的数据库存储空间详细记录馆藏品每一次数据的变动。数据平台的搭建虽有利于博物馆的管理，但是数据平台也存在其固有的弊端，即数字信息较易于被更改，容易出现管理空白。为了防止管理漏洞的出现，博物馆管理者应当在符合国家立法的前提下，制定信息化层级授权审批机制，加强主体责任制，规范博物馆工作人员的行为。同时，建立健全加强对博物馆从业人员的职业道德提升、法律知识的培训，加强岗位责任制等一系列的风险防控机制。并且博物馆管理者根据博物馆性质、特点制定数据平台数据录入、修改、查询等操作流程，规范系统使用机制，通过制定一系列的管理制度、操作章程，以提高博物馆的合规管理。

数据平台的搭建，建立了庞大的馆藏品的数据库，是博物馆开展数字博物馆业务的核心资源。因此，在搭建数据平台时，建立健全馆藏品的图文、视频等资料多角度、系统化、准确记录的同时，更要注重加强相关信息的备份，以支撑数字博物馆的构建。

2. 数据平台安全合规管理

数据平台的建立依托于数字信息技术，馆藏品的所有信息、资料存储于网络平台，即使在实践中大多数的博物馆选择建立局域网，将馆藏品资料存储于局域网，采用内网的方式对馆藏品的数据进行维护，但是管理者仍必须加强数据平台的安全保障。近些年来，互联网犯罪频繁，在一定程度上也暴露出互联网安全性的问题。虽然博物馆数据平台仅仅是记录博物馆馆藏品的信息，但是这些数据是数字博物馆搭建的资料源，并且这些数据详细记载馆藏品在馆的状态、存储地方等内部信息，管理者必须在搭建数据平台时，建立完善的安全系统，以防止不法分子攻击数据平台，损害博物馆利益的行为发生。

二、数字博物馆馆藏品合规管理

（一）数字博物馆藏品概述

数字博物馆的搭建是建立在馆藏品数据平台的基础之上，往往依托于多种媒体平台，如利用互联网平台开立官网、利用微博建立官方账号、利用微信平台建立公众号、利用短视频应用软件开设账号等载体实现数字博物馆的搭建。无论选择何种媒体平台，数字博物馆均以博物馆馆藏品的图文、视频资料、语音讲解等形式按类别上传至数字博物馆平台以供公众参观访问。

数字博物馆的实质是在互联网平台之上建立虚拟博物馆，利用3D扫描技术、数字照片、视频技术等形式，将馆藏品的图文、视频上传至平台，该馆藏品的图文、视频材料以及语音讲解属于博物馆馆藏品的衍生品，其以数字化的形式结合互联网技术展现于公众面前，而公众通过访问数字博物馆可依据公众的喜好或者需求自由地搜索相关展品进行参观。

数字博物馆藏品以3D扫描技术、数字照片、视频等形式供参观者参观浏览，数字博物馆的"展品"属于我国《民法典》所调整的客体，其是独立于博物馆藏品母体而独立存在的。根据我国《著作权法》第三条的规定，数字博物馆中的藏品以及相关视频、音频属于作者，是我国《著作权法》的保护对象。

（二）数字博物馆藏品知识产权合规管理

1. 明确数字博物馆馆藏品的著作权归属

数字博物馆通过数字化手段将博物馆馆藏品的图文、视频等数字资源按照一级文物、二级文物、三级文物进行分类供参观者检索参观，利用3D技术、AR技术开展虚拟展厅，使公众体验沉浸式观感。但是，由于此类"展品"属于虚拟物，属于高科技产品，如藏品的视频资料、语音讲解的音频、3D扫描图片凝结着制作者、研发者、录制者的智慧结晶。此种"展品"是开展数字博物馆的核心要素，因此，在初建数字博物馆之时，博物馆管理者应当与"展品"的拍摄者、音频视频的制作者、讲解者明确该"展品"的权属。我国《著作权法》中根据作品的属性将作品分为职务作品、委托作品。展品的属性不同，权利的归属也就不尽相同。加强数字博物馆馆藏品知识产权的合规管理的前提是必须明确展品的属性。数字博物馆业务的开展的目的在于传播文化，弘扬传统文化，增强人们的民族意识，数字博物馆的"展品"的价值更多地体现为精神价值而非金钱价值。数字博物馆"展品"的图文的制作往往侧重于将馆藏品真实还原，对3D扫描技术、AR技术、数字照片技术要求极高，博物馆往往通过采购专业设备、雇用专业技术团体在博物馆管理员、文物工作者的共同参与下完成技术操作，并有专业技术团队进行后期的图文处理。博物馆管理员、文物工作者是依其职责参与工作，专业技术团队则依据博物馆与其订立合同的基础之上，为了明确"展品"的权属，防止纠纷的发生，在"展品"制作前，博物馆应当与专业技术团队的合同中明确"展品"的权利归属。根据我国《著作权法》第十九条的规定，委托作品的著作权的归属由委托人和被委托人通过合同约定，由此可见委托作品的著作权的归属由当事人合同约定优先。为了便于数字博物馆的运行，降低纠纷风险，博物馆往往通过书面合同明确数字博物馆"展品"的著作权由博物馆所有。通过合同对权利的确权，不仅仅便于数字博物馆的管理，同时也大大地降低了数字博物馆运营中的风险。

数字博物馆除了提供馆藏品的图文介绍外，为了提高参观者的体验感，往往对图文辅之语音讲解、视频观赏等服务，大多数视频、语音技术工作由博物馆专业技术团队完成，而其中专业的讲授往往由博物馆专业的讲解员完成。根据我国《著作权法》第十一条的规定："由法人或者非法人组织主持，代表法人或者非法人组织意志创作，并由法人或者非法人组织承担责任的作品，法人或者非法人视为作者。"因此，博物馆的专业讲解员依工作职责完成博物馆所交办的讲解录制工作，体现的是博物馆的意志，且其行为属于职务行为，所产生的责任由博物馆承担，因此，专业的讲解员的音频的著作权依本法规定属于博物馆所有，相关工作人员主张权利无法律依据。

2. 限制用户对"数字博物馆馆藏品"的下载权利以加强对其知识产权的保护

数字博物馆中的馆藏品，也被称为"展品"，具有一般数字产品的特征，即下载、保存、复刻复录。为了加强对数字博物馆馆藏品的合规管理，降低风险，管理者往往与技术团队合作之初在合同中书面明确表明对"展品"制作的过程中进行技术处理以防止用户或者访问者随意下载或者保存，例如在视频、音频的制作过程中加入加密技术，对图文进行水印处理，在数字博物馆搭建时通过技术手段在后台建立访问者权限限制等技术手段防止用户或者访问者随意下载、保存、复录复刻，甚至防止不法黑客篡改相关数据的行为的发生。

采用技术手段并不是禁止用户或者访问者下载、保存相关数据，完全禁止不仅仅有悖于设立数字博物馆的初衷，更有悖于《著作权法》中合理使用的立法宗旨。因此，博物馆管理者通过建立访问者实名注册登记制度，在电子注册登记表中明确告知访问者在进行观赏时的权利义务以及责任的承担，采用显著的标识将访问者的下载权明确地告知访问者。并以采用"后台实名"技术对每一名访问者的线上活动轨迹进行监管，对于采用下载、保存功能的用户或者访问者建立后台台账对此类用户进行登记造册并通过数字云端保存。

三、数字博物馆用户信息合规管理

（一）数字博物馆用户信息概述

所谓数字博物馆用户信息是指根据国家网信办的规定即互联网服务提供者必须使用实名登记制度的要求，数字博物馆对访问者或者观赏者在观赏访问前实行实名登记以及博物馆通过开设"线上预约线下参观"服务所获取用户的信息予以后台记录所获取的用户信息。由此可见，数字博物馆获取用户信息的途径有两种。其一，设置数字博物馆参观前置实名登记制度，采用后台实名登记技术，获取用户姓名、身份证、电话号码、邮件等基本信息。通过建立台账对数字博物馆参观者的线上活动进行跟踪监督，运用大数据比对可以向注册用户进行专项展播活动的推送，以便提供更优质的服务。其二，现代博物馆为了加强对馆藏品的保护，通过建立线上预约线下参观制度对每天进馆参观人员进行限流管理，尤其每逢节假日、寒暑假期间该项预约制度更显得重要。参观者在进入博物馆前需前往博物馆的官网或者公众号预约线上登记，而预约线上登记需要参观者实名登记，通过线上预约制度后台获取用户个人信息。目前，随着信息化技术的快速发展，越来越多的博物馆通过建立网络官网平台、微博官方账号、微信公众号、抖音官方等方式实施预约登记。甚至有些博物馆与第三方平台合作开通线上预约渠道，例如辽宁省博物馆与第三方平台美团合作，在美团小程序、公众号开设预约渠道，使得博物馆掌握大量的参观者基本信息。信息化的背景之下，互联网的发展为人们的生活提供了便利的同时，人们也越来越重视个人信息的保护与安全。因此，数字博物馆的运营过程中要更加注重对用户个人信息的保护。

（二）数字博物馆用户信息保护

数字博物馆设立打破了传统线下博物馆的地域、场馆以及容客量的限制，甚至只要有过硬的技术支持以及高速的服务器，那么数字博物馆可以利用信息技术同时开辟多个展馆、多元素的搜索功能、AR沉浸式观赏等一系列模块，数字博物馆的建立完全扭转了大众对博物馆的认知。数字博物馆的发展，也相伴而生诸多问题、制度的设计。

1. 建立健全个人信息保护合规制度体系

一个完整的、成规模的数字博物馆的搭建，可以同时容纳相当庞大的参观者，而对于用户信息的保护却成为数字博物馆在为观赏者提供观赏服务应当履行的义务。我国《民法典》中明确规定了公民的隐私权，2021年11月1日颁布实行的《个人信息保护法》第五十八条明确规定用户量巨大、提供互联网服务平台有义务保护注册用户的个人信息，并且根据我国相关法律法规的规定建立健全个人信息保护合规制度体系。因此作为数字博物馆，必须根据《个人信息保护法》的规定，建立健全个人信息保护合规制度体系，利用数字技术搭建个人信息数据库，并建立个人信息后台台账，用户定期对个人信息数据库进行维护和更新。因此，数字博物馆的管理者应当立足数字博物馆的特点、远景规划等相关因素制定个人信息保护合规流程，明确管理者的权限、规范数据维护者的操作流程，并且建立系统内部调取用户信息台账，记录每一次调取用户信息管理者ID、访问时间等具体信息，明确责任，建立责任倒查制度，通过建立合规的个人信息保护制度，保障数字博物馆的安全性。

2.建立数字博物馆参观者个人信息档案存档工作

数字博物馆为公众提供线上参观服务，参观者通过注册获得参观权限，可以根据自己的实际需求进行线上参观以及查询活动。为了规范参观者在进入数字博物馆的线上观展行为，防止不当行为发生，数字博物馆必须建立访问跟踪监管制度以及相应预警制度，全程对观赏者的行为进行监管，并对违规操作的参观者进行预警并且采取限制访问权限等手段维护数字博物馆合法合规运营。

市场理论的应用为新时期博物馆管理与发展提供了良好的思想理念，促使博物馆与市场相衔接，与时代相融合。在博物馆健康发展的同时，多角度出发，优化博物馆发展展览，发展数字博物馆业务，通过加强对数字博物馆合规化管理，促进博物馆线上线下两条业务主线齐头并进地发展。随着互联网时代的到来，依照新时代的资源管理方式、利用信息处理技术、制定规范化的制度体系，使数字博物馆纳入合规管理模式之下，发挥数字博物馆信息化、数字化技术的优越性。

现代社会的信息化程度越来越高，数字技术在博物馆领域的广泛应用，极大地降低了博物馆运营成本，也方便了公众。因此，数字博物馆的建立、合规化管理、良性的运转是时代发展的必然趋势。

第十一章

博物馆合规文化

【**本章内容概览**】

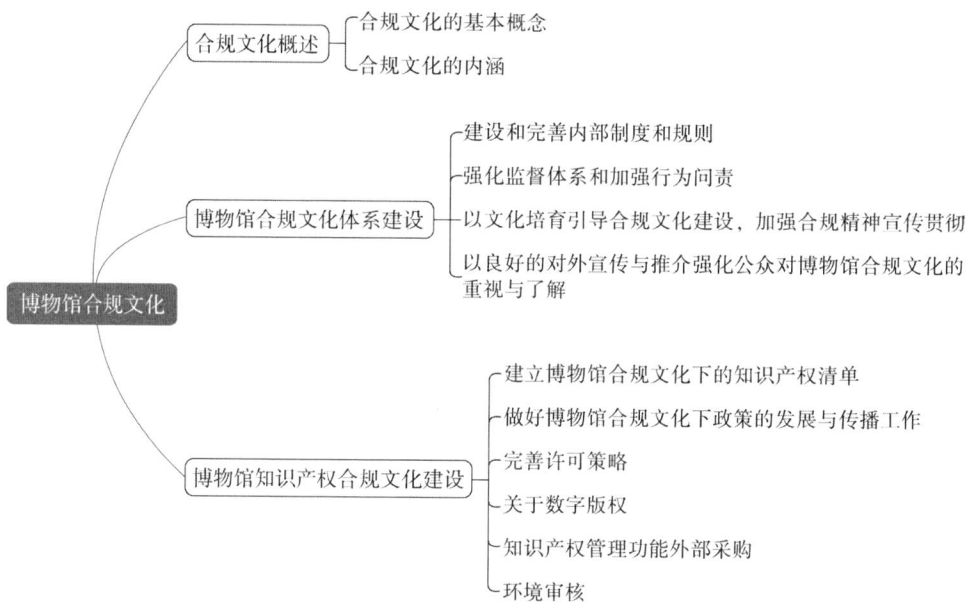

```
                      ┌─ 合规文化的基本概念
         合规文化概述 ─┤
                      └─ 合规文化的内涵

                          ┌─ 建设和完善内部制度和规则

                          ├─ 强化监督体系和加强行为问责

         博物馆合规文化体系建设 ─┤─ 以文化培育引导合规文化建设，加强合规精神宣传贯彻

博物馆合规文化 ─┤               └─ 以良好的对外宣传与推介强化公众对博物馆合规文化的
                                 重视与了解

                              ┌─ 建立博物馆合规文化下的知识产权清单

                              ├─ 做好博物馆合规文化下政策的发展与传播工作

                              ├─ 完善许可策略
         博物馆知识产权合规文化建设 ─┤
                              ├─ 关于数字版权

                              ├─ 知识产权管理功能外部采购

                              └─ 环境审核
```

合规文化通常指企业在长期的经营管理过程中，全体员工乃至公司管理层都依法合规的价值观，自觉遵守内外部规章制度，从而形成的集体合规意识与职业行为的总和。针对博物馆而言，良好的运营亦离不开合规文化的建设。本章所探索的内容即是在大的合规文化的概念体系和背景下，如何开展博物馆内部的合规文化体系建设，完善博物馆的合规运营，从而促进博物馆健康运行，乃至促进整个行业的蓬勃发展。

第一节　合规文化概述

合规文化作为近些年来持续热门的话题，在博物馆的运行和发展过程中也起到至关重要的作用。充分了解合规文化的概念和内涵能够帮助企业、组织建立行之有效且更有针对性的合规文化体系。

一、合规文化的基本概念

（一）合规与企业合规

合规，是指行为主体的行为应当符合法律法规的强制性规定，否则可能导致被处罚、被起诉或丧失某些法定权利和利益的不利后果。企业合规，是指企业及其员工的经营管理行为符合有关法律法规、国际条约、监管规定、行业准则、商业惯例、道德规范和企业依法制定的章程及规章制度等要求。企业知识产权合规，是指企业及其员工的经营管理行为应当符合有关知识产权的法律法规、国际条约、监管规定等强制性规范，以避免受到被处罚、被起诉或丧失某些法定权利和利益的不良后果。

企业合规文化建设是企业文化建设的重要组成部分，也是企业合规管理的重要内容，而企业合规管理与企业业务管理、企业财务管理被视为当代企业法人治理的三大组成部分。企业知识产权合规文化建设，是指企业应将知识产权合规文化作为企业文化建设的重要内容。企业决策层和高级管理层应确立企业知识产权合规理念，注重身体力行。企业应建立健全知识产权合规体系，强化企业知识产权保护，减小企业知识产权侵权风险，践行依法合规、诚信经营、尊重知识产权的价值观；应提高企业人员的知识产权风险意识，不断增强员工的知识产权合规意识和行为自觉，树立和营造尊重知识产权、保护知识产权的企业形象和文化氛围。

通过对上述几个概念的辨析，笔者认为博物馆的管理与运营，恰恰应当学习企业合规、企业知识产权合规等相关内容的建设与管理。只有这样，博物馆的发展才能稳定，发挥出更耀眼的光辉。

合规是企业"走出去"行稳致远的前提，同样也是博物馆"走出去"的前提。合规管理能力是博物馆竞争力的重要方面。知识产权保护已上升为国家的基本战略，博物馆作为文化传播的机构和载体，或是文化传播者，更应通过文化建设，全面提升内部的知识产权合规意识和合规风险意识。合规风险，是指企业或其员工因违规行为遭受法律制裁、监管处罚、重大财产损失或声誉损失以及其他负面影响的可能性。知识产权合规风险，主要表现为因未遵守知识产权法律法规而侵犯他人知识产权的风险，以及未能充分利用知识产权法律法规进行自我保护而致使自己的知识产权遭受损失的风险。只有培养了内部人员树立起相关合规认识和风险意识，才能保护博物馆的运营和自身文创产品的进一步开发。

（二）合规文化

文化往往是指一个组织在一定时期内形成的思想、理念、行为，以及由这个群体整体意识所辐射出来的一切活动。因此，合规文化通常来讲，是指一个组织的成员在长期发展过程中形成的依法合规的思想观念、价值标准、道德规范和行为方式等等许多内容的总和。

实践中提到的"合规文化"往往更倾向于狭义上的合规文化，即一个企业或组织的合规管理、合规风险、合规理念、合规价值、合规机制等方面的整个合规工作规范的统称。合规文化往往通过理念（精神）、制度、行为和物质四个方面来体现。这四个层面内容之间是相互协调、相辅相成的，其共同准确、完整地表达了企业合规文化的全部内容。

二、合规文化的内涵

合规文化的内涵，总体上包含四个内容，即物质层面内容、制度层面内容、行为层面内容和精神层面内容。

（一）物质层面

物质层面内容主要是指合规文化能够对外展现而被该企业或组织的员工及社会公众所直接感知的一系列物质表达。针对博物馆而言，比如博物馆拍摄的宣传片、宣传海报等，这些物质层面的外在表现，形成了该企业或组织的文化"外衣"，能够让公众和外界最直观地感受到该企业或组织的形象。

（二）制度层面

制度层面的合规文化，通常是指企业或组织在合规体系建设的过程中，有关合规制度的一系列明确规定、相关阐释和具体表达。除了文件形式的内部规章制度、行为准则等，还主要表现在企业或组织运转的过程中，其各项制度中有关合规文化的各项规定。

（三）行为层面

合规文化的行为层面是指合规文化在该企业或组织的员工（工作人员）行为模式和实践中的具体作用和相关表现。该行为层面内容往往是企业合规和企业合规文化有效性的集中体现。[1]

（四）精神层面

精神层面的合规文化内容是合规文化的内核，精神层面的内容则更加广泛，通常包含该企业或组织的合规愿景、合规价值观、合规意识、合规思维等内容。

---

[1] 张云霄、曾启源：《企业合规文化概念的四大主要内涵》，载微信公众号"云讲合规"，2021年10月13日。

第二节 博物馆合规文化体系建设

在了解了合规文化等相关概念及主要内涵后，笔者认为博物馆合规文化的体系建设亦应当围绕合规文化的内涵进行全面的多方位体系建设。具体而言，应当围绕着合规制度的完善、合规行为的约束、合规精神的宣贯以及物质层面上的规范与建设。

一、建设和完善内部制度和规则

所谓"无规矩不成方圆"，合规制度的完善往往起到框架性和支撑性的作用，也是博物馆合规运行的制度保障。

博物馆作为非营利法人，其治理结构和运行规范均是受相关法律、法规和规章制度所调整的。因此，在博物馆设立和运行的过程中，首先要建设和完善符合博物馆发展需求和运营需求的制度。

首先建立健全博物馆合规管理制度，包括制定博物馆内部全员普遍遵守的对内合规行为规范及重点领域的专项合规管理制度；其次是建立对外合规风险识别预警机制，在充分梳理和分析博物馆运行过程中可能出现的风险行为后，提前设立好预警机制，并及时发布风险预警；再次，建立一套完善的规章制度和操作流程，形成事事都有明确合规守法的工作标准，处处都有严格的合规经营纪律约束。

二、强化监督体系和加强行为问责

合规文化的良好建设与运行，通常体现在合规的行为规范上。

一方面，要加强监督体系。博物馆作为非营利法人，其本身就具备法人的治理结构和决策机关。在治理结构和决策机关的设置过程中，建议可以以"强化监督"为目的，设立专门的监督机构。完善博物馆在监督组织机构体系、畅通的信息沟通渠道、有效的合规管理防线，能够形成合规管理合力。

另一方面，在建立健全博物馆合规管理制度的同时，还应当完善问责机制，建立行为问责制度。如，建立举报监督机制，由专门机构受理对博物馆有违法、违规行为举报和投诉，畅通有效的沟通的渠道和途径。再比如，对内而言，在博物馆的日常管理工作制度中，可以加入惩处违规违纪问题与工作人员绩效奖考核兑现结合起来，使那些违规违纪者既受到严格的纪律惩处，又受到经济处罚，彰显制度的严肃性和惩戒作用，从而推进合规管理。

三、以文化培育引导合规文化建设，加强合规精神宣传贯彻

博物馆作为宣传文化、传播知识的文化机构，文化概念的宣讲与建设一直是其工作内容的重中之重。博物馆在寓教于乐、传播其本身内涵的文化内容的同时，更应该用丰富多彩的文化活动宣传和表现其合规文化内容。

比如，在开展对外文化内容宣讲的同时，增加对内合规文化建设的宣传与教育，使博物馆的工作人员，在日常工作的过程中，了解更多有关合规文化的知识，明荣辱，知敬畏，知法、守法、合规。这有助于让博物馆的文化宣传作用发挥到极致。

四、以良好的对外宣传与推介强化公众对博物馆合规文化的重视与了解

博物馆的合规文化关乎其合规形象和美誉。合规文化的概念和内容不仅要在博物馆内部大力宣传，发挥作用，还要通过各种传播媒介，博物馆的公共活动、对外活动，博物馆工作人员的日常工作文往等各种渠道，向第三方和社会大众积极传播推介博物馆的合规文化，树立遵纪守法、道德诚信的良好形象，提升合规化博物馆的美誉度。

博物馆的文化宣传工作和文化教育作用，将因宣传更多的合规内容和采用更为合规的宣传手段，使公众更加信服。笔者相信，一个合规化的博物馆将在

公众心中留下更为深刻印象。

第三节 博物馆知识产权合规文化建设

在博物馆的发展和日常运行工作进行中，知识产权相关合规风险是最为显著的。前文已经分析过博物馆可能面临的著作权风险、商标风险、网络域名风险乃至专利权方面的风险。针对上述风险，博物馆也可以制定知识产权合规制度，将风险点和风险行为进行界定，促进形成严格保护知识产权的文化和氛围。

综上，博物馆在文创产品开发过程中应高度重视知识产权问题，完善知识产权合规文化体系的建设。文创产品的设计、开发、授权、销售等环节都与知识产权保护直接相关。研发过程中，注意对研发出的技术（产品）及时申请专利、商标、著作权等知识产权予以保护；博物馆与合作单位共同开发文创产品时，应就知识产权的权利归属与利益分配问题做明确界定，以免未来因规定不清晰而产生纠纷；授权使用时，在合同中明确授权范围、授权条件、授权模式等内容，防止因授权不清引发纠纷。总之，博物馆在文创产品开发过程中，应构建文创产品的综合法律保护体系、文化概念体系，运用合同法、著作权法、商标法、专利权法、反不正当竞争法等法律制度，结合文化的风险合规控制与管理，维护自身合法权益，促进文创产业健康发展。

一、建立博物馆合规文化下的知识产权清单

（一）知识产权清单或审计应当根据藏品的总目录进行规划，并将审计结果纳入藏品管理系统。

（二）知识产权清单或审计应当分为两类：一类是博物馆自身固有的资产，另一类是与机构藏品有关的知识产权利益。

（三）知识产权审计或清单应当根据管理层的决定开始进行。简而言之就是"不要等到导火索被引燃"。

（四）清单编制工作应当根据经验和责任进行实质性的分配，由一到两人负责最后成品的交付。信息不应过于集中，除非博物馆的功能本身就是高度集中在一起的。

（五）对包含与藏品权利相关信息的任何文档都应当进行尽可能详尽的分析。因为那些明确理解和说明相关权益的所谓提供确凿证据的协议或许可也许是不存在的。

（六）根据需要和专业来确定博物馆所需的最重要的信息类型，并确保始终为每一个被确定和编目的知识产权利益提供相同信息。

（七）以前的协议中规定的使用限制，或者与权利所有人相关的特殊敏感事件都应当记录在知识产权清单中。

（八）对未来的复制或传播可能产生影响的知识产权附属权利应当记录在清单中。

二、做好博物馆合规文化下政策的发展与传播工作

（一）提前规划合适的时间来制定一项知识产权政策，并保证管理层具有自主能力。

（二）负责制定知识产权政策的人应当与执行管理者作为一个团队一起工作，并吸引机构内负责知识产权管理各个环节工作的实施并因此已经投身于整个流程的人员的参与。

（三）律师/法律专业人士虽然很重要，但不应当参与政策的起草，而只能对政策进行审阅，这样他们才能辨识出政策实施后的潜在法律风险。

（四）政策应当与审计和清算流程以及目前的商业实践相结合，并应当符合机构的总体目标。

（五）政策应当包含一项说明，以反映所涉及的藏品类型产生的文化敏感性。

（六）政策一经制定完成，就应当持续定期对其进行回顾审查，并在员工中进行定期宣传，只有这样，政策才能真正发挥效力，成为机构内部用于指导决策流程的文件。

三、完善许可策略

（一）博物馆在参与商业许可时，应当制定一套带路线图的许可政策，包括许可的对象、目标和收入来源。

（二）博物馆应当选择替代性争端解决机制来解决许可争端，包括调解、仲裁和专家调解服务，例如国际博物馆协会和世界知识产权组织的艺术和文化遗产调解项目，也包括双方写在合同中的替代性争端解决方案的条款。

四、关于数字版权

2019年末，2020年初，突然暴发的新冠疫情重创了各行各业，文博领域自然也不能幸免。为此，在其他国家已经小有成就的"藏品数字化工程"领域里，我们国家的头部博物馆也开始了其"数字化"进程。数字博物馆让大众足不出户就能如身临其境般欣赏精美藏品，在疫情尚未结束的当下，很好满足了人民文化生活需要（包括专家学者研究的需要），也满足了国家和社会避免人流聚集传染疾病的防疫需要。

但是随之而来的问题就是，博物馆数字化成果是否享有版权？该如何进行保护？国家在对数字版权的保护上存在一定的法律空白，博物馆数字版权的问题也是当下一个较为棘手的问题。

博物馆运营中，应注意做好数字权利的管理和授权工作。在技术层面，应当开展关于数字权利管理的讨论及相关试验，以便通过技术方法的开发来满足其独特的控制访问的需求，也可以利用数字水印及时间戳等技术对数字权利进行保护。

五、知识产权管理功能外部采购

博物馆应当保持在管理职能方面的投入，并持续关注所有的活动，不论这一职能是属于博物馆的内部管理，还是作为一项服务通过合同外包完成的。至于是否基于需求聘用专业人员这一问题，应当具体问题具体分析，这主要取决于博物馆现有专业人员的情况以及博物馆的具体需求。

六、市场计划

博物馆为了商业经营的发展管理其知识产权时，应当将研究和了解观众作为一项重要工作。由于完整性对于保护与博物馆相关的品牌的重要性，应当雇用具有良好沟通能力的专业人员完成这一工作。

七、环境审核

博物馆在制定知识产权管理计划时，应当考虑到本馆过去的制度实践、文化和社会规范以及价值。

第十二章

博物馆合规风险

【本章内容概览】

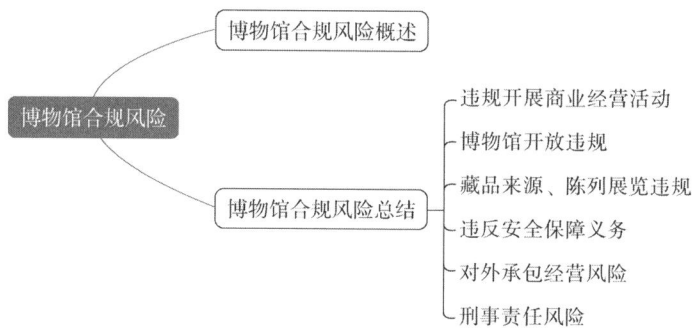

博物馆合规风险

博物馆合规风险概述

博物馆合规风险总结

- 违规开展商业经营活动
- 博物馆开放违规
- 藏品来源、陈列展览违规
- 违反安全保障义务
- 对外承包经营风险
- 刑事责任风险

文博事业如火如荼，博物馆在持续经营过程中避免不了产生合规风险，这些风险可能导致文物文化资产流失，商业经营受损，可能与他人产生诉讼，甚者招致行政或刑事处罚。博物馆进行合规管理的重要目的之一就是防范和控制合规风险。

第一节　博物馆合规风险概述

参照《中央企业合规管理指引（试行）》关于"合规风险"[①]的定义，博物馆合规风险可以概括为"博物馆及其员工因不合规行为，引发法律责任，造成刑事追责、经济或声誉损失以及其他负面影响"。

针对博物馆行业，我国先后颁布了众多涉及博物馆行业及文物方面的法律法规及标准的规范性文件，主要法规政策包括《文物保护法》《博物馆条例》《藏品管理办法》《关于进一步规范非国有博物馆备案登记管理工作的意见》等，对国有博物馆及非国有博物馆涉及的业务活动应遵循的规范作出了明确规定，亦对博物馆的发展提出了新的监管要求。

在我国，对博物馆及文物安全的合规监管主要集中在行政领域，同时《刑法》中也对涉文物犯罪进行了相应的规制。此外，博物馆作为民事主体，在开展活动中包括与游客的互动中，也会产生相应的民事责任。

从博物馆运营维度，博物馆的合规风险常见于博物馆涉及的各个业务活动，如博物馆设立环节的风险，博物馆藏品管理环节的风险，博物馆陈列展览环节的风险，博物馆文创产品开发环节的风险，等等；从博物馆因不合格行为需承担的法律责任的类型角度出发，合规风险又可以分为行政责任风险、刑事责任风险。

[①]《中央企业合规管理指引（试行）》第二条："本指引所称合规风险，是指中央企业及其员工因不合规行为，引发法律责任、受到相关处罚、造成经济或声誉损失以及其他负面影响的可能性。"

第二节　博物馆合规风险总结

一、违规开展商业经营活动

《博物馆条例》第十九条第二款规定"博物馆不得从事文物等藏品的商业经营活动。博物馆从事其他商业经营活动，不得违反办馆宗旨，不得损害观众利益。博物馆从事其他商业经营活动的具体办法由国家文物主管部门制定"，该规定对博物馆从事商业经营活动作出限制。

首先，无论是国有博物馆还是非国有博物馆，无论藏品是文物还是非文物，博物馆均不得以藏品作为对象进行商业经营活动。

其次，博物馆从事其他商业经营活动，不得违反办馆宗旨，不得损害观众利益。《博物馆条例》也明确指出"鼓励博物馆挖掘藏品内涵，与文化创意、旅游等产业相结合，开发衍生产品，增强博物馆发展能力"。博物馆作为非营利性组织，可以通过文创产品开发与销售、IP授权、提供餐饮服务、提供讲解服务等多种方式获得收入。但是博物馆从事经营性活动不得违反和削弱公益组织的宗旨和使命。博物馆经营性活动的规模应以公益事业的合理发展为目的，以从事公益事业的支出为必要限度，应与博物馆的实际情况相适应。比如以博物馆为名修建服务于特殊群体的会所、娱乐中心等，或将大部分展厅对外出租、出借或者用于其他经营性用途，餐饮娱乐服务规模过大等，都是违反办馆宗旨，损害大多数观众利益的行为，应当严令禁止。

《博物馆条例》第四十条对博物馆违规开展商业经营活动应承担的法律责任作出了明确规定：1. 博物馆从事文物藏品的商业经营活动的，由工商行政管理部门依照有关文物保护法律、行政法规的规定处罚。其设定依据是《文物保护法》第七十三条："有下列情形之一的，由工商行政管理部门没收违法所得、非法经营的文物，违法经营额五万元以上的，并处违法经营额一倍以上三倍以下的罚款；违法经营额不足五万元的，并处五千元以上五万元以下的罚款；情节严重的，由原发证机关吊销许可证书：（一）文物商店从事文物拍卖经营活动的；（二）经营文物拍卖的拍卖企业从事文物购销经营活动的；（三）拍卖企业拍卖的文物，未经审核的；（四）文物收藏单位从事文物的商业经营活动的。"2. 博物馆从事非文物藏品的商业经营活动，或者从事其他商业经营活动违反办馆宗旨、损害观众利益的，由省、自治区、直辖市人民政府文物主管部门或者有关登记管理机关按照职责分工，责令改正，有违法所得的，没收违法所得，并处违法所得2倍以上5倍以下罚款；没有违法所得的，处5000元以上2万元以下罚款；情节严重的，由登记管理机关撤销登记。

二、博物馆开放违规

《博物馆条例》第二十八条规定："博物馆应当自取得登记证书之日起6个月内向公众开放"，第二十九条规定："博物馆应当向公众公告具体开放时间。在国家法定节假日和学校寒暑假期间，博物馆应当开放"，第三十三条规定："国家鼓励博物馆向公众免费开放。县级以上人民政府应当对向公众免费开放的博物馆给予必要的经费支持。博物馆未实行免费开放的，其门票、收费的项目和标准按照国家有关规定执行，并在收费地点的醒目位置予以公布。博物馆未实行免费开放的，应当对未成年人、成年学生、教师、老年人、残疾人和军人等实行免费或者其他优惠。博物馆实行优惠的项目和标准应当向公众公告"，这些是关于博物馆向公众开放的基本要求、开放时间、免费开放及优惠收费的具体规定。

目前，针对博物馆免费开放及优惠收费的情况有：1. 未成年人。《中华人民共和国未成年人保护法》第四十四条规定："爱国主义教育基地、图书馆、青少年宫、儿童活动中心、儿童之家应当对未成年人免费开放；博物馆、纪念馆、科技馆、展览馆、美术馆、文化馆、社区公益性互联网上网服务场所以及影剧院、体育场馆、动物园、植物园、公园等场所，应当按照有关规定对未成年人免费或者优惠开放。"2. 残疾人。《中华人民共和国残疾人保障法》第四十三条第五款规定："政府和社会采取下列措施，丰富残疾人的精神文化生活：（五）文化、体育、娱乐和其他公共活动场所，为残疾人提供方便和照顾。有计划地兴办残疾人活动场所。"3. 老年人。《中华人民共和国老年人权益保障法》第五十九条规定："博物馆、美术馆、科技馆、纪念馆、公共图书馆、文化馆、影剧院、体育场馆、公园、旅游景点等场所，应当对老年人免费或者优惠开放。"4. 现役军人、残疾军人。《军人抚恤优待条例》第三十七条规定："现役军人、残疾军人凭有效证件参观游览公园、博物馆、名胜古迹享受优待，具体办法由公园、博物馆、名胜古迹管理单位所在地的县级以上地方人民政府规定。"

如果博物馆在取得登记证书之日起6个月内未向公众开放，或是未按规定实行免费或其他优惠情况的，则将会受到行政处罚。《博物馆条例》第四十一条规定："博物馆自取得登记证书之日起6个月内未向公众开放，或者未依照本条例的规定实行免费或者其他优惠的，由省、自治区、直辖市人民政府文物主管部门责令改正；拒不改正的，由登记管理机关撤销登记。"

三、藏品来源、陈列展览违规

《博物馆条例》第二十一条规定："博物馆可以通过购买、接受捐赠、依法交换等法律、行政法规规定的方式取得藏品，不得取得来源不明或者来源不合法的藏品。"这是关于博物馆藏品来源的规定，博物馆藏品来源合法性是国际博物馆协会（ICOM）《博物馆职业道德准则》规定的基本道德准则之一，《博物馆条例》也明确规定博物馆不得取得来源不明或者来源不合法的藏品。

《博物馆条例》第三十条规定："博物馆举办陈列展览，应当遵守下列规定：（一）主题和内容应当符合宪法所确定的基本原则和维护国家安全与民族团结、弘扬爱国主义、倡导科学精神、普及科学知识、传播优秀文化、培养良好风尚、促进社会和谐、推动社会文明进步的要求；（二）与办馆宗旨相适应，突出藏品特色；（三）运用适当的技术、材料、工艺和表现手法，达到形式与内容的和谐统一；（四）展品以原件为主，使用复制品、仿制品应当明示；（五）采用多种形式提供科学、准确、生动的文字说明和讲解服务；（六）法律、行政法规的其他有关规定。陈列展览的主题和内容不适宜未成年人的，博物馆不得接纳未成年人。"这是关于博物馆陈列展览内容的有关规定。

如果博物馆未遵循以上条例规定，依据《博物馆条例》第三十九条的规定："博物馆取得来源不明或者来源不合法的藏品，或者陈列展览的主题、内容造成恶劣影响的，由省、自治区、直辖市人民政府文物主管部门或者有关登记管理机关按照职责分工，责令改正，有违法所得的，没收违法所得，并处违法所得2倍以上5倍以下罚款；没有违法所得的，处5000元以上2万元以下罚款；情节严重的，由登记管理机关撤销登记"，博物馆将承担相应的法律责任。

四、违反安全保障义务

《民法典》第一千一百九十八条规定："宾馆、商场、银行、车站、机场、体育场馆、娱乐场所等经营场所、公共场所的经营者、管理者或者群众性活动的组织者，未尽到安全保障义务，造成他人损害的，应当承担侵权责任。"

博物馆作为公共场所的经营者、管理者对游客负有安全保障义务，应在合理限度内保障游客免受人身及财产损害。博物馆可以设置具有明显标志的警示牌、安装警示灯；馆内张贴游览安全须知，通过现场或者现代通信手段向游客讲解及风险提示；配备专业的安全保障人员和急救设备等合理方式履行安全保障义务。

五、对外承包经营风险

《中华人民共和国旅游法》第五十四条规定："景区、住宿经营者将其部分经营项目或者场地交由他人从事住宿、餐饮、购物、游览、娱乐、旅游交通等经营的，应当对实际经营者的经营行为给旅游者造成的损害承担连带责任。"如博物馆将馆区内场地或部分经营项目交由他人经营，若经营人的经营行为给游客造成损害的，则博物馆需就损害承担连带赔偿责任。

如存在对外承包经营等情形的，博物馆可以从以下几个方面防范风险：博物馆对承包方的主体资格及承包资质进行审查，审查对方是否有能力承包经营事项；与承包人签订完善的书面承包合同，就监督管理责任进行明确约定；对承包人的安全保障措施进行监督并提出整改建议；向游客明示承包方的单独经营行为；禁止承包方冠博物馆名称经营。

六、刑事责任风险

博物馆的刑事责任风险，主要集中在文物犯罪领域。依据《中华人民共和国刑法》，与文物有关的犯罪行为具体有：

走私文物罪、走私贵重金属罪、走私珍贵动物、珍贵动物制品罪：走私国家禁止出口的文物、黄金、白银和其他贵重金属或者国家禁止进出口的珍贵动物及其制品的，处五年以上十年以下有期徒刑，并处罚金；情节特别严重的，处十年以上有期徒刑或者无期徒刑，并处没收财产；情节较轻的，处五年以下有期徒刑，并处罚金。

故意损毁文物罪：故意损毁国家保护的珍贵文物或者被确定为全国重点文物保护单位、省级文物保护单位的文物的，处三年以下有期徒刑或者拘役，并处或者单处罚金；情节严重的，处三年以上十年以下有期徒刑，并处罚金。

故意损毁名胜古迹罪：故意损毁国家保护的名胜古迹，情节严重的，处五年以下有期徒刑或者拘役，并处或者单处罚金。

过失损毁文物罪：过失损毁国家保护的珍贵文物或者被确定为全国重点文物保护单位、省级文物保护单位的文物，造成严重后果的，处三年以下有期徒刑或者拘役。

非法向外国人出售、赠送珍贵文物罪：违反文物保护法规，将收藏的国家禁止出口的珍贵文物私自出售或者私自赠送给外国人的，处五年以下有期徒刑或者拘役，可以并处罚金。

单位犯前款罪的，对单位判处罚金，并对其直接负责的主管人员和其他直接责任人员，依照前款的规定处罚。

倒卖文物罪：以牟利为目的，倒卖国家禁止经营的文物，情节严重的，处五年以下有期徒刑或者拘役，并处罚金；情节特别严重的，处五年以上十年以下有期徒刑，并处罚金。

单位犯前款罪的，对单位判处罚金，并对其直接负责的主管人员和其他直接责任人员，依照前款的规定处罚。

非法出售、私赠文物藏品罪：违反文物保护法规，国有博物馆、图书馆等单位将国家保护的文物藏品出售或者私自送给非国有单位或者个人的，对单位判处罚金，并对其直接负责的主管人员和其他直接责任人员，处三年以下有期徒刑或者拘役。

盗掘古文化遗址、古墓葬罪：盗掘具有历史、艺术、科学价值的古文化遗址、古墓葬的，处三年以上十年以下有期徒刑，并处罚金；情节较轻的，处三年以下有期徒刑、拘役或者管制，并处罚金；有下列情形之一的，处十年以上有期徒刑或者无期徒刑，并处罚金或者没收财产：

（一）盗掘确定为全国重点文物保护单位和省级文物保护单位的古文化遗址、古墓葬的；

（二）盗掘古文化遗址、古墓葬集团的首要分子；

（三）多次盗掘古文化遗址、古墓葬的；

（四）盗掘古文化遗址、古墓葬，并盗窃珍贵文物或者造成珍贵文物严重破坏的。

盗掘古人类化石、古脊椎动物化石罪：盗掘国家保护的具有科学价值的古人类化石和古脊椎动物化石的，依照前款的规定处罚。

抢夺、窃取国有档案罪：抢夺、窃取国家所有的档案的，处五年以下有期徒刑或者拘役。

擅自出卖、转让国有档案罪：违反档案法的规定，擅自出卖、转让国家所有的档案，情节严重的，处三年以下有期徒刑或者拘役。

有前两款行为，同时又构成本法规定的其他犯罪的，依照处罚较重的规定定罪处罚。

失职造成珍贵文物损毁、流失罪：国家机关工作人员严重不负责任，造成珍贵文物损毁或者流失，后果严重的，处三年以下有期徒刑或者拘役。

附　录

【 本章内容概览 】

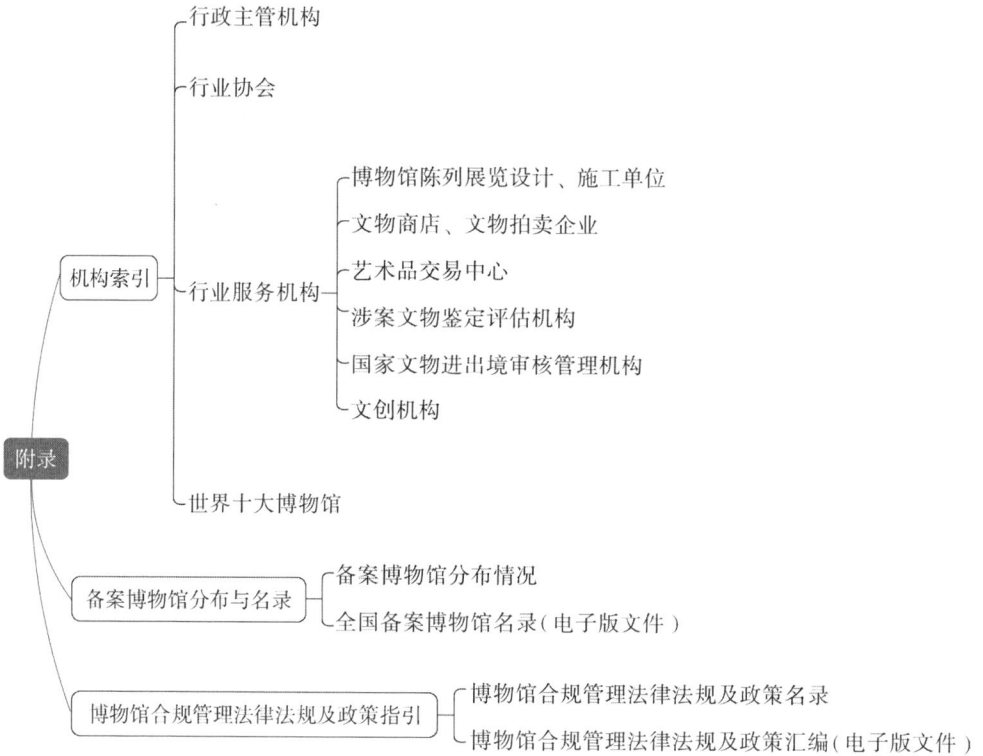

行政主管机构

行业协会

博物馆陈列展览设计、施工单位

文物商店、文物拍卖企业

机构索引 —— 行业服务机构 —— 艺术品交易中心

涉案文物鉴定评估机构

国家文物进出境审核管理机构

文创机构

附录

世界十大博物馆

备案博物馆分布与名录 —— 备案博物馆分布情况

全国备案博物馆名录（电子版文件）

博物馆合规管理法律法规及政策指引 —— 博物馆合规管理法律法规及政策名录

博物馆合规管理法律法规及政策汇编（电子版文件）

第一节　机构索引

一、行政主管机构

（一）中国国家文物局

中国国家文物局（State Administration of Cultural Heritage of P.R. China）是中华人民共和国国务院下设的一个国家局，由中华人民共和国文化部管理。中国国家文物局官方网站：http://www.sach.gov.cn。

（二）博物馆与社会文物司（科技司）

博物馆与社会文物司（科技司）主要职责是指导博物馆工作，承担全国博物馆管理制度规范和业务指导工作；承担文物和博物馆科技、信息化、标准化规划的拟订和推动落实工作；承办国家一级文物藏品的有关审核审批事项；协调博物馆间的交流与协作；指导民间珍贵文物抢救、征集工作；承担文物拍卖、进出境和鉴定管理工作。

（三）各地方主管机构

1. 北京市文物局

2. 天津市文化和旅游局

3. 上海市文化和旅游局

4. 重庆市文化和旅游发展委员会

5. 广东省文化和旅游厅

6. 陕西省文化和旅游厅

7. 辽宁省文化和旅游厅

8. 四川省文化和旅游厅

9. 江苏省文化和旅游厅

10. 浙江省文化和旅游厅

11. 湖北省文化和旅游厅

12. 山西省文化和旅游厅

13. 江西省文化和旅游厅

14. 山东省文化和旅游厅

15. 福建省文化和旅游厅

16. 黑龙江省文化和旅游厅

17. 湖南省文化和旅游厅

18. 河南省文化和旅游厅

19. 河北省文化和旅游厅

20. 内蒙古自治区文化和旅游厅

21. 新疆维吾尔自治区文化和旅游厅

22. 吉林省文化和旅游厅

23. 安徽省文化和旅游厅

24. 贵州省文化和旅游厅

25. 云南省文化和旅游厅

26. 甘肃省文化和旅游厅

27. 青海省文化和旅游厅

28. 海南省旅游和文化广电体育厅

29. 广西壮族自治区文化和旅游厅

30. 西藏自治区文化厅

31. 宁夏回族自治区文化和旅游厅

32. 香港特别行政区文化体育及旅游局

33. 澳门特别行政区政府文化局

34. 台湾文化事务主管部门

二、行业协会

（一）国际博物馆协会

国际博物馆协会（其英文名称为International Council of Museums，简称国际博协）成立于1946年11月，是与联合国教科文组织保持着官方联系的非政府组织，在联合国经济与社会理事会享有谘商地位。它是世界上唯一一个代表博物馆和博物馆专业人员的国际组织，是国际博物馆界最大和最有影响的组织，其注册办事处在法国巴黎联合国教科文组织大楼内。

国际博协致力于在世界范围内鼓励并支持各类博物馆的建立、发展及专业管理，组织博物馆各领域的专业合作，宣传博物馆和博物馆事业，履行为国际社会服务的使命（打击非法走私、自然或人为灾害后博物馆急救项目等），规范博物馆道德的标准。目前，该组织拥有来自世界137个国家的会员28000多名，在115个国家建立国家委员会，下设31个国际专业委员会、17个附属国际组织以及7个地区委员会，是名副其实的国际博物馆行业的权威性代表。英语、法语和西班牙语为国际博协的官方语言，均可用于国际博协的会议。每年5月18日是国际博物馆日。

国际博协组织机构包括：会员大会、咨询委员会、执行委员会、秘书处、联合国教科文组织国际博协信息中心、115个国家委员会，30个国际专业委员会、17个附属国际组织以及7个地区委员会。

国际博协大会每三年举行一次，是国际博协的最高权力机构，历来受到博物馆业界、主办国家和社会公众的高度重视。首先，大会主题的选择和研讨，既反映了业界的共同关注和最新研究成果，同时也与主办国博物馆的特色有很大关系；第二，大会在业界具有最广泛的代表性，为不同经济、文化背景下的博物馆专业人员提供了良好的业务交流平台；第三，大会期间组织的博览会、文化活动等项目，为主办国的普通公众更为直接地了解博物馆这种独特的文化资源及其在社会、文化、科技发展中的作用提供了重要的契机。所以，国际博协大会享有"国际博物馆界奥林匹克"的美誉。

2006年5月，我国上海市获得了第22届国际博协大会的主办权。在国家文物局的大力支持下，由我会主办的国际博协第二十二届大会暨第二十五届全体会议于11月7日至12日在上海成功举行。来自全球的近3600名博物馆界专业人士代表122个国家、地区和国际组织参加了此次会议。

中共中央政治局委员、国务委员刘延东，中共中央政治局委员、上海市委书记俞正声，中华人民共和国文化部部长蔡武出席开幕式并讲话。大会还举行了以"博物馆致力于和谐社会"为主题的主旨报告会，来自全球的六位博物馆界知名专家做了主旨报告，演讲立意鲜明、见解深刻，阐释了对于和谐的不同理解，获得了参会代表的喝彩。除了三十多个专业委员会各具特色的会议和活动之外，大会还举行了志愿者开放论坛、博物馆与城市经济论坛和荷中非三国论坛，为各国博物馆界同仁提供了交流的平台。11月12日，举行了全体会议和闭幕式，法国前总统雅克·勒内·希拉克出席大会闭幕式并对中国政府对国际博协作出的重要贡献表示感谢。会上通过18项大会决议，其中表决通过了凝聚各方共识的《上海宣言》，并公布了新一届的国际博协主席。

建设宗旨：

1989年，国际博物馆协会有83个国家委员会，23个国际委员会和8个所属协会，会员1万余人。它的主要宗旨是：

1. 确定、支持和帮助博物馆和博物馆研究所，建立、保护和加强博物馆专业。

2. 组织不同国家博物馆和博物馆专业人员之间的合作互助。

3. 致力于宣传博物馆和博物馆专业在促进人民间相互了解和扩大专业知识面上所起的重要作用。

法律地位：

1. 国际博物馆协会（ICOM）是为增进博物馆学以及与博物馆管理和运转有关的其他学科的利益而建立的、博物馆及博物馆专业工作人员的、国际性的非政府组织。

2. 博物馆协会由国家和国际委员会以及附属组织和地区性组织中合作共事的会员组成，这些组织得到秘书处的协助。

3. 国际博物馆协会会址及秘书处应设在经联合国教育、科学及文化组织批准、由全体大会决定的地点。国际博物馆协会应采取必要及适当步骤，取得国际博物馆协会会址及秘书处所在地土地法中所允许的优惠利益。

主要职责：国际博物馆协会之目的为：

1. 鼓励并支持各类博物馆的建立、发展及专业管理；

2. 增进对博物馆在为社会及其发展服务中的性质、职能及作用的认识与了解；

3. 组织不同国家博物馆之间及博物馆专业工作人员之间的合作与互助；

4. 代表、支持并增进博物馆各类专业人员的利益。

5. 增进并传播博物馆学及其他有关博物馆管理及运转规则的知识。

（二）中国博物馆协会

中国博物馆协会（以下简称"中国博协"），英文译名为：CHINESE MUSEUMS ASSOCIATION，译名缩写为：CMA。本协会是由开展博物馆有关业务的组织和个人自愿结成的，并依法登记的行业性、全国性的非营利社会团体法人。

本协会的宗旨是：坚持以马克思列宁主义、毛泽东思想、邓小平理论、"三个代表"重要思想、科学发展观、习近平新时代中国特色社会主义思想为指导，牢固树立"四个意识"，坚定"四个自信"，坚决维护习近平总书记党中央的核心、全党的核心地位，坚决维护党中央权威和集中统一领导。坚持中国特色社会主义先进文化方向，团结引领全国博物馆、博物馆从业者、相关企事业单位、社团组织和个人，致力于保护、研究、传承和弘扬中华优秀传统文化、革命文化和社会主义先进文化，倡导科学精神，普及科学知识，推动社会文明进步，为实现"两个一百年"奋斗目标和中华民族伟大复兴的中国梦不懈努力。

本协会遵守宪法、法律、法规和国家政策，践行社会主义核心价值观，弘扬爱国主义精神，遵守社会道德风尚，遵守博物馆职业道德准则，促进博物馆管理水平和博物馆学术研究水平的提高，发挥行业指导、自律、协调、监督作用，维护行业合法权益，促进中国博物馆领域的国际学术业务交流与合作，为实现博物馆事业科学发展服务。

本协会接受业务主管单位国家文物局和登记管理机关中华人民共和国民政部的业务指导和监督管理。

三、行业服务机构

（一）博物馆陈列展览设计、施工单位

1. 获得中国博物馆协会"2021年博物馆陈列展览设计单位甲级资质"的展览施工单位[①]

广州市三川田文化科技股份有限公司

云南澳科展示设计有限公司

中国建筑设计研究院有限公司

中建八局第二建设有限公司

---

① 数据来源：《中国博物馆协会 2021 年"博物馆陈列展览设计、施工单位资质评估推介"结果公示》，https://www.chinamuseum.org.cn/detailss.html?id=23&contentId=12369

中建八局装饰工程有限公司

北京云景慧通空间设计有限责任公司

北京永鑫嘉诚工程科技有限公司

北京清城睿现数字科技研究院有限公司

北京雅虹博艺文化发展有限公司

曲阜市三孔文化旅游服务有限责任公司

江苏渤展文化创意产业有限公司

安徽艺源建筑艺术设计有限责任公司

苏州中阑文化科技有限公司

金工建设集团股份有限公司

重庆市美术有限责任公司

浙江视野建设集团有限公司

浙江科信文化发展有限公司

深圳长城装饰集团有限公司

深圳市华图测控系统有限公司

深圳集秀创意科技有限公司

深圳澳腾益展览展示策划有限公司

厦门鲁班环境艺术工程股份有限公司

新之航传媒科技集团有限公司

福建至美空间工程设计有限公司

2. 获得中国博物馆协会"2021年博物馆陈列展览设计单位乙级资质"的展览施工单位[①]

万旭宏业集团有限公司

山东雨桥文化发展有限公司

北京笔中展览展示有限公司

北京盛世兰亭文化发展有限公司

[①] 该数据来源《中国博物馆协会 2021 年"博物馆陈列展览设计、施工单位资质评估推介"结果公示》，https://www.chinamuseum.org.cn/detailss.html?id=23&contentId=12369

北京清大科艺文化创意有限公司

四川志高展示装饰工程有限公司

安徽振伟展览展示有限公司

杭州一禾三策装饰设计工程有限公司

国艺天成建设工程技术有限公司

重庆文博展览有限公司

浙江省装饰有限公司

深圳远鹏装饰集团有限公司

绿椰建设工程集团有限公司

新疆辉煌联众会展有限公司

福建永盛设计装饰工程有限公司

3. 获得中国博物馆协会"2021年博物馆陈列展览设计单位丙级资质推介"的展览施工单位[①]

广州欧科信息技术股份有限公司

安徽励展文化科技有限公司

陕西精诚展览装饰有限公司

珠海市四维时代网络科技有限公司

鑫傲视江苏文化产业有限公司

4. 获得中国博物馆协会"2021年博物馆陈列展览施工单位壹级资质"的展览施工单位[②]

广东太一文化科技产业发展有限公司

广州市三川田文化科技股份有限公司

云南澳科展示设计有限公司

中建八局第二建设有限公司

中建八局装饰工程有限公司

[①] 该数据来源《中国博物馆协会2021年"博物馆陈列展览设计、施工单位资质评估推介"结果公示》，https://www.chinamuseum.org.cn/detailss.html?id=23&contentId=12369
[②] 该数据来源《中国博物馆协会2021年"博物馆陈列展览设计、施工单位资质评估推介"结果公示》，https://www.chinamuseum.org.cn/detailss.html?id=23&contentId=12369

北京云景慧通空间设计有限责任公司

北京永鑫嘉诚工程科技有限公司

北京雅虹博艺文化发展有限公司

四川二十一世纪展览工程有限责任公司

安徽艺源建筑艺术设计有限责任公司

苏州中阑文化科技有限公司

金工建设集团股份有限公司

重庆市美术有限责任公司

浙江视野建设集团有限公司

浙江省装饰有限公司

浙江科信文化发展有限公司

深圳长城装饰集团有限公司

深圳市华图测控系统有限公司

深圳集秀创意科技有限公司

深圳澳腾益展览展示策划有限公司

厦门鲁班环境艺术工程股份有限公司

新之航传媒科技集团有限公司

福建至美空间工程设计有限公司

5. 获得中国博物馆协会"2021年博物馆陈列展览施工单位贰级资质推介"的展览施工单位[①]

万旭宏业集团有限公司

山东雨桥文化发展有限公司

北京笔中展览展示有限公司

北京盛世兰亭文化发展有限公司

北京清大科艺文化创意有限公司

[①] 数据来源:《中国博物馆协会 2021 年"博物馆陈列展览设计、施工单位资质评估推介"结果公示》,https://www.chinamuseum.org.cn/detailss.html?id=23&contentId=12369

四川志高展示装饰工程有限公司

安徽振伟展览展示有限公司

杭州一禾三策装饰设计工程有限公司

国艺天成建设工程技术有限公司

深圳远鹏装饰集团有限公司

绿椰建设工程集团有限公司

新疆辉煌联众会展有限公司

福建永盛设计装饰工程有限公司

6. 获得中国博物馆协会"2021年博物馆陈列展览施工单位叁级资质推介"的展览施工单位[①]

山东美猴文化创意集团股份有限公司

安徽励展文化科技有限公司

陕西精诚展览装饰有限公司

重庆文博展览有限公司

鑫傲视江苏文化产业有限公司

（二）文物商店、文物拍卖企业

截至2021年12月31日，全国（不含港澳台地区）现有公布文物商店和文物拍卖企业共计946家。其中北京市有45家、浙江省有22家机构资质处于暂停状态，该67家以灰色字体标注（见表附录-1）。

表附录-1　文物商店、文物拍卖企业名录[②]

序号	主体类型	省内序号	名称
北京市			
1	文物商店	1	北京盛世鸿亿文化发展有限公司
2	文物商店	2	北京汲古阁艺术品有限公司

[①] 数据来源：《中国博物馆协会 2021 年"博物馆陈列展览设计、施工单位资质评估推介"结果公示》，https://www.chinamuseum.org.cn/detailss.html?id=23&contentId=12369

[②] 数据来源：国家文物局 http://www.ncha.gov.cn/col/col2268/index.html，更新时间 2022 年 9 月 5 日。

序号	主体类型	省内序号	名称
3	文物商店	3	北京汉今国际文化股份有限公司
4	文物商店	4	北京市原型文化发展有限公司
5	文物商店	5	易拍全球（北京）科贸有限公司
6	文物商店	6	北京正观堂艺术品有限公司
7	文物商店	7	北京绣花张民间艺术品开发有限公司
8	文物商店	8	宝泉钱币投资有限公司
9	文物商店	9	北京嘉德艺术中心有限公司
10	文物商店	10	北京古抑斋鉴藏文化有限公司
11	文物商店	11	北京圣雅诗进出口有限责任公司
12	文物商店	12	北京天宝润德古玩文物艺术会展中心
13	文物商店	13	北京乐石珠宝有限公司
14	文物商店	14	北京古道艺术品有限公司
15	文物商店	15	九歌艺术品交易有限公司
16	文物商店	16	北京古玩城有限公司
17	文物商店	17	北京光华路五号艺术馆有限公司
18	文物商店	18	中古陶（北京）国际艺术品有限公司
19	文物商店	19	北京鼎和隆泰文化艺术交流有限公司
20	文物商店	20	北京金百联文化发展有限公司
21	文物商店	21	北京保利艺术中心有限公司
22	文物商店	22	翁博（北京）文物有限公司
23	文物商店	23	北京工艺懋隆贸易有限公司
24	文物商店	24	北京聚珍家益文物有限公司
25	文物商店	25	北京市寻真楼文化艺术交流有限公司
26	文物商店	26	北京雅客品艺术品有限公司

序号	主体类型	省内序号	名称
27	文物商店	27	北京文博艺苑文物商店有限公司
28	文物商店	28	观音阁文物有限公司
29	文物商店	29	北京大地来文物有限公司
30	文物商店	30	北京鉴善堂艺术品有限公司
31	文物商店	31	北京东方启轩文物有限公司
32	文物商店	32	北京秦源文物有限公司
33	文物商店	33	北京普罗之声文化传播有限公司
34	文物商店	34	北京景德行艺术品有限公司
35	文物商店	35	北京筑野山房文物有限公司
36	文物商店	36	北京聚缘阁文物有限公司
37	文物商店	37	北京乾泰隆文物有限公司
38	文物商店	38	北京石头轩文物有限公司
39	文物商店	39	北京明宝阁文物有限公司
40	文物商店	40	北京博雅精舍文物有限公司
41	文物商店	41	北京瑞坤元文物有限公司
42	文物商店	42	北京东方藏宝文物有限公司
43	文物商店	43	北京炜程文物有限公司
44	文物商店	44	北京华夏遗珍文物有限公司
45	文物商店	45	北京聚华晋德文物有限公司
46	文物商店	46	北京瓷源阁文物有限公司
47	文物商店	47	北京博古御隆文物有限公司
48	文物商店	48	北京谈古文物有限公司
49	文物商店	49	北京市通古斋文化艺术有限公司
50	文物商店	50	北京百和辰文物有限公司

序号	主体类型	省内序号	名称
51	文物商店	51	北京中为盛世文物有限公司
52	文物商店	52	北京桑杰文物有限公司
53	文物商店	53	北京源古文物有限公司
54	文物商店	54	北京嘉比德文物有限公司
55	文物商店	55	北京金福盛文物有限公司
56	文物商店	56	北京中鼎信文物有限公司
57	文物商店	57	北京方泉斋集币服务部
58	文物商店	58	古宝斋文物有限公司
59	文物商店	59	华夏工艺品商店
60	文物商店	60	北京友谊商店股份有限公司
61	文物商店	61	中国书店
62	文物商店	62	荣宝斋
63	文物商店	63	北京市文物公司
64	文物商店	64	北京中鞠堂文化有限公司
65	文物商店	65	北京万户盛典文化发展有限公司
66	文物商店	66	北京克里斯特文化有限公司
67	文物商店	67	臻古（北京）文物鉴定中心有限公司
68	文物商店	68	北京御泓宣文物鉴定有限公司
69	文物商店	69	北京恒臻阁文物鉴定有限公司
70	文物商店	70	国金黄金股份有限公司
71	文物商店	71	北京雍和在线文化科技有限公司
72	文物商店	72	北京恒润金藏国际文化发展有限公司
73	文物商店	73	北京金一文化发展股份有限公司
74	文物商店	74	北京华夏古泉钱币艺术品鉴定有限公司

序号	主体类型	省内序号	名称
75	文物商店	75	北京晓瓷堂文化传播有限公司
76	文物商店	76	北京瓯江草堂文化艺术有限公司
77	文物商店	77	乐善堂（北京）控股有限公司
78	文物商店	78	北京文博寄卖行有限公司
79	文物商店	79	北京翰一堂商务服务有限责任公司
80	文物商店	80	润庐（北京）文化艺术有限公司
81	文物商店	81	北京铿锵二咖文化有限公司
82	文物商店	82	北京古往今来文物商店有限公司
83	文物商店	83	北京宝成时代文化传播有限公司
84	文物商店	84	北京雨亭轩艺术品有限公司
85	文物商店	85	北京德艺缘文物商店有限公司
86	文物商店	86	北京添翼品泉文化艺术品有限公司
87	文物商店	87	北京国鼎时代文物商店有限公司
88	文物拍卖企业	1	中国嘉德国际拍卖有限公司
89	文物拍卖企业	2	北京翰海拍卖有限公司
90	文物拍卖企业	3	北京华辰拍卖有限公司
91	文物拍卖企业	4	中贸圣佳国际拍卖有限公司
92	文物拍卖企业	5	北京海王村拍卖有限责任公司
93	文物拍卖企业	6	北京荣宝拍卖有限公司
94	文物拍卖企业	7	北京东拍国际拍卖有限公司
95	文物拍卖企业	8	北京保利国际拍卖有限公司
96	文物拍卖企业	9	北京诚轩拍卖有限公司
97	文物拍卖企业	10	太平洋国际拍卖有限公司
98	文物拍卖企业	11	北京九歌国际拍卖股份有限公司

序号	主体类型	省内序号	名称
99	文物拍卖企业	12	北京中拍国际拍卖有限公司
100	文物拍卖企业	13	东方国际拍卖有限责任公司
101	文物拍卖企业	14	中鸿信国际拍卖有限公司
102	文物拍卖企业	15	北京中嘉国际拍卖有限公司
103	文物拍卖企业	16	金懋国际拍卖有限公司
104	文物拍卖企业	17	北京中汉拍卖有限公司
105	文物拍卖企业	18	中宝拍卖有限公司
106	文物拍卖企业	19	北京金仕德国际拍卖有限公司
107	文物拍卖企业	20	北京东正拍卖有限公司
108	文物拍卖企业	21	北京中博国际拍卖有限公司
109	文物拍卖企业	22	北京永乐国际拍卖有限公司
110	文物拍卖企业	23	中都国际拍卖有限公司
111	文物拍卖企业	24	北京市古天一国际拍卖有限公司
112	文物拍卖企业	25	北京匡时国际拍卖有限公司
113	文物拍卖企业	26	北京盘古拍卖有限公司
114	文物拍卖企业	27	北京中招国际拍卖有限公司
115	文物拍卖企业	28	北京雍和嘉诚拍卖有限公司
116	文物拍卖企业	29	北京中鼎国际拍卖有限公司
117	文物拍卖企业	30	北京长风拍卖有限公司
118	文物拍卖企业	31	北京包盈国际拍卖有限责任公司
119	文物拍卖企业	32	北京盈时国际拍卖有限公司
120	文物拍卖企业	33	大象（北京）国际拍卖有限公司
121	文物拍卖企业	34	中联国际拍卖中心有限公司
122	文物拍卖企业	35	北京传是国际拍卖有限责任公司

序号	主体类型	省内序号	名称
123	文物拍卖企业	36	北京路易森林科技有限公司
124	文物拍卖企业	37	北京泰和嘉成拍卖有限公司
125	文物拍卖企业	38	北京富比富国际拍卖有限公司
126	文物拍卖企业	39	北京瑞平国际拍卖行有限公司
127	文物拍卖企业	40	北京远方国际拍卖有限公司
128	文物拍卖企业	41	北京东西方国际拍卖有限公司
129	文物拍卖企业	42	北京德宝国际拍卖有限公司
130	文物拍卖企业	43	北京弘艺国际拍卖有限公司
131	文物拍卖企业	44	北京旗标典藏拍卖有限公司
132	文物拍卖企业	45	北京亚洲宏大国际拍卖有限公司
133	文物拍卖企业	46	北京印千山国际拍卖有限公司
134	文物拍卖企业	47	北京盛佳国际拍卖有限公司
135	文物拍卖企业	48	北京玄和国际拍卖有限公司
136	文物拍卖企业	49	北京华夏珍藏国际拍卖有限公司
137	文物拍卖企业	50	北京博美国际拍卖有限公司
138	文物拍卖企业	51	北京明珠双龙国际拍卖有限公司
139	文物拍卖企业	52	北京琴岛荣德国际拍卖有限公司
140	文物拍卖企业	53	舍得拍卖（北京）有限公司
141	文物拍卖企业	54	北京宝纶国际拍卖有限公司
142	文物拍卖企业	55	北京文博苑国际拍卖有限公司
143	文物拍卖企业	56	北京宝瑞盈国际拍卖有限公司
144	文物拍卖企业	57	北京建亚世纪拍卖有限公司
145	文物拍卖企业	58	北京三希堂国际拍卖有限公司
146	文物拍卖企业	59	北京华铭国际拍卖有限公司

序号	主体类型	省内序号	名称
147	文物拍卖企业	60	北京太和天辰国际拍卖有限公司
148	文物拍卖企业	61	大唐国际拍卖（北京）有限责任公司
149	文物拍卖企业	62	北京歌德拍卖有限公司
150	文物拍卖企业	63	北京荣海嘉国际拍卖有限公司
151	文物拍卖企业	64	北京开元天兴拍卖有限公司
152	文物拍卖企业	65	东方求实国际拍卖（北京）有限公司
153	文物拍卖企业	66	北京至诚国际拍卖有限公司
154	文物拍卖企业	67	中联环球国际拍卖（北京）有限公司
155	文物拍卖企业	68	北京宣石国际拍卖有限公司
156	文物拍卖企业	69	北京亚洲容海国际拍卖有限公司
157	文物拍卖企业	70	北京嘉禾国际拍卖有限公司
158	文物拍卖企业	71	汉秦（北京）国际拍卖有限公司
159	文物拍卖企业	72	北京卓德国际拍卖有限公司
160	文物拍卖企业	73	北京景星麟凤国际拍卖有限公司
161	文物拍卖企业	74	北京宏正国际拍卖有限公司
162	文物拍卖企业	75	北京维塔维登国际拍卖有限公司
163	文物拍卖企业	76	朔方国际拍卖（北京）有限公司
164	文物拍卖企业	77	北京观唐丽椷国际拍卖有限公司
165	文物拍卖企业	78	宝腾国际拍卖有限公司
166	文物拍卖企业	79	北京华夏传承国际拍卖有限公司
167	文物拍卖企业	80	北京世纪盛唐国际拍卖有限公司
168	文物拍卖企业	81	北京际华春秋拍卖有限公司
169	文物拍卖企业	82	北京海华宏业拍卖有限责任公司
170	文物拍卖企业	83	中恒一品（北京）国际拍卖有限公司

序号	主体类型	省内序号	名称
171	文物拍卖企业	84	北京文津阁国际拍卖有限责任公司
172	文物拍卖企业	85	北京中投嘉艺国际拍卖有限公司
173	文物拍卖企业	86	北京西荣阁拍卖有限公司
174	文物拍卖企业	87	北京隆荣国际拍卖有限公司
175	文物拍卖企业	88	北京银座国际拍卖有限公司
176	文物拍卖企业	89	北京瓯江城成国际拍卖有限公司
177	文物拍卖企业	90	北京宝笈轩国际拍卖有限公司
178	文物拍卖企业	91	北京东方大观国际拍卖有限公司
179	文物拍卖企业	92	北京盛天泰国际拍卖有限公司
180	文物拍卖企业	93	品盛（北京）国际拍卖有限公司
181	文物拍卖企业	94	北京亨申世纪拍卖有限公司
182	文物拍卖企业	95	北京美三山拍卖有限公司
183	文物拍卖企业	96	北京恒盛鼎国际拍卖有限公司
184	文物拍卖企业	97	北京东方利德拍卖有限公司
185	文物拍卖企业	98	北京嘉利年华国际拍卖有限公司
186	文物拍卖企业	99	北京旷深国际拍卖有限公司
187	文物拍卖企业	100	北京鼎兴天和国际拍卖有限公司
188	文物拍卖企业	101	北京华夏金典国际拍卖有限公司
189	文物拍卖企业	102	北京湛然国际拍卖有限公司
190	文物拍卖企业	103	北京盈昌国际拍卖有限公司
191	文物拍卖企业	104	北京艺融国际拍卖有限公司
192	文物拍卖企业	105	北京大晋浩天国际拍卖有限公司
193	文物拍卖企业	106	新华拍卖有限公司
194	文物拍卖企业	107	北京玖阳国际拍卖有限公司

序号	主体类型	省内序号	名称
195	文物拍卖企业	108	北京华软信诚拍卖行有限公司
196	文物拍卖企业	109	北京冉东国际拍卖有限公司
197	文物拍卖企业	110	北京艺典臻藏国际拍卖有限公司
198	文物拍卖企业	111	北京世纪皓博拍卖有限公司
199	文物拍卖企业	112	北京华夏国拍国际拍卖有限公司
200	文物拍卖企业	113	北京天雅恒逸国际拍卖有限公司
201	文物拍卖企业	114	北京新民勤拍卖有限公司
202	文物拍卖企业	115	北京富古台国际拍卖有限公司
203	文物拍卖企业	116	北京中梓国际拍卖有限公司
204	文物拍卖企业	117	一得阁（北京）拍卖有限公司
205	文物拍卖企业	118	中诚鼎立国际拍卖（北京）有限公司
206	文物拍卖企业	119	北京天琅文晖拍卖有限公司
207	文物拍卖企业	120	龙泽德拍卖（北京）有限公司
208	文物拍卖企业	121	北京伍伦国际拍卖有限公司
209	文物拍卖企业	122	北京东联盛世宝国际拍卖有限公司
210	文物拍卖企业	123	北京双宝通国际拍卖有限公司
211	文物拍卖企业	124	恒艺印象（北京）国际拍卖有限公司
212	文物拍卖企业	125	北京盛世嘉宝拍卖有限公司
213	文物拍卖企业	126	北京龙跃四方国际拍卖有限公司
214	文物拍卖企业	127	北京凤凰人生国际珠宝拍卖有限责任公司
215	文物拍卖企业	128	北京银河国际拍卖有限公司
216	文物拍卖企业	129	中联世界拍卖（北京）有限公司资
217	文物拍卖企业	130	北京古吴轩国际拍卖有限公司
218	文物拍卖企业	131	北京荣合隆升国际拍卖有限公司

序号	主体类型	省内序号	名称
219	文物拍卖企业	132	北京隆琛国际拍卖有限公司
220	文物拍卖企业	133	鼎昌太和（北京）国际拍卖有限公司
221	文物拍卖企业	134	中古陶（北京）拍卖行有限公司
222	文物拍卖企业	135	北京金锤声国际拍卖有限公司
223	文物拍卖企业	136	北京华夏古泉国际拍卖有限公司
224	文物拍卖企业	137	北京弘宝国际拍卖有限公司
225	文物拍卖企业	138	北京佳银国际拍卖有限公司
226	文物拍卖企业	139	北京八方荟萃拍卖有限公司
227	文物拍卖企业	140	北京青鼎国际拍卖有限公司
228	文物拍卖企业	141	冀德国际拍卖有限公司
229	文物拍卖企业	142	北京瑞宝行国际拍卖有限公司
230	文物拍卖企业	143	北京正观国际拍卖有限公司
231	文物拍卖企业	144	北京晟永国际拍卖有限公司
232	文物拍卖企业	145	北京玄黄国际拍卖有限公司
233	文物拍卖企业	146	中溯国际拍卖有限公司
234	文物拍卖企业	147	北京中天信达拍卖有限公司
235	文物拍卖企业	148	北京中恒信拍卖有限公司
236	文物拍卖企业	149	北京博宝拍卖有限公司
237	文物拍卖企业	150	北京洪阡拍卖有限公司
238	文物拍卖企业	151	北京永新华韵国际拍卖有限公司
239	文物拍卖企业	152	北京圣奇拍卖有限责任公司
240	文物拍卖企业	153	北京骏璟伟业国际拍卖有限公司
241	文物拍卖企业	154	北京启石国际拍卖有限公司
242	文物拍卖企业	155	大维德（北京）国际拍卖有限公司

序号	主体类型	省内序号	名称
243	文物拍卖企业	156	北京适珍国际拍卖有限公司
244	文物拍卖企业	157	无与伦比（北京）国际拍卖有限公司
245	文物拍卖企业	158	北京桑杰国际拍卖有限公司
246	文物拍卖企业	159	北京收藏在线拍卖有限公司
247	文物拍卖企业	160	北京中豫国际拍卖有限公司
248	文物拍卖企业	161	北京儒嘉拍卖有限公司
249	文物拍卖企业	162	北京传观国际拍卖有限公司
250	文物拍卖企业	163	重锤国际拍卖（北京）有限责任公司
251	文物拍卖企业	164	嘉珑国际拍卖有限公司
252	文物拍卖企业	165	北京金槌宝成国际拍卖有限公司
253	文物拍卖企业	166	东方御藏国际拍卖（北京）有限公司
254	文物拍卖企业	167	中惠拍卖有限公司
255	文物拍卖企业	168	金远见（北京）国际拍卖有限公司
256	文物拍卖企业	169	北京得逸拍卖有限公司
257	文物拍卖企业	170	北京匡德国际拍卖有限公司
258	文物拍卖企业	171	北京宝裕国际拍卖有限公司
259	文物拍卖企业	172	东方国蕴拍卖有限公司
260	文物拍卖企业	173	北京艺宝国际拍卖有限公司
261	文物拍卖企业	174	北京中奕国际拍卖有限公司
262	文物拍卖企业	175	北京华夏天天拍卖有限公司
263	文物拍卖企业	176	鼎丰国际拍卖有限公司
264	文物拍卖企业	177	北京德艺盛拍卖有限公司
265	文物拍卖企业	178	北京世纪文博拍卖有限公司
266	文物拍卖企业	179	儒来（北京）国际拍卖有限公司

序号	主体类型	省内序号	名称
267	文物拍卖企业	180	北京翰嘉盛世拍卖有限公司
268	文物拍卖企业	181	北京东方艺苑国际拍卖有限公司
269	文物拍卖企业	182	北京保瑞国际拍卖有限公司
270	文物拍卖企业	183	华夏永盛（北京）国际拍卖有限公司
271	文物拍卖企业	184	北京汉丞国际拍卖有限公司
272	文物拍卖企业	185	北京中艺紫宸国际拍卖有限公司
273	文物拍卖企业	186	中石盛典（北京）国际拍卖有限公司
274	文物拍卖企业	187	华夏艺苑（北京）国际拍卖有限公司
275	文物拍卖企业	188	北京天贵仁顺国际拍卖有限公司
276	文物拍卖企业	189	北京万隆和拍卖有限公司
277	文物拍卖企业	190	北京天籁阁国际拍卖有限公司
278	文物拍卖企业	191	博大华艺（北京）文化发展有限公司
279	文物拍卖企业	192	北京诚曦国际拍卖有限公司
280	文物拍卖企业	193	北京天骄国际拍卖有限公司
281	文物拍卖企业	194	北京大羿拍卖有限公司
282	文物拍卖企业	195	中贝（北京）拍卖有限公司
283	文物拍卖企业	196	华夏景天（北京）国际拍卖有限公司
284	文物拍卖企业	197	北京雅藏国际拍卖有限公司
285	文物拍卖企业	198	北京华夏星鼎国际拍卖有限公司
286	文物拍卖企业	199	承乾（北京）国际拍卖有限公司
287	文物拍卖企业	200	七玺国际拍卖有限公司
288	文物拍卖企业	201	北京德信致远国际拍卖有限公司
289	文物拍卖企业	202	北京鸿翰国际拍卖有限公司
290	文物拍卖企业	203	北京远洋圣港国际拍卖有限公司

序号	主体类型	省内序号	名称
291	文物拍卖企业	204	北京尚庭国际拍卖有限公司
292	文物拍卖企业	205	中文宣三百文化产业（北京）集团股份有限公司
293	文物拍卖企业	206	北京兴雅拍卖有限公司
294	文物拍卖企业	207	北京鸿盛祥国际拍卖有限公司
295	文物拍卖企业	208	东方艺都（北京）拍卖有限公司
296	文物拍卖企业	209	北京鲁艺德拍卖有限公司
297	文物拍卖企业	210	北京兰谷文化科技有限公司
298	文物拍卖企业	211	北京盛世国际拍卖有限公司
299	文物拍卖企业	212	北京上巳兰亭国际拍卖有限公司
300	文物拍卖企业	213	盛世纳福国际拍卖（北京）有限公司
301	文物拍卖企业	214	北京国安艺术品投资有限公司
302	文物拍卖企业	215	北京华汇中艺国际拍卖有限公司
303	文物拍卖企业	216	华夏佳德（北京）国际拍卖有限公司
304	文物拍卖企业	217	艺诚国际拍卖（北京）有限公司
305	文物拍卖企业	218	北京名刀汇贸易有限公司
306	文物拍卖企业	219	北京观古国际拍卖有限公司
307	文物拍卖企业	220	北京东方艺林国际拍卖有限公司
308	文物拍卖企业	221	北京大都珍品拍卖有限公司
309	文物拍卖企业	222	北京明古国际拍卖有限公司
310	文物拍卖企业	223	北京万缘拍卖有限公司
311	文物拍卖企业	224	北京盛世宝莱国际拍卖有限公司
312	文物拍卖企业	225	中业拍卖有限公司
313	文物拍卖企业	226	国柙拍卖有限公司
314	文物拍卖企业	227	北京瀚藏科技有限公司

序号	主体类型	省内序号	名称
315	文物拍卖企业	228	北京砚林拍卖有限公司
316	文物拍卖企业	229	中环信达国际拍卖有限公司
317	文物拍卖企业	230	北京淘古趣文化科技有限公司
318	文物拍卖企业	231	北京创拍网络科技有限公司
319	文物拍卖企业	232	北京钜鑫缘国际拍卖有限公司
320	文物拍卖企业	233	国羽（北京）拍卖有限公司
321	文物拍卖企业	234	北京国藏拍卖有限公司
322	文物拍卖企业	235	北京惜奇堂国际文物鉴定有限公司
323	文物拍卖企业	236	北京影易拍卖有限公司
324	文物拍卖企业	237	北京茗探拍卖有限公司
325	文物拍卖企业	238	北京慈成拍卖有限公司
326	文物拍卖企业	239	华夏国际拍卖有限公司
327	文物拍卖企业	240	中艺联国际拍卖（北京）有限公司
328	文物拍卖企业	241	定海神针（北京）国际拍卖有限公司
329	文物拍卖企业	242	北京同鼎国际拍卖有限公司
330	文物拍卖企业	243	忒提斯瀚国际拍卖（北京）有限公司
331	文物拍卖企业	244	北京永煊国际拍卖有限公司
332	文物拍卖企业	245	北京安迪克拍卖有限公司
333	文物拍卖企业	246	北京君一明十国际拍卖有限公司
334	文物拍卖企业	247	宏善拍卖（北京）有限公司
335	文物拍卖企业	248	北京文奥国际拍卖有限公司
336	文物拍卖企业	249	北京玄商拍卖有限公司
337	文物拍卖企业	250	北京荣盛轩国际拍卖有限公司
338	文物拍卖企业	251	北京云拍互动网络科技有限公司

序号	主体类型	省内序号	名称
339	文物拍卖企业	252	北京泓茂国际拍卖有限公司
340	文物拍卖企业	253	畅拍行文化创意（北京）有限公司
341	文物拍卖企业	254	乾禧国际拍卖（北京）有限公司
342	文物拍卖企业	255	北京风宣国际拍卖有限公司
343	文物拍卖企业	256	北京藏宝科技有限公司
344	文物拍卖企业	257	北京德艺兴源国际拍卖有限公司
345	文物拍卖企业	258	北京素玲聚缘君辉拍卖有限公司
346	文物拍卖企业	259	北京小观拍卖有限公司
347	文物拍卖企业	260	北京国裕拍卖有限公司
348	文物拍卖企业	261	北京博达亿合拍卖有限公司
349	文物拍卖企业	262	十竹斋拍卖（北京）有限公司
350	文物拍卖企业	263	北京逸成国际拍卖有限公司
351	文物拍卖企业	264	北京华艺国际拍卖有限公司
352	文物拍卖企业	265	九天万象国际拍卖（北京）有限公司
353	文物拍卖企业	266	北京艺泰拍卖有限公司
354	文物拍卖企业	267	北京富安国际拍卖有限公司
355	文物拍卖企业	268	北京天一藏古国际拍卖有限公司
356	文物拍卖企业	269	永宝斋（北京）拍卖有限公司
357	文物拍卖企业	270	万历国际拍卖（北京）有限公司
358	文物拍卖企业	271	北京聚宝斋拍卖有限公司
359	文物拍卖企业	272	北京明石拍卖有限公司
360	文物拍卖企业	273	北京开拍国际拍卖有限公司
361	文物拍卖企业	274	北京禾谷拍卖有限公司
362	文物拍卖企业	275	北京万隆拍卖有限公司

序号	主体类型	省内序号	名称
363	文物拍卖企业	276	北京京古国际拍卖有限公司
364	文物拍卖企业	277	北京宝拍国际拍卖有限公司
365	文物拍卖企业	278	北京孔网拍卖有限公司
366	文物拍卖企业	279	北京玩古网络科技有限公司
367	文物拍卖企业	280	长城书画院有限公司
368	文物拍卖企业	281	永宝斋（北京）网络文化有限公司
369	文物拍卖企业	282	北京格古国际拍卖有限公司
370	文物拍卖企业	283	北京崇德四季国际拍卖有限公司
371	文物拍卖企业	284	北京基鸿祥国际拍卖有限公司
372	文物拍卖企业	285	北京羿趣国际拍卖有限公司
373	文物拍卖企业	286	北京尚古一品国际拍卖有限公司
374	文物拍卖企业	287	北京博乐德拍卖有限责任公司
375	文物拍卖企业	288	北京至祯国际拍卖有限公司
376	文物拍卖企业	289	上尚品（北京）拍卖有限公司
377	文物拍卖企业	290	北京瀚斯国际拍卖有限公司
378	文物拍卖企业	291	中艺拍卖集团有限公司
379	文物拍卖企业	292	大唐国投国际拍卖有限公司
380	文物拍卖企业	293	泊云国际拍卖（北京）有限公司
381	文物拍卖企业	294	北京金字塔拍卖有限公司
382	文物拍卖企业	295	中鉴乐拍拍卖（北京）有限公司
383	文物拍卖企业	296	北京中行天下国际拍卖有限公司
384	文物拍卖企业	297	北京文博拍卖有限公司
385	文物拍卖企业	298	中古斋拍卖有限公司
386	文物拍卖企业	299	北京瀚海智绘文化艺术品发展有限公司

序号	主体类型	省内序号	名称
387	文物拍卖企业	300	北京华采元创文化传播有限公司
388	文物拍卖企业	301	北京中金国衡收藏钱币鉴定评级有限公司
389	文物拍卖企业	302	北京潘家园拍卖有限公司
390	文物拍卖企业	303	北京集古思源拍卖有限公司
391	文物拍卖企业	304	北京中西拍卖有限公司
392	文物拍卖企业	305	北京易定科技有限公司
393	文物拍卖企业	306	北京瓷爱一生国际拍卖有限公司
394	文物拍卖企业	307	北京匡鑫拍卖有限公司
天津市			
395	文物商店	1	天津市文物交流中心
396	文物商店	2	德士昌文物（天津）有限公司
397	文物拍卖企业	1	天津国际拍卖有限责任公司
398	文物拍卖企业	2	海天国际拍卖（天津）有限公司
399	文物拍卖企业	3	天津市同方国际拍卖行有限公司
400	文物拍卖企业	4	天津鼎天国际拍卖有限公司
401	文物拍卖企业	5	天津博世嘉拍卖行有限公司
402	文物拍卖企业	6	瀚琮国际拍卖（天津）有限公司
403	文物拍卖企业	7	天津晟颗拍卖有限公司
404	文物拍卖企业	8	天津乾德拍卖有限公司
405	文物拍卖企业	9	永茂世纪（天津）拍卖有限公司
406	文物拍卖企业	10	天津德隆国际拍卖有限公司
407	文物拍卖企业	11	九州博古国际拍卖（天津）有限公司
408	文物拍卖企业	12	百得利环球拍卖有限责任公司
409	文物拍卖企业	13	天津名正国际拍卖有限公司

序号	主体类型	省内序号	名称
河北省			
410	文物商店	1	廊坊市艺海文物商店
411	文物商店	2	河北执古抱一文物商店有限公司
412	文物拍卖企业	1	大马河北拍卖有限公司
413	文物拍卖企业	2	河北省嘉海拍卖有限公司
414	文物拍卖企业	3	石家庄盛世东方国际拍卖有限公司
415	文物拍卖企业	4	巨力国际拍卖有限公司
416	文物拍卖企业	5	河北翰如拍卖有限公司
417	文物拍卖企业	6	廊坊市柏屹拍卖有限公司
418	文物拍卖企业	7	河北十方拍卖有限公司
419	文物拍卖企业	8	河北九洲泓德拍卖有限公司
420	文物拍卖企业	9	河北见山拍卖有限公司
山西省			
421	文物拍卖企业	1	山西兴晋拍卖股份有限公司
422	文物拍卖企业	2	山西百业拍卖有限公司
423	文物拍卖企业	3	山西晋宝拍卖有限公司
424	文物拍卖企业	4	山西晋通拍卖有限公司
425	文物拍卖企业	5	山西晋德拍卖有限责任公司
426	文物拍卖企业	6	山西融易达拍卖有限公司
427	文物拍卖企业	7	山西翰丰拍卖有限公司
辽宁省			
428	文物商店	1	辽宁省文物交流中心
429	文物商店	2	大连文物店
430	文物商店	3	辽宁聚宝瑞藏文物有限公司

序号	主体类型	省内序号	名称
431	文物商店	4	辽宁省玖坤文化艺术品有限公司
432	文物商店	5	辽宁鑫奉珠宝首饰有限公司
433	文物拍卖企业	1	辽宁友利拍卖有限公司
434	文物拍卖企业	2	辽宁华安拍卖有限公司
435	文物拍卖企业	3	辽宁国际商品拍卖有限公司
436	文物拍卖企业	4	辽宁建投拍卖有限公司
437	文物拍卖企业	5	富佳斋拍卖有限公司
438	文物拍卖企业	6	沈阳皇晟拍卖有限公司
		吉林省	
439	文物商店	1	吉林省文物店
440	文物商店	2	吉林省智鼎文创艺术交流有限公司
441	文物拍卖企业	1	吉林省虹桥拍卖有限公司
442	文物拍卖企业	2	吉林省天盛文物有限公司
443	文物拍卖企业	3	四平市天盛文物有限公司
		黑龙江省	
444	文物商店	1	哈尔滨婧园雅集文物商店
		上海市	
445	文物商店	1	上海市文物交流中心
446	文物商店	2	上海朵云轩古玩有限公司
447	文物商店	3	上海创新旧货有限公司
448	文物商店	4	上海陕西旧货有限公司
449	文物商店	5	上海博古斋
450	文物商店	6	上海友谊商店
451	文物商店	7	上海古玩有限公司

序号	主体类型	省内序号	名称
452	文物商店	8	上海兰馨珠宝文物商行
453	文物商店	9	上海豫园管理处
454	文物商店	10	上海大众华林艺术品有限公司
455	文物商店	11	北京华银金饰品上海钱币经销中心
456	文物商店	12	上海如意艺术品有限公司
457	文物商店	13	集云阁
458	文物商店	14	上海工艺美术厂
459	文物商店	15	上海工艺美术研究所
460	文物商店	16	鼎古斋收藏品商行
461	文物商店	17	上海国际收藏品有限公司
462	文物商店	18	上海缘友文化艺术品有限公司
463	文物商店	19	上海洁思园画廊有限公司
464	文物商店	20	上海小力画廊
465	文物商店	21	上海豪派画廊有限公司
466	文物商店	22	上海清渊艺术品公司
467	文物商店	23	上海崇宝堂古玩艺术品有限公司
468	文物商店	24	上海华地文化艺术交流有限公司
469	文物商店	25	上海志行合力网络技术有限公司
470	文物商店	26	上海友福文化艺术有限公司
471	文物商店	27	铭沪文物销售（上海）有限公司
472	文物商店	28	上海尚博工艺品有限公司
473	文物商店	29	上海曦德嘉文化传播有限公司
474	文物商店	30	上海自贸试验区艺术品国际贸易有限公司
475	文物商店	31	上海禹阁艺术品有限公司

序号	主体类型	省内序号	名称
476	文物商店	32	上海檀君工艺品有限公司
477	文物商店	33	上海雅汝艺术品有限公司
478	文物商店	34	传家宝（上海）艺术品投资顾问有限公司
479	文物商店	35	上海瑞和艺术品有限公司
480	文物商店	36	上海泛华文化投资有限公司
481	文物商店	37	上海珍博艺术展览有限公司
482	文物商店	38	上海驰翰文化传播有限公司
483	文物商店	39	上海木府商务咨询有限公司
484	文物商店	40	上海天物馆文化艺术投资管理有限公司
485	文物商店	41	上海普陀友谊商店有限公司
486	文物商店	42	上海君道艺术展览有限公司
487	文物商店	43	上海宝库企业管理有限公司
488	文物商店	44	上海景田艺术品发展有限公司
489	文物商店	45	上海闻德文化发展有限公司
490	文物商店	46	上海臻藏商贸有限公司
491	文物商店	47	上海启旺市场经营管理有限公司
492	文物商店	48	上海外高桥国际文化艺术发展有限公司
493	文物商店	49	云洲五万艺术市场经营管理有限公司
494	文物商店	50	上海鹏丽商业管理有限公司
495	文物商店	51	上海中福古玩文化市场经营有限公司
496	文物商店	52	上海苑墨溪文化传媒有限公司
497	文物商店	53	上海聚泉阁文化发展有限责任公司
498	文物商店	54	上海丰宝堂商贸有限公司
499	文物商店	55	上海岩芙商贸有限公司

序号	主体类型	省内序号	名称
500	文物商店	56	上海东萃文化传播有限公司
501	文物商店	57	上海埃瑟信息科技有限公司
502	文物商店	58	上海宝昇坊文化有限公司
503	文物商店	59	上海艾藏网络科技有限公司
504	文物拍卖企业	1	上海朵云轩拍卖有限公司
505	文物拍卖企业	2	上海国际商品拍卖有限公司
506	文物拍卖企业	3	上海泓盛拍卖有限公司
507	文物拍卖企业	4	上海博古斋拍卖有限公司
508	文物拍卖企业	5	荣宝斋（上海）拍卖有限公司
509	文物拍卖企业	6	上海驰翰拍卖有限公司
510	文物拍卖企业	7	上海阳明拍卖有限公司
511	文物拍卖企业	8	上海嘉禾拍卖有限公司
512	文物拍卖企业	9	上海明轩国际艺术品拍卖有限公司
513	文物拍卖企业	10	上海老城隍庙拍卖行有限公司
514	文物拍卖企业	11	上海嘉泰拍卖有限公司
515	文物拍卖企业	12	上海大众拍卖有限公司
516	文物拍卖企业	13	上海东方国际商品拍卖有限公司
517	文物拍卖企业	14	上海工美拍卖有限公司
518	文物拍卖企业	15	上海青莲阁拍卖有限责任公司
519	文物拍卖企业	16	上海拍卖行有限责任公司
520	文物拍卖企业	17	上海华夏拍卖有限公司
521	文物拍卖企业	18	上海新华拍卖有限公司
522	文物拍卖企业	19	上海黄浦拍卖行有限公司
523	文物拍卖企业	20	上海博海拍卖有限公司

序号	主体类型	省内序号	名称
524	文物拍卖企业	21	上海天衡拍卖有限公司
525	文物拍卖企业	22	敬华（上海）拍卖股份有限公司
526	文物拍卖企业	23	上海道明拍卖有限公司
527	文物拍卖企业	24	上海宏大拍卖有限公司
528	文物拍卖企业	25	上海鸿生拍卖有限公司
529	文物拍卖企业	26	上海中福拍卖有限公司
530	文物拍卖企业	27	上海汉霖拍卖有限公司
531	文物拍卖企业	28	上海华宇拍卖有限公司
532	文物拍卖企业	29	上海雅藏拍卖有限公司
533	文物拍卖企业	30	上海宝江拍卖有限公司
534	文物拍卖企业	31	上海金沪拍卖有限公司
535	文物拍卖企业	32	上海中南拍卖有限公司
536	文物拍卖企业	33	上海大公拍卖有限公司
537	文物拍卖企业	34	上海联合拍卖有限公司
538	文物拍卖企业	35	上海尚敷精舍拍卖有限公司
539	文物拍卖企业	36	璟祥拍卖（上海）有限公司
540	文物拍卖企业	37	上海自贸区拍卖有限公司
541	文物拍卖企业	38	上海申之江拍卖有限公司
542	文物拍卖企业	39	上海元贞拍卖有限公司
543	文物拍卖企业	40	上海匡时拍卖有限公司
544	文物拍卖企业	41	宝库（上海）拍卖有限公司
545	文物拍卖企业	42	上海公益拍卖有限公司
546	文物拍卖企业	43	上海莘闵拍卖行有限公司
547	文物拍卖企业	44	上海品得拍卖有限公司

序号	主体类型	省内序号	名称
548	文物拍卖企业	45	上海得佳趣艺术品拍卖有限公司
549	文物拍卖企业	46	上海睿喜拍卖有限公司
550	文物拍卖企业	47	上海呗美拍卖有限公司
551	文物拍卖企业	48	上海太铎拍卖有限公司
552	文物拍卖企业	49	上海龙裔拍卖有限公司
553	文物拍卖企业	50	上海长城拍卖有限公司
554	文物拍卖企业	51	上海金槌商品拍卖有限公司
555	文物拍卖企业	52	上海中亿拍卖有限公司
556	文物拍卖企业	53	上海产权拍卖有限公司
557	文物拍卖企业	54	上海金艺拍卖有限公司
558	文物拍卖企业	55	上海天赐玉成拍卖有限公司
559	文物拍卖企业	56	上海技术产权拍卖有限公司
560	文物拍卖企业	57	上海捷利拍卖有限公司
561	文物拍卖企业	58	上海富铭拍卖有限公司
562	文物拍卖企业	59	上海均益拍卖有限公司
563	文物拍卖企业	60	上海红利艺术品拍卖有限公司
564	文物拍卖企业	61	上海鸿源拍卖有限公司
565	文物拍卖企业	62	上海普陀文化艺术发展有限公司
566	文物拍卖企业	63	上海景晟拍卖有限公司
567	文物拍卖企业	64	上海华艺拍卖有限公司
568	文物拍卖企业	65	上海玄览艺术品拍卖有限公司
569	文物拍卖企业	66	上海丽行拍卖有限公司
570	文物拍卖企业	67	上海一条拍卖有限公司
571	文物拍卖企业	68	上海鑫马拍卖有限公司

序号	主体类型	省内序号	名称
572	文物拍卖企业	69	上海吉藏拍卖有限公司
江苏省			
573	文物商店	1	江苏省文物总店有限公司
574	文物商店	2	南京文物公司
575	文物商店	3	徐州文物商店
576	文物商店	4	常州市文物商店
577	文物商店	5	苏州文物商店
578	文物商店	6	扬州文物商店
579	文物商店	7	镇江市文物商店
580	文物拍卖企业	1	江苏观宇艺术品拍卖有限公司
581	文物拍卖企业	2	荣宝斋（南京）拍卖有限公司
582	文物拍卖企业	3	南京十竹斋拍卖有限公司
583	文物拍卖企业	4	江苏两汉拍卖有限公司
584	文物拍卖企业	5	江苏聚德拍卖有限公司
585	文物拍卖企业	6	江苏爱涛拍卖有限公司
586	文物拍卖企业	7	苏州东方艺术品拍卖有限公司
587	文物拍卖企业	8	江苏真德拍卖有限公司
588	文物拍卖企业	9	南京正大拍卖有限公司
589	文物拍卖企业	10	江苏宝得国际拍卖有限公司
590	文物拍卖企业	11	南京嘉信拍卖有限公司
591	文物拍卖企业	12	江苏淮海国际拍卖有限公司
592	文物拍卖企业	13	苏州市吴门拍卖有限公司
593	文物拍卖企业	14	江苏省实成拍卖有限公司
594	文物拍卖企业	15	江苏沧海拍卖有限公司

序号	主体类型	省内序号	名称
595	文物拍卖企业	16	江苏龙城拍卖有限公司
596	文物拍卖企业	17	南京经典拍卖有限公司
597	文物拍卖企业	18	江苏五爱拍卖有限公司
598	文物拍卖企业	19	江苏恒坤国际拍卖有限公司
599	文物拍卖企业	20	南通嘉宝拍卖有限公司
600	文物拍卖企业	21	江苏汇中拍卖有限公司
601	文物拍卖企业	22	江苏保利拍卖有限公司
602	文物拍卖企业	23	苏州四礼堂拍卖有限公司
603	文物拍卖企业	24	江苏金匮拍卖有限公司
604	文物拍卖企业	25	南京三省拍卖有限公司
605	文物拍卖企业	26	常州椿萱拍卖有限公司
606	文物拍卖企业	27	江苏少典国际拍卖有限公司
607	文物拍卖企业	28	江苏博爱拍卖有限公司
608	文物拍卖企业	29	江苏唐颂国际拍卖有限公司
		浙江省	
609	文物商店	1	杭州瀚天石文化艺术有限公司
610	文物商店	2	杭州浣花斋文物有限公司
611	文物商店	3	杭州景艺斋文物有限公司
612	文物商店	4	杭州六和文化传播有限公司——六和文物商店
613	文物商店	5	杭州钱塘文物有限公司
614	文物商店	6	杭州文物有限公司
615	文物商店	7	杭州文物珠宝公司
616	文物商店	8	杭州五德堂文物有限公司
617	文物商店	9	湖州市古雅文物有限公司

序号	主体类型	省内序号	名称
618	文物商店	10	湖州市文物商店
619	文物商店	11	嘉兴博雅古玩艺术品有限公司
620	文物商店	12	嘉兴市文物商店
621	文物商店	13	宁波三宝文物经营有限公司
622	文物商店	14	宁波市文物商店
623	文物商店	15	绍兴翰海文物有限公司
624	文物商店	16	绍兴市文物公司
625	文物商店	17	台州市翰丰文物有限公司
626	文物商店	18	温州市文物商店
627	文物商店	19	西泠印社文化艺术发展有限公司
628	文物商店	20	浙江贻德文物有限公司
629	文物商店	21	浙江义乌宝缘文物有限公司
630	文物拍卖企业	1	浙江浙商拍卖有限公司
631	文物拍卖企业	2	浙江省省直拍卖行
632	文物拍卖企业	3	浙江盛世拍卖有限公司
633	文物拍卖企业	4	西泠印社拍卖有限公司
634	文物拍卖企业	5	宁波富邦拍卖有限公司
635	文物拍卖企业	6	浙江长乐拍卖有限公司
636	文物拍卖企业	7	浙江一通拍卖有限公司
637	文物拍卖企业	8	浙江国际商品拍卖中心有限责任公司
638	文物拍卖企业	9	绍兴翰越堂拍卖有限公司
639	文物拍卖企业	10	杭州拍否拍卖有限公司
640	文物拍卖企业	11	浙江大地拍卖有限公司
641	文物拍卖企业	12	浙江皓翰国际拍卖有限公司

序号	主体类型	省内序号	名称
642	文物拍卖企业	13	浙江隆安拍卖有限公司
643	文物拍卖企业	14	浙江骏成拍卖有限公司
644	文物拍卖企业	15	浙江三江拍卖有限公司
645	文物拍卖企业	16	浙江汇通拍卖有限公司
646	文物拍卖企业	17	浙江鸿嘉拍卖有限公司
647	文物拍卖企业	18	浙江美术传媒拍卖有限公司
648	文物拍卖企业	19	浙江横店拍卖有限公司
649	文物拍卖企业	20	杭州天工艺苑拍卖有限公司
650	文物拍卖企业	21	浙江其利拍卖有限公司
651	文物拍卖企业	22	浙江六通拍卖有限公司
652	文物拍卖企业	23	浙江中财拍卖行有限公司
653	文物拍卖企业	24	浙江世贸拍卖中心有限公司
654	文物拍卖企业	25	浙江丽泽拍卖有限公司
655	文物拍卖企业	26	浙江南北拍卖有限公司
656	文物拍卖企业	27	浙江佳宝拍卖有限公司
657	文物拍卖企业	28	温州汇丰拍卖行有限公司
658	文物拍卖企业	29	浙江嘉泰拍卖有限公司
659	文物拍卖企业	30	浙江嘉浩拍卖有限公司
660	文物拍卖企业	31	浙江骏纬拍卖有限公司
661	文物拍卖企业	32	杭州开源拍卖有限公司
662	文物拍卖企业	33	浙江兰亭拍卖有限公司
663	文物拍卖企业	34	浙江民和拍卖有限公司
664	文物拍卖企业	35	浙江时代拍卖有限公司
665	文物拍卖企业	36	浙江联合拍卖有限公司

序号	主体类型	省内序号	名称
666	文物拍卖企业	37	浙江御承拍卖有限公司
667	文物拍卖企业	38	云集拍卖有限公司
668	文物拍卖企业	39	浙江万鎏拍卖有限公司
669	文物拍卖企业	40	浙江中孚拍卖有限公司
670	文物拍卖企业	41	杭州艺享拍卖有限公司
671	文物拍卖企业	42	杭州宜和拍卖有限公司
672	文物拍卖企业	43	浙江萧然拍卖有限公司
673	文物拍卖企业	44	杭州市拍卖行有限公司
674	文物拍卖企业	45	杭州有朋拍卖有限公司
675	文物拍卖企业	46	杭州艺探拍卖有限公司
676	文物拍卖企业	47	浙江鸿峰拍卖有限公司
677	文物拍卖企业	48	杭州器物说拍卖有限公司
678	文物拍卖企业	49	浙江翰华拍卖有限公司
679	文物拍卖企业	50	浙江嘉艺拍卖有限公司
680	文物拍卖企业	51	浙江方元拍卖有限公司
681	文物拍卖企业	52	浙江叁秋拍卖有限公司
682	文物拍卖企业	53	浙江当代拍卖有限公司
683	文物拍卖企业	54	浙江真拍堂拍卖有限公司
684	文物拍卖企业	55	浙江中享拍卖有限公司
685	文物拍卖企业	56	浙江伯品拍卖有限公司
686	文物拍卖企业	57	浙江恒博拍卖有限公司
687	文物拍卖企业	58	浙江久鼎拍卖有限公司
		安徽省	
688	文物商店	1	安徽省文物总店

序号	主体类型	省内序号	名称
689	文物商店	2	安徽省相城文物有限公司
690	文物商店	3	安徽凌家滩文化艺术品投资有限公司
691	文物商店	4	安徽汇古文化发展有限公司
692	文物商店	5	宣城市宛陵阁艺术品有限公司
693	文物拍卖企业	1	安徽中观拍卖有限公司
694	文物拍卖企业	2	安徽艺海拍卖有限责任公司
695	文物拍卖企业	3	安徽东歌拍卖有限公司
696	文物拍卖企业	4	安徽古今天元拍卖有限公司
697	文物拍卖企业	5	安徽正德拍卖有限公司
698	文物拍卖企业	6	安徽龙裔玉冰拍卖有限公司
699	文物拍卖企业	7	安徽省盛唐拍卖有限公司
700	文物拍卖企业	8	安徽盘龙企业拍卖集团有限公司
701	文物拍卖企业	9	安徽锦华拍卖有限责任公司
702	文物拍卖企业	10	安徽邓通艺术品拍卖有限公司
703	文物拍卖企业	11	安徽大都拍卖有限公司
704	文物拍卖企业	12	安徽国瀚拍卖有限公司
705	文物拍卖企业	13	合肥途育拍卖有限公司
706	文物拍卖企业	14	安徽秦汉阁拍卖有限公司
		福建省	
707	文物商店	1	厦门文物店
708	文物拍卖企业	1	福建运通拍卖行有限公司
709	文物拍卖企业	2	厦门特拍拍卖有限公司
710	文物拍卖企业	3	福建省拍卖行有限公司
711	文物拍卖企业	4	福建省顶信拍卖有限公司

序号	主体类型	省内序号	名称
712	文物拍卖企业	5	福建静轩拍卖有限公司
713	文物拍卖企业	6	福建省定佳拍卖有限公司
714	文物拍卖企业	7	厦门谷云轩拍卖有限公司
715	文物拍卖企业	8	福建省华夏拍卖有限公司
716	文物拍卖企业	9	福建居正拍卖行有限公司
717	文物拍卖企业	10	福建东南拍卖有限公司
718	文物拍卖企业	11	保利（厦门）国际拍卖有限公司
719	文物拍卖企业	12	福建省大明拍卖有限公司
720	文物拍卖企业	13	厦门博乐德平台拍卖有限公司
721	文物拍卖企业	14	厦门心和拍卖有限公司
722	文物拍卖企业	15	福建瀚成拍卖有限公司
723	文物拍卖企业	16	厦门东南拍卖有限公司
江西省			
724	文物商店	1	江西省文物商店
725	文物商店	2	景德镇市文物商店
726	文物商店	3	江西执古御今文化发展有限公司
727	文物拍卖企业	1	江西瀚洋国际拍卖有限公司
728	文物拍卖企业	2	江西允升拍卖有限公司
729	文物拍卖企业	3	江西集萃斋拍卖有限公司
山东省			
730	文物商店	1	烟台市文物店
731	文物商店	2	泰安市文物店
732	文物商店	3	曲阜市文物商店
733	文物商店	4	山东省信德斋文物商店有限公司

序号	主体类型	省内序号	名称
734	文物商店	5	大蓁古泉文化艺术品有限公司
735	文物拍卖企业	1	山东天下收藏拍卖有限公司
736	文物拍卖企业	2	山东舜鑫拍卖有限公司
737	文物拍卖企业	3	青岛中艺拍卖有限公司
738	文物拍卖企业	4	佳联国际拍卖有限公司
739	文物拍卖企业	5	金诺国际拍卖有限公司
740	文物拍卖企业	6	荣宝斋（济南）拍卖有限公司
741	文物拍卖企业	7	山东海纳百宝珍拍卖有限公司
742	文物拍卖企业	8	山东天承拍卖有限公司
743	文物拍卖企业	9	山东金石拍卖有限公司
744	文物拍卖企业	10	山东金艺宝拍卖有限公司
745	文物拍卖企业	11	潍坊华兴拍卖有限公司
河南省			
746	文物商店	1	开封市文物商店
747	文物商店	2	洛阳市文物交流中心
748	文物商店	3	河南天成文物有限公司
749	文物商店	4	河南省钱币有限公司
750	文物商店	5	洛阳古都文物有限公司
751	文物商店	6	焦作恒真文物有限公司
752	文物商店	7	平顶山翰墨金石文物商店
753	文物商店	8	信阳文盛实业有限公司
754	文物商店	9	周口市旷世文物商店
755	文物商店	10	周口市文物商店
756	文物商店	11	河南维天文化传播有限公司

序号	主体类型	省内序号	名称
757	文物商店	12	京古斋文化传播有限责任公司
758	文物商店	13	河南省聚宝文物有限公司
759	文物商店	14	河南博彦轩文物艺术品有限公司
760	文物商店	15	郑州市金水区华宝轩文物商店
761	文物商店	16	河南格古文化交流策划有限公司
762	文物拍卖企业	1	河南省豫呈祥拍卖有限责任公司
763	文物拍卖企业	2	河南华宝拍卖有限公司
764	文物拍卖企业	3	洛阳市佳德拍卖有限公司
765	文物拍卖企业	4	河南金帝拍卖有限公司
766	文物拍卖企业	5	河南省日信拍卖有限公司
767	文物拍卖企业	6	河南和同拍卖有限公司
768	文物拍卖企业	7	河南拍卖行有限公司
769	文物拍卖企业	8	河南中嘉拍卖有限公司
770	文物拍卖企业	9	郑州拍卖总行有限公司
771	文物拍卖企业	10	河南豫宝斋拍卖有限公司
		湖北省	
772	文物商店	1	荆门荆楚文物商店有限公司
773	文物拍卖企业	1	武汉中信拍卖有限公司
774	文物拍卖企业	2	武汉市大唐拍卖有限责任公司
775	文物拍卖企业	3	湖北诚信拍卖有限公司
776	文物拍卖企业	4	湖北德润古今拍卖有限公司
		湖南省	
777	文物商店	1	湖南省潇湘文物商店
778	文物商店	2	长沙文物总店

序号	主体类型	省内序号	名称
779	文物拍卖企业	1	湖南省国际商品拍卖有限公司
780	文物拍卖企业	2	长沙古泉园地拍卖有限公司
781	文物拍卖企业	3	联拍在线（湖南）网络科技有限公司
782	文物拍卖企业	4	长沙域鉴拍卖有限公司
783	文物拍卖企业	5	湖南大麓拍卖有限公司
		广东省	
784	文物商店	1	广州市文物总店有限公司
785	文物商店	2	广东省文物总店有限公司
786	文物商店	3	广州市广雅商贸有限公司
787	文物商店	4	广东省南方文化产权交易所股份有限公司
788	文物商店	5	珠海原道景润文化传播有限公司
789	文物商店	6	深圳市国御文物有限公司
790	文物商店	7	寻宝汇古董艺术品（深圳）有限公司
791	文物商店	8	广州市文物总店有限公司博古斋
792	文物商店	9	广州市文物总店有限公司粤雅堂
793	文物拍卖企业	1	广东崇正拍卖有限公司
794	文物拍卖企业	2	广东保利拍卖有限公司
795	文物拍卖企业	3	广东省古今拍卖有限公司
796	文物拍卖企业	4	广东光德拍卖有限公司
797	文物拍卖企业	5	广东省拍卖行有限公司
798	文物拍卖企业	6	广州三和文化艺术品有限公司
799	文物拍卖企业	7	广东浩宏拍卖有限公司
800	文物拍卖企业	8	广东衡益拍卖有限公司
801	文物拍卖企业	9	深圳市华腾国际拍卖有限公司

序号	主体类型	省内序号	名称
802	文物拍卖企业	10	华盈国际拍卖（深圳）有限公司
803	文物拍卖企业	11	广东华友拍卖行有限公司
804	文物拍卖企业	12	广州市皇玛拍卖有限公司
805	文物拍卖企业	13	广州市皇玛抱趣拍卖有限公司
806	文物拍卖企业	14	广东精诚所至艺术品拍卖有限公司
807	文物拍卖企业	15	广东文弘拍卖有限公司
808	文物拍卖企业	16	深圳至正国际拍卖有限公司
809	文物拍卖企业	17	广东万丰拍卖行有限公司
810	文物拍卖企业	18	广东旭通达拍卖有限公司
811	文物拍卖企业	19	广州市银通拍卖行有限公司
812	文物拍卖企业	20	深圳中外经典拍卖有限公司
813	文物拍卖企业	21	广州华艺国际拍卖有限公司
814	文物拍卖企业	22	深圳市云峰拍卖行有限公司
815	文物拍卖企业	23	安华白云拍卖有限公司
816	文物拍卖企业	24	广东小雅斋拍卖有限公司
817	文物拍卖企业	25	广东丞唐拍卖有限公司
818	文物拍卖企业	26	深圳市联合拍卖有限责任公司
819	文物拍卖企业	27	深圳市拍卖行有限公司
820	文物拍卖企业	28	广东凤凰拍卖有限公司
821	文物拍卖企业	29	广东国富中旺拍卖有限公司
822	文物拍卖企业	30	珠海宜轩拍卖有限公司
823	文物拍卖企业	31	深圳市国鼎拍卖有限公司
824	文物拍卖企业	32	深圳文化产权交易所有限公司
825	文物拍卖企业	33	广东文雅拍卖有限公司

序号	主体类型	省内序号	名称
826	文物拍卖企业	34	广东皇廷拍卖有限公司
827	文物拍卖企业	35	广东越海拍卖有限公司
828	文物拍卖企业	36	广东宜传拍卖有限公司
829	文物拍卖企业	37	广东正佳拍卖有限公司
830	文物拍卖企业	38	广东荣得拍卖有限公司
831	文物拍卖企业	39	广东物资拍卖行有限公司
832	文物拍卖企业	40	中晟拍卖（广州）有限公司
833	文物拍卖企业	41	敬和拍卖（广州）有限公司
834	文物拍卖企业	42	华辉拍卖行（广东）有限公司
835	文物拍卖企业	43	广东科泽拍卖有限公司
836	文物拍卖企业	44	广州爱藏文化发展有限公司
837	文物拍卖企业	45	广州泰风楼国际拍卖有限公司
838	文物拍卖企业	46	广东于古文化科技有限公司
839	文物拍卖企业	47	广东国艺拍卖有限公司
840	文物拍卖企业	48	广州花地艺拍文化艺术品拍卖有限公司
841	文物拍卖企业	49	欧昊国际拍卖（广州）有限公司
842	文物拍卖企业	50	深圳市美德拍卖行有限公司
843	文物拍卖企业	51	永力文化商贸（深圳）有限公司
844	文物拍卖企业	52	深圳市博雅拍卖有限公司
845	文物拍卖企业	53	竺昇鼎拍卖有限公司
846	文物拍卖企业	54	深圳宝臻文化科技有限公司
广西壮族自治区			
847	文物拍卖企业	1	广西泓历拍卖有限公司
848	文物拍卖企业	2	荣宝斋（桂林）拍卖有限公司

序号	主体类型	省内序号	名称
849	文物拍卖企业	3	广西正槌拍卖有限责任公司
850	文物拍卖企业	4	广西瀚宇拍卖有限公司
851	文物拍卖企业	5	广西邕华拍卖有限责任公司
海南省			
852	文物拍卖企业	1	海南安达信拍卖有限公司
853	文物拍卖企业	2	海南恒鑫拍卖有限公司
重庆市			
854	文物商店	1	重庆美术公司文物商店
855	文物商店	2	重庆市万州三峡文物商店有限公司
856	文物商店	3	重庆文古斋文化艺术有限公司
857	文物拍卖企业	1	重庆恒升拍卖有限公司
858	文物拍卖企业	2	重庆华夏文物拍卖有限公司
859	文物拍卖企业	3	重庆市淳辉阁拍卖有限公司
860	文物拍卖企业	4	重庆拍卖中心有限公司
861	文物拍卖企业	5	重庆聚德轩拍卖有限公司
四川省			
862	文物商店	1	四川省文物总店
863	文物商店	2	成都市文物商店
864	文物商店	3	撷秀文物商店
865	文物商店	4	西南半壁文物商店
866	文物商店	5	乐山天地人文物商店
867	文物拍卖企业	1	四川省嘉诚拍卖有限公司
868	文物拍卖企业	2	成都市金沙拍卖有限公司
869	文物拍卖企业	3	四川联拍拍卖有限公司

序号	主体类型	省内序号	名称
870	文物拍卖企业	4	四川省万星拍卖有限公司
871	文物拍卖企业	5	成都八益拍卖有限公司
872	文物拍卖企业	6	四川德轩拍卖有限责任公司
873	文物拍卖企业	7	四川东方拍卖有限责任公司
874	文物拍卖企业	8	四川嘉宝拍卖有限公司
875	文物拍卖企业	9	四川君庭拍卖有限公司
876	文物拍卖企业	10	四川省梦虎拍卖有限责任公司
877	文物拍卖企业	11	成都诗婢家拍卖有限责任公司
878	文物拍卖企业	12	四川中天拍卖有限责任公司
879	文物拍卖企业	13	四川盈信天地拍卖有限公司
880	文物拍卖企业	14	四川重华拍卖有限公司
881	文物拍卖企业	15	四川翰雅拍卖有限公司
882	文物拍卖企业	16	四川尔雅藏珍艺术品拍卖有限公司
883	文物拍卖企业	17	成都尚古拍卖有限公司
884	文物拍卖企业	18	四川省首尔迪拍卖有限公司
885	文物拍卖企业	19	成都古韵佳拍艺术品拍卖有限公司
886	文物拍卖企业	20	成都甄宝视界拍卖有限公司
887	文物拍卖企业	21	四川和德儒艺术品拍卖有限公司
888	文物拍卖企业	22	四川观古斋拍卖有限公司
889	文物拍卖企业	23	四川沁月斋拍卖有限公司
890	文物拍卖企业	24	四川八益拍卖有限公司
			贵州省
891	文物商店	1	贵州雅聚堂文物商店（有限合伙）
			云南省

序号	主体类型	省内序号	名称
892	文物商店	1	云南省文物总店有限公司
893	文物拍卖企业	1	云南典藏拍卖集团有限公司
894	文物拍卖企业	2	昆明雅士得拍卖有限公司
895	文物拍卖企业	3	云南古艺拍卖有限公司
西藏自治区			
896	文物商店	1	西藏自治区文物总店
陕西省			
897	文物商店	1	陕西省文物总店有限公司
898	文物商店	2	西安市文物交流中心
899	文物商店	3	陕西韵古堂文物商店有限公司
900	文物商店	4	钧泰文物商店
901	文物商店	5	陕西亮宝楼文物商店
902	文物商店	6	陕西盛宝斋文物商店
903	文物商店	7	西安大唐西市文物商店
904	文物商店	8	大唐嘉宝文物商店
905	文物商店	9	西安力邦文物商店
906	文物商店	10	陕西盛宝阁文物商店
907	文物商店	11	陕西宝宋堂文物商店
908	文物商店	12	西安观沧海文物商店
909	文物商店	13	陕西文晟文物商店
910	文物商店	14	陕西龙飞阁文物商店
911	文物商店	15	陕西长安文博文物商店
912	文物商店	16	西安静竹轩文物商店
913	文物商店	17	咸阳秦风文物商店有限公司

序号	主体类型	省内序号	名称
914	文物商店	18	咸阳金驹堂文物商店有限公司
915	文物商店	19	咸阳秦鸿古文化传播有限公司
916	文物商店	20	宝鸡市文物商店
917	文物商店	21	渭南三闲堂文物商店
918	文物商店	22	陕西鼎海乾坤文物商店有限公司
919	文物拍卖企业	1	陕西瑞晨拍卖有限公司
920	文物拍卖企业	2	西安大德拍卖有限责任公司
921	文物拍卖企业	3	陕西文德拍卖有限公司
922	文物拍卖企业	4	陕西宝隆拍卖有限责任公司
923	文物拍卖企业	5	陕西诚挚拍卖有限责任公司
924	文物拍卖企业	6	西安力邦拍卖有限公司
925	文物拍卖企业	7	陕西华夏国际拍卖有限责任公司
926	文物拍卖企业	8	陕西天龙国际拍卖有限公司
927	文物拍卖企业	9	陕西秦商拍卖有限公司
928	文物拍卖企业	10	陕西天一国际拍卖有限公司
929	文物拍卖企业	11	陕西盛世长安拍卖有限公司
930	文物拍卖企业	12	陕西蔚文堂拍卖有限责任公司
931	文物拍卖企业	13	陕西秦宝斋拍卖有限责任公司
932	文物拍卖企业	14	陕西公正拍卖行有限责任公司
933	文物拍卖企业	15	西安汝轩拍卖有限公司
934	文物拍卖企业	16	陕西省中宝拍卖有限责任公司
935	文物拍卖企业	17	西安国艺汇艺术品拍卖有限公司
936	文物拍卖企业	18	陕西汉唐丝路拍卖有限公司
937	文物拍卖企业	19	陕西知希堂艺术品拍卖有限公司

序号	主体类型	省内序号	名称
甘肃省			
938	文物商店	1	甘肃省文物商店有限责任公司
939	文物商店	2	金昌钰鑫文化发展有限公司钰鑫文物商店
940	文物商店	3	聚臻文物商店
941	文物拍卖企业	1	未来四方集团拍卖有限公司
青海省			
942	文物商店	1	青海省文物商店
943	文物拍卖企业	1	青海青中山拍卖有限公司
944	文物拍卖企业	2	青海景鸿堂拍卖有限公司
宁夏回族自治区			
945	文物拍卖企业	1	宁夏力鼎拍卖有限公司
新疆维吾尔自治区			
946	文物商店	1	新疆维吾尔自治区文物总店

（三）艺术品交易中心

1. 上海国际文物艺术品交易中心

上海国际艺术品交易中心是由中共上海市委宣传部、上海市文化和旅游局授牌成立，是政府指导、实体化运作的产业功能性平台。中心提供集信息咨询、登记确权、综合申报、交易管理、配套服务等为一体的一站式艺术品综合性服务，旨在培育和规范艺术品交易市场，促进上海艺术品产业繁荣发展，助力上海建设成为世界重要艺术品交易中心之一。

上海国际艺术品交易中心通过设立工商登记、展览审批、通关报检、外汇结算、配套扶持、配套服务等服务窗口，为国内外艺术交易主体提供"一窗通办"的综合性咨询服务；同时筛选、引进一批综合实力较强的法律、财税、保险、运输、知识产权保护等服务机构，建立艺术品服务专业机构资源库，为艺术品交易主体提供高品质、规范、专业的市场服务。未来，中心将通过一条龙综合服务、个性化定制服务及上门式集中服务，成为政府"一网通办"改革创新的试点项目，逐步打造成为上海不断提升营商环境的拳头产品和金字招牌。

交易中心网站：https://www.iatcsh.com

交易中心服务时间：周二至周日，9：00-17：00（以相关部门规定的工作日为准）

交易中心客服：+86 21 65881118

地址：上海市徐汇区龙耀路8号西岸艺岛1楼（近地铁11号线云锦路站6号出口，步行10分钟）

2. 中国海南国际文物艺术品交易中心

2022年1月28日，中国海南国际文物艺术品交易中心揭牌仪式暨首届中国海南国际文物艺术品展览及拍卖会开幕式在三亚保利瑰丽酒店举行。

2021年4月8日，经党中央、国务院同意，国家发展改革委、商务部印发《关于支持海南自由贸易港建设放宽市场准入若干特别措施的意见》，明确提出"支持建设中国海南国际文物艺术品交易中心"，这是国家为突出海南自贸港优势，区别于国内现有艺术品交易中心的基础上，支持海南自由贸易港建设的重要项目。

交易中心落户三亚中央商务区，将引入艺术品行业的展览、交易、拍卖等国际规则，为优秀艺术品和可交易文物提供开放、专业、便捷、高效的国际化交易平台。同时，利用海南自由贸易港的地理位置优势和优惠政策，鼓励国内外知名拍卖机构在交易中心开展业务，推动降低交易成本，形成国际交易成本比较优势，为文物艺术品交易的各个环节提供全方位支持。

3. 海南国际文化艺术品交易中心

海南国际文化艺术品交易中心，2021年6月19日在海口市正式上线运营，这是落实《海南自由贸易港建设总体方案》的又一重要举措。2022年5月，海南国际文化艺术品交易中心获批文物拍卖许可证，准予从事中国法律法规允许流通的且来源合法的文物拍卖业务。

正式上线运营的海南国际文化艺术品交易中心是海南自由贸易港先行先试的重点项目之一，将建设线上国际艺术品交易平台及线下艺术品中央商务中心、可溯源中心、金融中心、大数据中心、仲裁中心、物流中心等八大功能中心，集合"文化+科技+金融+旅游+服务贸易"多种业态，提供国际文化艺术品全产业链服务，形成国际艺术品交易的"海南指数"，成为国际艺术品交易的"中国集聚地"。

海南国际文化艺术品交易中心是产业园的先导项目与核心企业。产业园将充分发挥海南自由贸易港政策优势，通过整合文博、文产、教育、金融、科技、旅游、会展等行业顶级资源，打造文化、科技、金融融合发展的现代产业集群，成为引领中国、辐射亚太、影响国际的多业态协调发展的现代化国际文博产业基地和旅游目的地。

网站：https://www.hnicae.com/index/about/business.html

地址：海南省海口市国兴大道15A号全球贸易之窗2406

电话：0898-36608837

电话咨询时间：周一至周五9：30-12：00，13：30-17：00，法定节假日除外。

传真：0898-36608891

邮箱：hwj@hnicae.com

4. 广东南方文交所艺术品交易中心

广东南方文交所艺术品交易中心成立于2015年，是南方文交所的核心机构之一。

广东省南方文化产权交易所股份有限公司（以下简称"南方文交所"）是经广东省人民政府批准设立的唯一的省级综合性文化产权交易服务机构，在以证监会为首的部级联席会议审查通过并备案，于2010年11月8日挂牌成立，2011年7月15日正式运营。南方文交所由广东省委宣传部直接领导，由广东省金融办进行业务监管，是一家国资主导的极具行业公信力的交易服务机构。南方文交所的主要股东包括：南方财经全媒体集团、南方联合产权交易中心、广东省出版集团有限公司、广州新金基文化发展有限公司、广东中凯文化传媒集团。

网址：http://www.art-cnscee.com

广州总部

地址：广州市广州大道中289号南方报业传媒集团艺术园区综合楼4楼

电话：400-8839-400

邮箱：art@cnscee.com

北京运营中心

地址：北京市朝阳区驼房营南路8号新华科技大厦1206

电话：15010466987

邮箱：964519637@qq.com

（四）涉案文物鉴定评估机构

在打击文物违法犯罪活动领域，为贯彻《国务院关于进一步加强文物工作的指导意见》有关精神，落实《最高人民法院最高人民检察院关于办理妨害文物管理等刑事案件适用法律若干问题的解释》《涉案文物鉴定评估管理办法》中关于涉案文物鉴定评估机构指定的要求，满足各地涉案文物鉴定评估工作的实际需求，国家文物局累计指定三批次的涉案文物鉴定评估机构（见表附录-2），开展涉案文物鉴定评估工作。

表附录-2　涉案文物鉴定评估机构名录[①]

序号	单位名称	省份	单位地址	批次
1	北京市文物进出境鉴定所	北京市	北京市海淀区北三环西路甲 31 号	第一批
2	天津市文化遗产保护中心（天津市文物管理中心）	天津市	天津市和平区贵州路 58 号	第一批
3	山西博物院	山西省	山西省太原市万柏林区滨河西路北段 13 号	第一批
4	内蒙古博物院	内蒙古自治区	内蒙古自治区呼和浩特市新华东街 27 号	第一批
5	辽宁省博物馆	辽宁省	辽宁省沈阳市浑南区智慧三街 157 号	第一批
6	浙江省文物鉴定站	浙江省	浙江省杭州市拱墅区教场路 26 号	第一批
7	安徽省文物鉴定站	安徽省	安徽省合肥市安庆路 268 号	第一批
8	湖南省博物馆	湖南省	湖南省长沙市开福区东风路 50 号	第一批
9	广东省文物鉴定站	广东省	广东省广州市天河区水荫四横路 32 号	第一批
10	国家文物出境鉴定四川站	四川省	四川省成都市青羊区东胜街 19 号	第一批
11	陕西省文物鉴定研究中心	陕西省	陕西省西安市雁塔区科技一路 35 号	第一批
12	北京市考古研究院	北京市	北京市西城区地安门西大街 26 号	第二批
13	河北博物院	河北省	河北省石家庄市长安区东大街 4 号	第二批
14	辽宁省文物总店	辽宁省	辽宁省沈阳市和平区十三纬路十三号	第二批

[①] 数据来源：国家文物局，http://www.ncha.gov.cn/col/col2268/index.html，更新时间 2022 年 9 月 5 日。

序号	单位名称	省份	单位地址	批次
15	吉林省博物院	吉林省	吉林省长春市净月开发区永顺路1666号	第二批
16	黑龙江省博物馆	黑龙江省	黑龙江省哈尔滨市南岗区红军街64号	第二批
17	上海市文物保护研究中心	上海市	上海市徐汇区岳阳路48号	第二批
18	南京博物院	江苏省	江苏省南京市中山东路321号	第二批
19	苏州文物商店	江苏省	江苏省苏州市人民路1208号	第二批
20	淮安市博物馆	江苏省	江苏省淮安市清江浦区健康西路146-1	第二批
21	福建省考古研究院	福建省	福建省福州市鼓楼区东水路76号	第二批
22	江西省文物交流中心	江西省	江西省南昌市民德路349号	第二批
23	山东省文物鉴定中心	山东省	山东省济南市经十路11899号	第二批
244	湖北省博物馆	湖北省	湖北省武汉市武昌东湖路160号	第二批
25	湖南省文物考古研究所	湖南省	湖南省长沙市东风路东风二村巷18号	第二批
26	广西壮族自治区博物馆	广西壮族自治区	广西壮族自治区南宁市民族大道34号	第二批
27	国家文物进出境审核海南管理处	海南省	海南省海口市龙昆南路76号金霖花园45栋	第二批
28	重庆市文物考古研究院（重庆文化遗产保护中心）	重庆市	重庆市渝中区枇杷山正街72号	第二批
29	重庆中国三峡博物馆	重庆市	重庆市渝中区人民路236号	第二批
30	贵州省博物馆	贵州省	贵州省贵阳市观山湖区林城东路107号	第二批
31	云南省文物总店有限公司	云南省	云南省昆明市青年路371号10楼	第二批
32	西藏文物鉴定中心	西藏自治区	西藏自治区拉萨市城关区天海路16号	第二批

序号	单位名称	省份	单位地址	批次
33	甘肃省文物考古研究所	甘肃省	甘肃省兰州市城关区和平路 165 号	第二批
34	甘肃省博物馆	甘肃省	甘肃省兰州市七里河区西津西路 3 号	第二批
35	青海省博物馆	青海省	青海省西宁市城西区西关大街 58 号	第二批
36	青海省文物考古研究所	青海省	青海省西宁市城东区为民巷 15 号	第二批
37	宁夏回族自治区博物馆	宁夏回族自治区	宁夏回族自治区银川市金凤区人民广场东街 6 号	第二批
38	新疆维吾尔自治区文物总店	新疆维吾尔自治区	新疆维吾尔自治区乌鲁木齐市解放南路 39 号	第二批
39	新疆维吾尔自治区博物馆	新疆维吾尔自治区	新疆维吾尔自治区乌鲁木齐市西北路 581 号	第二批
40	太原市博物馆	山西省	山西省太原市晋源区广经路 13 号	
41	运城市文物保护中心	山西省	山西省运城市建设北路 189 号	第三批
42	大同市博物馆	山西省	山西省大同市御东新区太和路东侧	第三批
43	辽宁省文物考古研究院	辽宁省	辽宁省沈阳市和平区九纬路 19 号甲	第三批
44	吉林省文物店	吉林省	吉林省长春市朝阳区新民大街 1162 号	第三批
45	黑龙江省文物考古研究所	黑龙江省	黑龙江省哈尔滨市南岗区宣德街 44 号	第三批
46	上海市文物交流中心	上海市	上海市广东路 192-246 号	第三批
47	徐州博物馆	江苏省	江苏省徐州市和平路 118 号	第三批
48	无锡博物院	江苏省	江苏省无锡市梁溪区钟书路 100 号	第三批
49	厦门市博物馆	福建省	福建省厦门市思明区体育路 95 号	第三批
50	江西省文物考古研究院	江西省	江西省南昌市高新区创新一路 236 号	第三批
51	景德镇市文物商店	江西省	江西省景德镇市珠山区莲社北路 128 号	第三批
52	山东省古建筑保护研究院	山东省	山东省济南市广智院 146 号	第三批

序号	单位名称	省份	单位地址	批次
53	河南博物院	河南省	河南省郑州市金水区农业路 8 号	第三批
54	河南省文物建筑保护研究院	河南省	河南省郑州市文化路 86 号	第三批
55	长沙市博物馆	湖南省	湖南省长沙市湘江北路滨江文化园	第三批
56	深圳市文化遗产保护中心	广东省	广东省深圳市罗湖区深南东路 2001 号鸿昌广场 61 楼	第三批
57	广西文物保护与考古研究所	广西壮族自治区	广西壮族自治区南宁市科园大道 68 号东盟慧谷 2 号楼	第三批
58	贵州省文物考古研究所	贵州省	贵州省贵阳市观山湖区金元国际	第三批
59	陕西历史博物馆	陕西省	陕西省西安市雁塔区小寨东路 91 号	第三批
60	陕西省考古研究院	陕西省	陕西省西安市雁塔区乐游路 31 号	第三批
61	宁夏回族自治区文物考古研究所	宁夏回族自治区	宁夏回族自治区银川市兴庆区利民街 121 号	第三批
62	新疆维吾尔自治区文物考古研究所	新疆维吾尔自治区	新疆维吾尔自治区乌鲁木齐市北京南路东二巷 3 号	第三批

（五）国家文物进出境审核管理机构

国家文物局负责文物进出境审核管理工作，指定文物进出境审核机构承担文物进出境审核工作，文物进出境审核机构是文物行政执法机构，我国境内（不含港澳台地区）共设 21 家出境审核管理处（见表附录-3）。

表附录-3　国家文物进出境审核管理处名单[①]

序号	名称	省份	地址	办公电话
1	国家文物进出境审核重庆管理处	重庆市	重庆市渝中区人民路 236 号	023-63679223
2	国家文物进出境审核西藏管理处	西藏自治区	拉萨市城关区天海路 16 号	0891-6826335

---

① 数据来源：国家文物局，http://www.ncha.gov.cn/col/col2268/index.html，更新时间 2022 年 9 月 5 日。

序号	名称	省份	地址	办公电话
3	国家文物进出境审核海南管理处	海南省	海口市龙昆南路76号	0898-66987097
4	国家文物进出境审核四川管理处	四川省	四川省成都市青羊区东胜街19号	028-86120526
5	国家文物进出境审核山西管理处	山西省	太原市迎泽区文庙巷33号	0351-5610510
6	国家文物进出境审核内蒙古管理处	内蒙古自治区	呼和浩特市新城区新华东街27号	0471-4608750
7	国家文物进出境审核陕西管理处	陕西省	西安市高新区科技一路35号	029-85360103
8	国家文物进出境审核辽宁管理处	辽宁省	沈阳市浑南区智慧三街157号	024-24846318
9	国家文物进出境审核广东管理处	广东省	广州市天河区水荫四横路32号4-7楼	020-87047165
10	国家文物进出境审核云南管理处	云南省	昆明市官渡区广福路6393号	0871-67204931
11	国家文物进出境审核河南管理处	河南省	郑州市金水区人民路11号	0371-65963945
12	国家文物进出境审核湖北管理处	湖北省	武汉市武昌区中北路98号	027-63590221
13	国家文物进出境审核安徽管理处	安徽省	合肥市庐阳区安庆路268号	0551-62827802
14	国家文物进出境审核福建管理处	福建省	福州市鼓楼区东水路76号5楼	0591-87118174
15	国家文物进出境审核山东管理处	山东省	济南市历下区经十路11899号	0531-85058187
16	国家文物进出境审核上海管理处	上海市	上海市徐汇区岳阳路48号	021-64045311
17	国家文物进出境审核江苏管理处	江苏省	南京市玄武区中山东路321号	025-84841206

附 录

序号	名称	省份	地址	办公电话
18	国家文物进出境审核浙江管理处	浙江省	杭州市下城区教场路 26 号	0571-87081576
19	国家文物进出境审核北京管理处	北京市	北京市海淀区北三环西路甲 31 号	010-64014608
20	国家文物进出境审核天津管理处	天津市	天津市和平区贵州路 58 号	022-23396363
21	国家文物进出境审核河北管理处	河北省	石家庄市长安区东大街 4 号	0311-85286812

（六）文创机构

1. 中国国际进口博览会（文创）

隶属于国家会展中心（上海）有限责任公司，主打进博会的衍生产品，涵盖了徽章类、文具类、服饰类、家居类等品类，包括有进博会吉祥物（进宝）、玩偶、LOGO徽章、纪念封、邮册、明信片等产品。中国国际进口博览会自创立以来，向人们展示了来自五湖四海的各类文创展品，荟萃了中外文化之精髓。

2. 中国国家博物馆（文创）

隶属于国博（北京）文化产业发展中心，是中国国家博物馆依托140万余件馆藏文物资源打造的文创品牌，目前已经开发2000余款文创产品，并保持着平均每年200款的上新速度。国博文创一直致力于将传统文化通过当代设计重新展现在大众面前，让大众更轻松地感受到文创产品背后承载的深邃文化价值与内涵。

3. 故宫博物院（文创）

故宫文创隶属于北京故宫文化传播有限公司，是故宫博物院充分利用"故宫大IP"，设计出富有创意和特色的周边产品，并在细节上独具匠心，将故宫传统的文化元素植入现代时尚的工艺品中，不仅时髦可爱、讨人喜爱，而且赋予故宫藏品所蕴含的文化价值。目前故宫博物院已在各大电商平台开设了文创馆，上架的文创产品都深受消费者的青睐。

4. 大英博物馆（文创）

隶属于上海品伽文化传播有限公司，是国外顶级文化艺术IP-大英博物馆在中国的授权与内容运营，通过赋能合作品牌，提升品牌价值，为消费者提供个性、艺术和时尚的生活产品及零售体验。大英博物馆文创产品依托古文物馆藏经典IP的加成，极具文化艺术和个性创意，在电商平台一经上架就受到了广大消费者的追捧。

5. 国家图书馆（文创）

由北京国图创新文化服务有限公司运营管理，主打文创礼品，产品涵盖了国图典藏、服装配饰、雅致家居、收藏珍品、儿童文创等系列。国图文创秉承"启文脉之思、立文化坐标、享诗意生活"的理念，为人们提供蕴含浓郁文化气息的各类产品，让文化遗产与生活相遇，让文化遗产传承不绝。

6. 三星堆博物馆（文创）

由广汉市三星堆文旅发展有限公司运营管理，主打以三星堆文物和文化为基础开发的一系列潮流饰品、办公文具、家居好物等文创产品。三星堆文物是宝贵的人类文化遗产，在中国浩如烟海蔚为壮观的文物群体中，属最具历史科学文化艺术价值和最富观赏性的文物群体之一。而三星堆博物馆（文创）就是以更贴近生活的产品向人们展示这段鲜有人知的神秘历史。

7. 敦煌研究院（文创）

由敦煌兰德坊艺术品有限公司运营管理，主打以敦煌文化为基础开发的一系列创意文具、居家用品、服饰、礼品等文创产品。敦煌文化遗产的稀缺性及其艺术价值，使其成为文化创意的源头活水，它们被挖掘、改造运用到文创产品中，与人们共享敦煌的文化盛宴，深受广大消费者的喜爱。

8. 你好历史

隶属于北京物喜堂科技有限公司，主营萌趣手办、办公文创、家居雅物、3C数码、美妆饰品等产品。你好历史的文创产品是依托山东卫视推出的历史文化类喜剧季播节目《你好！历史君》而开发的精美礼品，其产品既有历史的文化气息，也有现代的时尚美观，颇受消费者的喜爱。

四、世界十大博物馆

（一）法国卢浮宫

卢浮宫是法国十大最著名的旅游景点之一，也是"博物馆"这个概念的缩影。它最初是一座堡垒，后来是皇家宫殿，现在是世界上最著名的艺术作品之一，列奥纳多·达·芬奇的《蒙娜丽莎》，以及其他来自法国、荷兰、意大利大师、埃及、希腊和罗马古物的作品。另一个亮点是标志性的玻璃金字塔，它给博物馆带来了一定的现代气息。

（二）中国国家博物馆

中国国家博物馆的前身可追溯至1912年成立的国立历史博物馆筹备处，2003年根据中央决定，中国历史博物馆和中国革命博物馆合并组建成为中国国家博物馆。2007年，中国国家博物馆启动改扩建工程，2011年3月新馆建成开放。新馆建筑保留了原有老建筑西、北、南建筑立面。新馆总用地面积7万平方米，建筑高度425米，地上5层，地下2层，展厅48个，建筑面积近20万平方米，是世界上单体建筑面积最大的博物馆。

中国国家博物馆现有藏品数量140余万件，涵盖古代文物、近现代文物、图书古籍善本、艺术品等多种门类。其中，古代文物藏品81.5万件（套），近现代文物藏品34万件（套），图书古籍善本24万余件（册），共有一级文物近6000件（套）。

中国国家博物馆展览包括基本陈列、专题展览、临时展览三大系列，构成涵盖主题展览、基本陈列、专题展览、临时展览的立体化展览体系。其中，"古代中国"、"复兴之路"和"复兴之路新时代部分"为国家博物馆的基本陈列，专题展览主要以馆藏文物为基础，包括中国古代青铜器、佛造像、玉器、瓷器、国礼、现代经典美术作品、非洲木雕等十余个专题展览。临时展览包括自主策划展览和引进交流展览两大类，覆盖历史文化、精品文物、考古发现、经典美术作品、地域文化和国际交流等多个方面，年均办展40余个。

（三）梵蒂冈博物馆

梵蒂冈博物馆位于罗马市中心的天主教国家梵蒂冈，是世界上最小的国家的博物馆。梵蒂冈博物馆有6公里的展示空间，著名的西斯廷教堂（SistineChapel）就在其中，是欧洲排名第三或第四的艺术大殿堂。梵蒂冈博物馆是世界上最早的博物馆之一，早在公元5世纪就有了雏形。16世纪时，博物馆与圣彼得大教堂同时扩建，总面积为5.5公顷，为故宫博物院的1/13，展出面积与故宫相仿。梵蒂冈博物馆拥有12个陈列馆和5条艺术长廊，汇集了古希腊、古罗马的遗物以及文艺复兴时期的艺术精华，大都是无价之宝。

（四）纽约大都会博物馆

大都会艺术博物馆是美国最大的艺术博物馆，也是世界著名博物馆。位于美国纽约第五大道的82号大街，与著名的美国自然历史博物馆和纽约海登天文馆遥遥相对，前者（指的是美国自然博物馆）主要回顾了大自然的其他动物的历史以及满足了人类探索未知世界也就是外太空的好奇心，而后者（指的是大都会博物馆）则回顾了人类自身的文明史的发展。该博物馆占地面积为13万平方米，它是与英国伦敦的大英博物馆、法国巴黎的卢浮宫、俄罗斯圣彼得堡的艾尔米塔什博物馆齐名的世界四大博物馆之一。

（五）伦敦大英博物馆

英国国家博物馆是世界上历史最悠久、规模最宏伟的综合性博物馆，位于英国伦敦。藏品主要是英国于18世纪至19世纪发起的战争中掠夺得来。主要受害国家包括希腊、埃及及中国等。英国国家博物馆位于伦敦中心，是一座规模庞大的古罗马柱式建筑，十分壮观。这里珍藏的文物和图书资料在世界上久负盛名。英国国家博物馆建于1753年，6年后正式开放，博物馆收藏了世界各地的许多文物和珍品，藏品之丰富、种类之繁多，为全世界博物馆所罕见。英国国家博物馆拥有藏品600多万件。由于开放，原来主要收藏图书，后来兼收历史文物和各国古代艺术品，其中不少是仅存的珍本。18世纪至19世纪中叶，英帝国向世界扩张，对各国进行文化掠夺，大量珍贵文物运抵伦敦，数量之多，英国国家博物馆盛不下，只得分藏于各个博物馆。埃及文物馆是其中最大的陈列馆，有7万多件古埃及各种文物，代表着古埃及的高度文明。希腊和罗马文物馆、东方文物馆的大量文物反映了古希腊罗马、古代中国的灿烂文化。

（六）泰特美术馆

泰特现代美术馆坐落在泰晤士河南岸，与圣保罗大教堂隔河相望，连接它们的是横跨泰晤士河的千禧大桥。泰特美术馆于1897年首次对外开放，当时官方的名称是国立英国艺术美术馆。之后，该馆以其创始人亨利·泰特命名，从而被称为现在大家所熟知的泰特美术馆。泰特美术馆是英国国立博物馆，以15世纪迄今的英国绘画和各国现代艺术著称。2000年，泰特美术馆将其馆藏拆分，成立了四个博物馆，泰特英国美术馆（在泰特美术馆原址）

展出1500年至今的英国艺术藏品。

（七）英国国家美术馆

英国国家美术馆（The National Gallery），又称伦敦国家美术馆，又译为国家艺廊，位于英国伦敦市中心特拉法加广场的正北方向。国家美术馆成立于1824年，是以绘画收藏为主的国家级美术馆。英国国家美术馆展品以中小尺寸作品为主，按年代顺序展出了从13世纪至19世纪期间多达2300件的世界顶级绘画作品，其中较为著名的就是凡·高的《向日葵》。另外还有泰勒的《战舰无畏号》、波提切利的《维纳斯和战神》和达·芬奇的《岩间圣母》，以及莫奈的原作等，都异常珍贵。

（八）英国自然历史博物馆

英国自然历史博物馆位于伦敦市中心西南部、海德公园旁边的南肯辛顿区。博物馆总建筑面积为4万多平方米，馆内大约藏有世界各地的7000万件标本，其中昆虫标本有2800万件。英国自然历史博物馆是欧洲最大的自然历史博物馆。原为1753年创建的不列颠博物馆的一部分，1881年由总馆分出，1963年正式独立。它坐落在伦敦南肯辛顿地区，为维多利亚式建筑，形似中世纪大教堂。全馆有20间大陈列厅，内容包括古生物、矿物、植物、动物、生态和人类等六个方面。中央大厅为现代生命科学陈列厅，用立体景观、展柜介绍进化论和人类学知识。

（九）美国自然历史博物馆

美国自然历史博物馆是世界上规模最大的自然历史博物馆，美国主要自然历史研究和教育中心之一。该馆始建于1869年，位于美国纽约，占地总面积为7公顷多，建筑物为古典形式。其古生物和人类学的收藏在世界各博物馆中占据首位，除采自美国境内的标本外，南美洲、非洲、欧洲、亚洲、大洋洲的代表性标本也都有收藏。里面的陈列内容极为丰富，包括天文、矿物、人类、古生物和现代生物5个方面，有大量的化石、恐龙、禽鸟、印第安人和爱斯基摩人的复制模型。所藏宝石、软体动物和海洋生物标本尤为名贵。

（十）冬宫（艾尔米塔什博物馆）

冬宫（Winter Palace，俄文：３МНЙВорéц）是俄罗斯国家博物馆艾尔米塔什博物馆的"六宫殿建筑群"中的一个宫殿。坐落在圣彼得堡宫殿广场上，原为俄罗斯帝国沙皇的皇宫，十月革命后辟为圣彼得堡国立艾尔米塔什博物馆的一部分。它是18世纪中叶俄罗斯新古典主义建筑的杰出典范，艾尔米塔什博物馆与伦敦的大英博物馆、巴黎的卢浮宫、纽约的大都会艺术博物馆一起，称为世界四大博物馆。该馆最早是俄罗斯女皇叶卡捷琳娜二世的私人博物馆。

第二节　备案博物馆分布与名录

据统计，2021年国家文物局公布的备案博物馆共计6183家。其中国家一级博物馆204家，国家二级博物馆448家，三级博物馆566家；文物系统国有博物馆3252家，其他行业国有博物馆924家，非国有博物馆1989家。[①]

一、备案博物馆分布情况

截至2021年12月31日，全国备案博物馆的地区分布情况如下图所示：

二、全国备案博物馆名录

扫描二维码获得《全国备案博物馆名录》电子文件。

[①] 数据来源：全国博物馆年度报告信息系统，http://nb.ncha.gov.cn/museum.html，更新时间2022年9月5日。

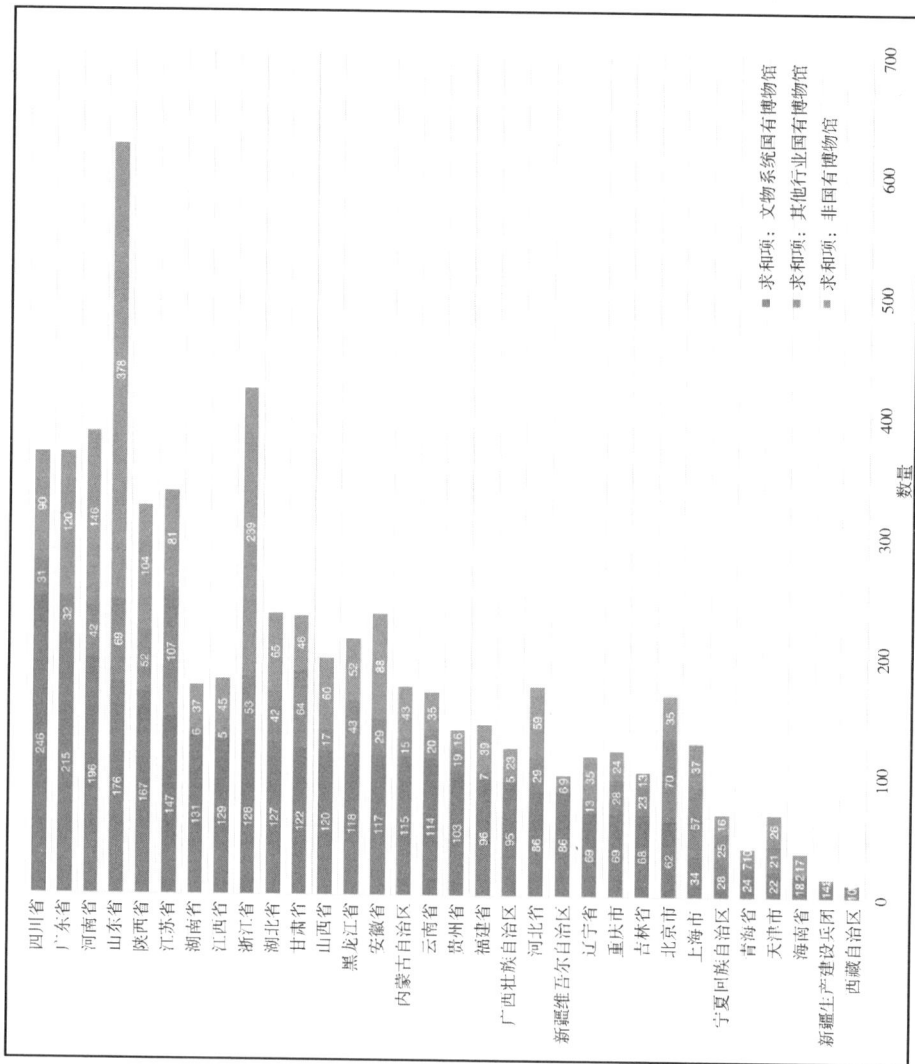

全国备案博物馆地区分布情况图（截至2021年12月31日）

数量：0　100　200　300　400　500　600　700

地区	求和项：文物系统国有博物馆	求和项：其他行业国有博物馆	求和项：非国有博物馆
四川省	246	31	90
广东省	215	32	120
河南省	196	42	146
山东省	176	69	378
陕西省	167	52	104
江苏省	147	107	81
湖南省	131	6	37
江西省	129	5	45
浙江省	128	53	239
湖北省	127	42	65
甘肃省	122	64	46
山西省	120	17	60
黑龙江省	118	43	52
安徽省	117	29	88
内蒙古自治区	115	15	43
云南省	114	20	35
贵州省	103	19	16
福建省	96	7	39
广西壮族自治区	95	5	23
河北省	86	29	59
新疆维吾尔自治区	86	69	
辽宁省	69	13	35
重庆市	69	28	24
吉林省	65	23	13
北京市	62	70	35
上海市	34	57	37
宁夏回族自治区	26	25	16
青海省	24	7	6
天津市	22	21	26
海南省	18	21	17
新疆生产建设兵团	14		
西藏自治区			

参考书目

[1]国家文物局博物馆与社会文物司（科技司）. 博物馆工作手册[M]. 北京：科学出版社，2021.

[2]国家文物局. 博物馆条例释义[M]. 北京：中国法制出版社，2015.

[3]《博物馆学概论》编写组. 博物馆学概论[M]. 北京：高等教育出版社，2019.

[4]钱益汇. 中国博物馆发展报告（2019～2020）[M]. 北京：北京科学文献出版社，2021.

[5]耿超，刘迪，陆青松，彭志才，鲁鑫. 博物馆学理论与实践[M]. 北京：科学出版社，2018.

[6]郭青红. 企业合规管理体系实务指南：第2版[M]. 北京：人民法院出版社，2020.

[7]李素鹏，叶一珺，李昕原. 合规管理体系标准解读及建设指南[M]. 北京：人民邮电出版社，2021.

[8]吕军. 博物馆藏品管理学[M]. 北京：科学出版社，2020.

[9]郑霞. 数字博物馆研究[M]. 北京：科学出版社，2016.

[10]黄洋，陈红京. 博物馆陈列展览设计十讲[M]. 上海：上海交通大学出版社，2019.

[11][加拿大]莉娜·埃尔斯特·潘托. 博物馆知识产权管理指南[M]. 栾文静，陈绍珍，译. 北京：中国政法大学出版社，2019.

[12]故宫博物院. 故宫博物院规章制度汇编[M]. 北京：故宫出版社，2013.

[13]沈阳故宫博物院. 沈阳故宫博物院规章制度汇编[M]. 沈阳：沈阳出版社，2014.

[14]张楚. 网络法学[M]. 北京：高等教育出版社，2003.

后 记

2017年年末，央视大型文博探索节目《国家宝藏》一经播出便成为引发博物馆热潮的现象级综艺。故宫文创2017年的收入高达15亿元，大约是2012年的10倍。数据显示，2018年全国文创收入约39.35亿元，开发文创产品超过5.6万种。2021年10月，湖北省博物馆与蚂蚁链合作推出首个"越王勾践剑"数字藏品，10000份数字藏品上线即售罄。截至2021年，全国已有备案博物馆6183家，90%以上的博物馆实现免费开放，开展线上展览3000余个。虽受新冠肺炎疫情影响，2021年全国博物馆仍接待观众7.79亿人次。博物馆不再仅仅是用于收藏展览的场馆，也是人民休闲娱乐的场所和精神文明的栖息地。博物馆也不再囿于线下馆社，而是融合线上，跨越时空，连接过去、现在与未来，使文化遗产活起来，让博物馆和这些文化遗产摸得着、听得见、看得到。"到博物馆去，把博物馆带回家"已然成为生活新风尚，人人都将是博物馆文化的参与者和建设者。

在"博物馆热"文化现象下，身为博物馆爱好者，又有幸在从事本职法律工作时接触博物馆行业，同时又见博物馆行业法律实务类研究较少，因此便萌生了成书想法。如何选题，成什么样的书，笔者与业内专家老师和朋友们多次讨论，最终确定：本书的目的一是通过全面系统地梳理我国与博物馆有关的法律法规及相关政策，为博物馆管理提供合规法律指引；二是梳理博物馆从设立到藏品管理，到人员、文创产品等博物馆管理的各个环节及合规要点，助力博物馆健康发展，降低风险；三是为朋友们提供从法律角度来认识博物馆及其管理的新视角，以便在合法合规的基础上，助力博物馆的创新发展。本书的目标读者主要包括博物馆管理者及工作人员，特别是法务人员，博物馆行业的从业人员，文博领域法律研究者和法律从业者等。总之，本书试图全面又准确地梳理博物馆管理各个环节的合规政策，给朋友们一本尽可能专业又实用的合规工作指引和参考资料。

法虫律师团队从本书策划选题、搭建框架、撰写文稿、反复修改再到敲定出版，历时一年有余。其间艰苦不足道，而喜悦更多。本书的写作和出版，真诚感谢大成律师事务所法虫律师团队、金论律师事务所同仁们的积极参与和辛勤劳作。特别感谢沈阳故宫博物院李建华老师、沈阳古旧钟表博物馆李铁军老师对本书提出的很多专业的指导性建议。同时，郑重向出版社编辑老师以及在本书创作过程中给予帮助及支持的同仁、朋友致以诚挚的感谢！本书出版之际，恰逢大成律师事务所迎来建所三十周年，仅以此书微薄献礼，祝愿大成风华不改，再铸华章。

成书之际，回首初心，仍觉有诸多不完美之处，留有遗憾。真诚期待朋友们的指正，企盼共同为文博事业助力。

编　者

2022年12月